Rainer Guski

Wahrnehmung

Eine Einführung in die Psychologie der menschlichen Informationsaufnahme

Verlag W. Kohlhammer
Stuttgart Berlin Köln

CIP-Titelaufnahme der Deutschen Bibliothek

Grundriss der Psychologie : eine Reihe in 21 Bänden / hrsg. von Herbert Selg u. Dieter Ulich.
– Stuttgart ; Berlin ; Köln : Kohlhammer
NE: Selg, Herbert [Hrsg.]

Bd. 7. Wahrnehmung :
eine Einführung in die Psychologie der menschlichen Informationsaufnahme /
Rainer Guski. –
1989
(Urban-Taschenbücher ; 556)
ISBN 3-17-010412-8
NE: Guski, Rainer [Mitverf.]; GT

Fotos: Günter Keim
Zeichnungen: Dorit Galatas

Stuttgart Berlin Köln
Verlagsort: Stuttgart
Umschlag: Studio 23
Gesamtherstellung:
W. Kohlhammer Druckerei GmbH + Co. Stuttgart
Printed in Germany

Inhalt

1. Funktion von Wahrnehmungsprozessen

Wozu braucht der Mensch Wahrnehmung? Und *was* muß der Mensch wahrnehmen können, um zu überleben? Er muß sich vor allem in seiner Umwelt orientieren, andere Lebewesen oder Objekte in seinem Handlungsbereich entdecken, lokalisieren und ihre Bedeutung erkennen; er muß sich gezielt auf der Erde fortbewegen können usw.; er muß dabei nicht *jede* prinzipiell verfügbare Information aufnehmen können, sondern nur die, die für *sein* Überleben in seinem Ökosystem wichtig ist.

1.1 Was ist Wahrnehmung?

Jedes Kind lernt, daß wir *fünf Sinne* haben, mit deren Hilfe wir die Welt erfahren: den Gesichtssinn, den Gehörsinn, den Geruchssinn, den Geschmackssinn und den Tastsinn. Schon bald erfährt das Kind aber, daß die Sache mit den fünf Sinnen nicht so ganz stimmen kann, weil z. B. Geruch und Geschmack stark voneinander abhängig sind und besser als ein gemeinsames Sinnessystem bezeichnet werden sollten. Und können wir nicht auch Wärme spüren? Berührung oder Druck, Schmerzen, die eigene Körperlage im Raum, die Anspannung unserer Muskeln, Beschleunigung und Drehung? Welche Sinnesorgane sind dafür »zuständig«? Zumindest ist uns klar, daß die alte, von Aristoteles stammende Unterscheidung der fünf Sinne nicht befriedigend ist, und in der Tat gibt es schon lange differenziertere Unterscheidungssysteme. Eines der bekanntesten stammt von dem amerikanischen Physiologen Sherrington (1906), der sich an der Lage und der Wirkungsrichtung der sensiblen Körperelemente orientiert: Er unterscheidet *Interozeptoren* (die Organempfindungen vermitteln), *Propriozeptoren* (die über die Stellung der Gelenke, Muskelspannung, Lage des Körpers, lineare und Dreh-Bewegung des Körpers informieren) und *Exterozeptoren* (die Informationen über die Umwelt vermitteln). Die Exterozeptoren unterteilt Sherrington in »Kontaktrezeptoren« (Tast-, Geschmacks-, Druck-, Berührungs-, Temperatur- und Schmerzsinn) und »Distanzrezeptoren« (Gesichts-, Gehör- und Geruchssinn). Wenn wir von Wahrnehmung sprechen, sprechen wir meist von der Tätigkeit der Exterozeptoren – und hier auch überwiegend nur von den »Distanzrezeptoren«.

Sehr verbreitet ist die Ansicht, daß wir mit Hilfe unserer Sinnesorgane »Empfindungen« bekommen, die gewissermaßen »Vorstufen« bewußter Wahrnehmung und Erfahrung sind: eher qualitative und wenig differenzierte Eindrücke als »harte« Fakten. Beispielsweise sprechen wir davon, daß wir Schmerz empfinden, wenn eine Nadel uns sticht oder daß wir einen Raum als warm oder kalt empfinden. Während J. Gibson (1966) das Wort »empfinden« im Sinne von »etwas (innerhalb oder außerhalb von mir) finden« oder »etwas entdecken« versteht und deutlich die Auffassung »Empfindung haben« ablehnt, ist der Begriff »Empfindung« in der Geschichte der Psychologie meist als »Empfindung haben« verstanden und folglich vom Begriff »Wahrnehmung« getrennt worden (vgl. Goldstein 1984): man betrachtete Empfindungen als »einfache« interne Erfahrungen des Menschen, hervorgerufen durch »einfache« Reize, während Wahrnehmungen eher als »komplexe« Erfahrungen verstanden wurden, hervorgerufen durch »komplexe«, meist »bedeutungsvolle« Reize. Verbunden mit dieser Vorstellung war meist der Gedanke, daß Empfindungen eng mit den Sinnesrezeptoren verbunden sind, während Wahrnehmungen stärker durch höhere Gehirnaktivitäten beeinflußt werden.

Auch wenn die Unterscheidung zwischen Empfindung und Wahrnehmung noch in vielen Lehrbüchern und Lexika steht, erscheint sie uns heute aus zwei Gründen problematisch: erstens ist es kaum möglich, Kriterien anzugeben, nach denen zwischen »einfachen« und »komplexen« Reizen oder Reaktionen unterschieden werden kann, zweitens wäre es sehr willkürlich und physiologisch nicht begründbar, die Tätigkeit der Rezeptoren von der Tätigkeit des restlichen Gehirns abzukoppeln. Deshalb wollen wir uns mit dieser künstlichen Trennung auch nicht weiter aufhalten.

Die moderne Psychologie spricht kaum von Empfindungen, wohl aber von *Wahrnehmungen*, und bezeichnet damit die Aufnahme vorhandener Information in das Gehirn eines Lebewesens. Diese Informationen sind teilweise *in uns* vorhanden (z. B. über die Anspannung unserer Muskeln), teilweise *außerhalb von uns* (z. B. über die Annäherung eines Autos). In den Lehrbüchern der Psychologie wird meist nur der Teil der Wahrnehmung behandelt, der die Aufnahme von extern (in der Umwelt) vorhandener Information bewirkt – und meist geht es dann nur um das Sehen; viel kürzer kommt das Hören, und die übrigen Sinnessysteme werden gar nicht behandelt. Auch in diesem Buch beschränken wir uns im wesentlichen auf das Sehen und Hören von externer Information.

Wenn wir Wahrnehmung als Aufnahme von Information in das Gehirn verstehen, sind wir damit noch einen Schritt weiter weg von den Empfindungen in Richtung auf die Wahrnehmung von »Bedeutungen« gegangen? Nicht unbedingt, wenn wir an die etymologischen Wurzeln des Begriffs Information gehen: das Wort bedeutete ursprünglich nur, daß ein »Eindruck« im Innern des Menschen erzeugt wird – heute bedeutet es vielfach auch, daß »Wissen« weitergegeben wird. Aber dabei wird leicht vergessen, daß es verschiedene Arten der Wahrnehmung gibt, zumindest kann man unterscheiden zwischen *bewußter* und *unbewußter* Wahrnehmung: als *bewußte Wahrnehmung* bezeichnen wir meist die willkürlich durch uns gesteuerte Aufnahme von Information, und um diese geht es meist in unseren Lehrbüchern. Ein Großteil der Wahrnehmung verläuft aber unbewußt, d. h. ohne daß wir unsere Aufmerksamkeit darauf richten – hier sind vor allem die körperinneren Signale über unsere Lage und Stellung im Raum zu nennen, die Anspannung der Muskeln beim Ausführen von Handlungen, aber auch externe Signale, die im Augenblick von Handlungen, aber auch externe Signale, die im Augenblick für unsere Ziele irrelevant sind, aber später teilweise rekonstruiert werden können, weiterhin Signale, die geeignet sind, unsere bewußte Wahrnehmung zur aktiven Suche anzuregen (z. B. schwache Gerüche, Bewegung im Blickfeld, Geräusche von außerhalb unseres Blickfeldes).

Die Aufnahme all dieser Information geschieht bei Menschen und Tieren mit Hilfe von *Rezeptorsystemen* – das ist mehr als die bloßen »Sinnesorgane«: während man unter Sinnesorganen vor allem die Sinneszellen versteht, die ohne eigenes Dazutun z. B. Licht oder Schall in neurale Information wandeln, versteht man unter Rezeptorsystemen komplexe Systeme, mit deren Hilfe sich die Lebewesen Information selbst beschaffen. Wahrnehmen ist in der Regel ein *aktiver Prozeß*, an dem nicht nur die jeweiligen Organe beteiligt sind, die die physische Energie der Innen- oder Außenwelt in die chemische bzw. elektrische Energie des Lebewesens wandeln, sondern auch die Organe, die die *Bewegungen* des Lebewesens steuern und z. B. dafür sorgen, daß sich die Augen auf *bestimmte* Dinge in der Außenwelt richten können.

Der Zusammenhang zwischen *Bewegung* und *Wahrnehmung* ist für die Wahrnehmungspsychologie in zweifacher Hinsicht wichtig: erstens im Hinblick auf die genannte Beweglichkeit der an der Wahrnehmung beteiligten Organe (die ja bedeutet, daß wir ganz gezielt die Aufnahme bestimmter Information bewerkstelligen können und andererseits versuchen können, andere Information gezielt nicht aufzunehmen). Zweitens im Hinblick auf den *Zweck* von Wahrnehmungsvorgängen: das Wahrnehmen dient nicht primär der Befriedigung eines abstrakten Bedürfnisses nach Informationskonsum, sondern primär der Steuerung zielgerichteter Bewegungen.

1.2 Wozu wahrnehmen?

Damit sind wir bei der Kernfrage dieses Kapitels: was nützt uns die Fähigkeit, bestimmte Energieformen der Umwelt verarbeiten zu können? Warum können wir nur bestimmte Lichtwellen sehen und Schallwellen hören, andere nicht? Warum können Hunde höhere Töne hören als wir? Warum gibt es überhaupt Gemeinsamkeiten und Unterschiede zwischen den verschiedenen Lebewesen hinsichtlich der Leistungsfähigkeit ihrer Sinnessysteme? Auch wenn wir gegenwärtig noch nicht auf alle diese Fragen eine exakte Antwort geben können, so wissen wir doch, daß wir die Antwort im Zusammenhang mit dem *Ort* und der *Art* des menschlichen Lebens und Handelns suchen müssen.

Die stammesgeschichtliche Entwicklung der Lebewesen, mit der wir uns im nächsten Kapitel näher beschäftigen, gibt deutliche Hinweise darauf, daß sich die Wahrnehmungssysteme *zusammen* mit den Bewegungssystemen entwickelt haben; anders ausgedrückt: die Wahrnehmungssysteme haben sich über Jahrmillionen den veränderten Umgebungsbedingungen und veränderten Handlungsmöglichkeiten genauso angepaßt wie sich umgekehrt die Handlungsmöglichkeiten den veränderten Umgebungsbedingungen und Wahrnehmungsmöglichkeiten angepaßt haben. Man kann es noch anders ausdrücken und sagen, daß Wahrnehmung, Umwelt und Handeln zusammen ein *System* bilden, dessen Teile sich in Beziehung zueinander entwickelt haben. Dabei haben sich zwar die Wahrnehmungs- und Handlungsmöglichkeiten weitgehend der Umwelt angepaßt, aber der Mensch verändert seine Umwelt nicht erst seit heute – zumindest hat er sich durch Wanderungen seine Umwelten ausgesucht.

Wenn hier die Frage nach dem Zweck der Wahrnehmung vor allem im Hinblick auf das menschliche Handeln beantwortet wird, dann ist »Handeln« auch im übertragenen Sinne zu verstehen: im Sinne menschlicher Tätigkeit. Und eine sehr spezifisch menschliche Tätigkeit ist das *Erkennen*. In seinem viel beachteten Buch »Sinnliche Erkenntnis« schreibt Klaus Holzkamp (1973, S. 159): »Wahrnehmung muß von Anfang an als sinnliche Erkenntnis begriffen werden; Theorien über Wahrnehmung sind demnach stets »Erkenntnis-Theorien« ...«

Zu fragen ist zunächst, welche Beziehung zwischen dem Subjekt Mensch und den ihn umgebenden Objekten bestehen, z. B. ob die Dinge in der Welt auch dann existieren, wenn wir sie gerade nicht wahrnehmen, und es gab berühmte Gelehrte, die darauf eine verneinende Antwort gegeben haben (wie etwa Berkeley im 19. Jahrhundert). Heute wird die Frage in der Regel bejaht, wenngleich aus sehr verschiedenen Gründen: einerseits aus der auch in diesem Buch vertretenen Position heraus, daß sich Wahrnehmungs- und Erkennensmöglichkeiten in Interaktion mit einer bestimmten Welt entwickelt haben, was bedeutet, daß es eine bestimmte, unabhängig von den Wahrnehmungsmöglichkeiten existierende Welt geben muß. Eine andere Position leitet sich aus der Tatsache her, daß die Beziehungen zwischen objektiven Gegebenheiten (z. B. der Größe eines Gegenstandes in physischen Begriffen) und subjektiven Wahrnehmungen (hier der wahrgenommenen Größe des Gegenstandes) *regelhaft* sind – zum Beispiel werden unter sonst gleichen Bedingungen (gleicher Abstand zum Betrachter, gleiche Beleuchtung usw.) physisch größere Objekte auch als psychisch größer wahrgenommen, und die einzelnen Menschen unterscheiden sich darin nicht wesentlich. Eine dritte (materialistische) Grundposition versteht Wahrnehmung als Widerspiegelung der Realität im Bewußtsein der Menschen, vermittelt durch Sinnesorgane und Nerventätigkeit.

1.3 Was wahrnehmen?

Der Mensch hat sich auf der Erde entwickelt und bewegt sich dort. Dieser banale Satz hat entscheidende Konsequenzen: wir leben nicht *in* der Erde (wo es dunkel ist und man graben müßte), nicht in der Luft (wo man fliegen müßte und die Erdoberfläche primär von oben sähe) oder im Wasser (wo man schwimmen, mit speziellen Licht- und Schalleffekten rechnen müßte), sondern *auf* der Erde, wo Licht von oben kommt und uns üblicherweise ein Boden trägt, auf dem wir umhergehen können. Die Dinge oder Lebewesen, mit denen wir üblicherweise zu tun haben, befinden sich ebenfalls *auf* der Erde – nicht in der Erde, der Luft oder im Wasser. Der Umstand, daß wir uns fortbewegen können, hat ebenfalls entscheidende Konsequenzen: wir müssen in der Lage sein, unsere Bewegungen auf der Erde so zu steuern, daß unser Überleben gesichert ist. Für eine Pflanze, die im Erdboden festgewachsen ist, wäre ein ausgeprägtes visuelles, taktiles oder auditives Wahrnehmungssystem nicht besonders nützlich – sie könnte dann z. B. früher bemerken, daß eine Kuh kommt und sie fressen könnte, aber sie könnte dagegen nichts unternehmen.

Eine wesentliche Voraussetzung für unsere Fortbewegung ist die *Kontrolle über unser Gleichgewicht*. Der aufrechte Gang erscheint uns so selbstverständlich, daß wir in der Regel nicht darüber nachdenken, welche präzise Leistung wir hier auch dann ausführen, wenn wir in schwierigem Gelände herumklettern oder in einem fahrenden Zug herumlaufen, um nur zwei Beispiele zu nennen. Wenn wir unser Gleichgewicht halten, dann steuert die Wahrnehmung von Körper-inneren und Körper-äußeren Zuständen (z. B. der Informationen aus dem Vestibularapparat und den großen Gelenk-Muskeln, den Druckrezeptoren an den Füßen und vor allem aus dem Fluß optischer Information) unsere Bewegungen, korrigiert Haltung und Gewichtsverlagerung. Diese Wahrnehmung läuft unbewußt ab.

Bevor wir uns zielgerichtet fortbewegen können, müssen wir uns *orientieren*, d. h. wir müssen Informationen darüber aufnehmen, wo wir uns im Raum befinden. Dazu finden ständig kleine Drehbewegungen der Augen und des Kopfes statt (machmal auch größere), die vor allem dazu dienen, uns ein räumliches Bild von der unmittelbaren Umgebung zu schaffen. Dabei müssen wir uns vor allem über die Beschaffenheit des Bodens informieren, auf dem wir uns befinden, und über die Art und Lage (bzw. Bewegungen) der uns unmittelbar umgebenden Objekte oder Lebewesen. Wir müssen erkennen können, ob sich uns etwas nähert, von wo es kommt, wie groß es ist im Verhältnis zu uns, ob und welche Handlungsmöglichkeiten wir dem gegenüber haben usw.

Wenn wir uns bewegen, müssen wir »vorausschauen« können: wir müssen wahrnehmen können, *ob* uns der Boden vor uns wirklich tragen kann, *wie sicher* er uns tragen kann, ob ein Hindernis oder Abgrund in Zielrichtung vorhanden ist, ob wir durch ein Gewässer laufen oder schwimmen können, ob wir über es hinwegspringen können. Dabei müssen wir also nicht nur wahrnehmen können, ob z. B. ein Stein da ist oder nicht; wir müssen erkennen können, ob wir über diesen Stein leicht, schwer oder gar nicht klettern können. Wir müssen weiterhin erkennen können, welche

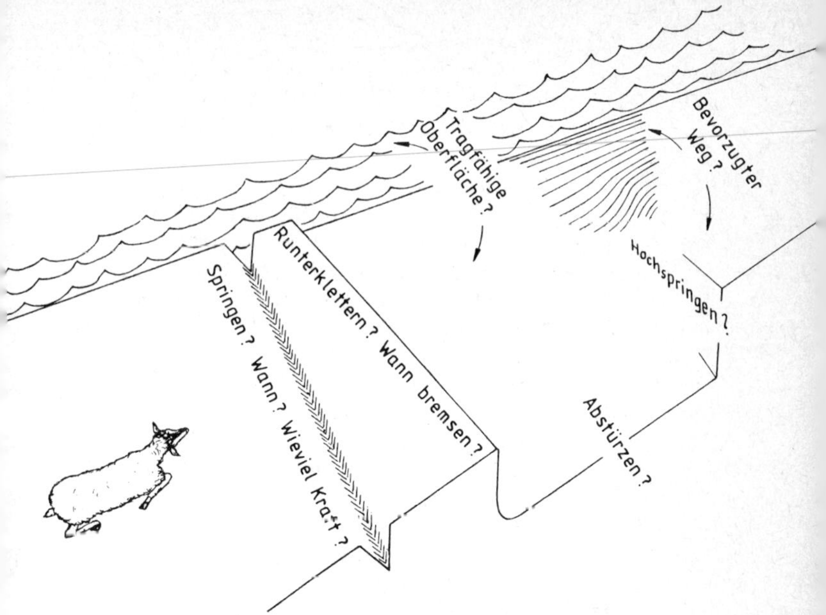

Abb. 1-1: Landtiere müssen bei der Fortbewegung eine Reihe sehr prosaischer »Probleme« mit Hilfe der Wahrnehmung lösen (nach Turvey & Carello 1986)

alternativen Bewegungsmöglichkeiten wir in diesem Umfeld haben: können wir ein Hindernis umgehen, können wir klettern, springen, rutschen?

Wenn wir feststellen, daß Wahrnehmen sehr stark mit Handeln verbunden ist, dann bedeutet das nicht in jedem Fall, daß wir immer absichtsvoll in der Welt herumlaufen und immer eine bestimmte Handlung ausführen wollen (z. B. Essen oder Tennisspielen), sondern daß wir auch *explorierend* in der Welt umherlaufen, d. h. ziellos und eventuell mit der vagen Absicht, etwas Neues zu entdecken, das für uns von Interesse sein könnte. Auch diese Neugiertätigkeit kann funktional interpretiert werden: sie vermittelt uns Informationen über die Beschaffenheit der Welt, in der wir leben, über Objekte, Lebewesen und Handlungsmöglichkeiten in ihr. Und wir haben gelernt, daß solche Informationen später nützlich sein können. Wir werden aber auch beim Explorieren nur solche Informationen aufnehmen können, für die unsere Wahrnehmungssysteme eingerichtet sind.

1.4 Für welche Informationen sind wir eingerichtet?

Man kann sagen, daß der Mensch grundsätzlich bevorzugt solche Information aufnimmt, die eine *Änderung* gegenüber einem bestehenden Zustand anzeigt: wenn wir z. B. in klimatisierten Räumen arbeiten, werden wir das Rauschen der Klimaanlage wohl bemerken, wenn wir den Raum betreten; sobald wir uns aber in diesem Raum eine Zeit lang aufgehalten haben, bemerken wir dieses Geräusch nicht mehr. Ähnlich ist es mit konstanter Beleuchtung, konstantem Geruch und z. T. mit konstanter Raumtemperatur oder konstantem Druck von engen Kleidungsstücken. Folgerichtig reagieren wir besonders sensibel gegenüber Ereignissen und Änderungen, bzw. dann, wenn wir Vergleiche anstellen können. Ohne hier schon differenziert auf Details eingehen und erschöpfend Auskunft geben zu wollen, sollen einige Angaben über die Leistungsfähigkeit unserer Wahrnehmungssysteme gemacht werden, um einen Eindruck von ihren Fähigkeiten zu bekommen und andererseits (in Kap. 1.5) ihre Beschränkungen würdigen zu können. Da es für uns sehr schwer ist, sich die absolute Leistungsfähigkeit des menschlichen Wahrnehmungssystems anschaulich zu machen, sollen hier Vergleiche mit Tieren herangezogen werden.

Ein gesunder junger Mensch kann Geräusche *hören*, die mit nur 10^{-13} Watt pro Quadratmeter abgestrahlt werden – das ist eine Zahl mit 12 Nullen hinter dem Komma! Andererseits können wir Geräusche wahrnehmen, die mit etwa 100 Watt pro Quadratmeter abgestrahlt werden – dabei bekommen wir zwar Ohrenschmerzen, aber wenn wir diese Zahl mit der ersten vergleichen, wird der gesamte wahrnehmbare Schall-Leistungsbereich deutlich: er umfaßt 15 Zehnerpotenzen. Diese Leistungsfähigkeit ist nicht bei allen Schallfrequenzen gleich, sondern im Frequenzbereich der menschlichen Sprache (500 bis 4000 Schwingungen pro Sekunde) um 6 Zehnerpotenzen größer als im Tieftonbereich (etwa 25 Schwingungen pro Sekunde) oder im Hochtonbereich (oberhalb 10000 Schwingungen). Andere Säugetiere sind im tieffrequenten Bereich meist weniger empfindlich, dafür im Hochtonbereich sehr viel empfindlicher: Hunde können Töne mit 38000 Schwingungen noch hören, Katzen bis 75000 (vgl Tembrock 1959). Gesunde menschliche Ohren können Schallschwingungen zwischen 20 und 20000 pro Sekunde wahrnehmen, wobei die Unterscheidungsfähigkeit zwischen den einzelnen Tönen im Frequenzbereich der Sprache außerordentlich fein ist: Unterschiede von weniger als einem Prozent der Schwingungen pro Sekunde werden bemerkt!

Ähnlich empfindlich sind wir gegenüber Änderungen in der Frequenzzusammensetzung eines Geräuschs, sofern die Hauptbestandteile des Geräuschs im Sprachbereich liegen.

Die menschlichen *Augen* sind ähnlich, wenn auch nicht ganz so wie die Ohren empfindlich über einen weiten Energiebereich, der 10 Zehnerpotenzen physikalischer Leuchtdichteeinheiten umfaßt – von der geringsten gerade eben wahrnehmbaren Leuchtstärke bis zur Schmerzschwelle. Ähnlich wie die Ohren sind auch die Augen nicht für alle Lichtfarben gleich empfindlich, sondern für die bläulichen Farben stärker als für die rötlichen. Auch viele Vögel und Fische sind sensibel für unterschiedliche Lichtfarben, während die meisten anderen Säugetiere keine Farben unterscheiden können. Die Unterscheidungsfähigkeit gesunder menschlicher Augen für verschiedene Farben hängt stark von den Beleuchtungsbedingungen ab – im günstigsten Fall können wir über 7 Millionen verschiedene Farben unterscheiden, auch wenn unsere Sprache längst nicht so viele verschiedene Farbwörter bereitstellt.

Außerordentlich sensibel sind unsere Wahrnehmungssysteme für *Bewegungen*: wenn sich etwas in unserem Gesichtsfeld verändert, wird es bei genügender Helligkeit und Größe auch dann entdeckt, wenn die Änderung innerhalb von nur wenigen Tausendstel Sekunden geschah; für unser Gehör reichen unter Umständen 20 Tausendstel Sekunden, um ein Geräusch bzw. eine Geräuschänderung zu entdecken. Auch sehr langsame Bewegungen können gut entdeckt werden, besonders dann, wenn sie scheinbar auf uns zukommen (d. h. in der Größe bzw. der Lautstärke anwachsen).

Unsere Haut ist an vielen Stellen außerordentlich empfindlich für *Berührung*, Temperatur und Schmerz. Besonders an den Fingern und im Gesicht können wir Berührungspunkte auseinanderhalten, die weniger als 5 mm voneinander entfernt sind – dagegen müssen es am Rücken schon 40 mm sein. Wenn wir bewußt etwas abtasten, können wir auch sehr ähnliche Dinge, wie etwa unterschiedliche Küchenmesser, voneinander unterscheiden, und die von Braille erfundene Blindenschrift, deren Buchstaben aus einem 2 × 3 Raster aus erhabenen Punkten mit 3 mm Abstand bestehen, kann von geschulten Blinden mit der Hälfte der durchschnittlichen Lesegeschwindigkeit von Sehenden gelesen werden. Meistens sind die besonders für Berührung empfindlichen Hautpartien auch besonders empfindlich für Temperaturänderungen und Schmerz.

Das menschliche *Geruchssystem* ist vom Organvolumen her wesentlich kleiner als das von Hunden und Schafen, und folglich ist es in absoluten Maßstäben auch um den Faktor 100 weniger sensibel als das eines Hundes, aber die relative Empfindlichkeit pro Rezeptorzelle ist gleich hoch, und diese Empfindlichkeit reicht offenbar aus, um Nervosität und Fluchttendenzen schon bei geringen Rauchkonzentrationen zu fördern; sie reicht ebenfalls aus, um ganze Industrien damit zu beschäftigen, den eigenen Körpergeruch nicht an fremde Nasen dringen zu lassen.

1.5 Für welche Informationen sind wir nicht eingerichtet?

Die zum Eingang des Kap. 1.4 gemachte Feststellung, daß der Mensch primär Ereignisse und Änderungen wahrnehmen kann, führt zwangsläufig zum Umkehrschluß, daß seine Sinnessysteme nicht für gleichbleibende Informationen eingerichtet sind. Diese Eigenschaft teilen unsere Sinnessysteme mit denen der meisten anderen Lebewesen. Man braucht die Insensibilität gegenüber Konstanz nicht unbedingt für einen Mangel zu halten; man kann auch feststellen, daß die Sinnessysteme insofern sehr ökonomisch funktionieren, als sie konstanter Reizung sowieso nur solche Information entnehmen könnten, die sie im Prinzip schon haben und sich deshalb im wesentlichen mit *neuer* Information beschäftigen, die sie noch nicht hatten.

Außerdem sind unsere Sinnessysteme für viele andere Informationen ebenfalls nicht eingerichtet, z. B. nicht für Rundfunkwellen, für radioaktive Strahlen, für Magnetkräfte, ultraviolette Strahlen und vieles andere mehr. Und wir können zwar vieles von dem wahrnehmen, was andere Lebewesen auch können oder nicht können, aber umgekehrt können wir so manches nicht wahrnehmen, was andere Tiere wahrnehmen können.

Obwohl es für uns Menschen durchaus interessant sein könnte, wie eine Fledermaus durch Aussenden von »Radarstrahlen« im Dunkeln Informationen über unsere Umwelt zu erhalten, wie ein Hund auch noch Töne oberhalb des menschlichen Hörbereichs aufzunehmen oder wie eine Taube auch ultraviolettes Licht zu sehen, müssen wir uns gleichzeitig fragen, *wozu* wir mit den Wahrnehmungsfähigkeiten *anderer* Lebewesen ausgestattet sein sollten bzw. ob unsere eigenen Fähigkeiten für *unser* Überleben in unserer Welt nicht reichen. Gleichzeitig kann man feststellen, daß auch ein Mensch unter Extrembedingungen sehr viel mehr wahrnehmen kann als ihm normalerweise bewußt ist: beispielsweise können blinde Menschen beim Herumlaufen in der Welt Hindernisse auch dadurch erkennen, daß sich das Echo ihrer eigenen

Schritte verändert. Mit etwas Übung können Sehende mit verbundenen Augen das auch – Voraussetzung ist allerdings, daß nicht allzu viele Störgeräusche vorhanden sind.

Die hervorragende räumliche Orientierungsleistung, über die Fledermäuse im Dunkeln verfügen, ist nützlich vor allem für solche Lebewesen, die nachts aktiv sind, d.h. im wesentlichen ohne Licht auskommen; diese brauchen keine besonders lichtempfindlichen Organe, wohl aber solche, die auf anderen Wegen Informationen über die Umwelt vermitteln, z. B. über Schallwellen oder elektromagnetische Wellen. Und die hohen Töne, die viele Tierarten im Gegensatz zu uns wahrnehmen können, könnten ebenfalls nützlich im Zusammenhang mit unserer räumlichen Orientierung unter schlechten Sichtverhältnissen sein: hohe Töne kann man besser lokalisieren als tiefe. Aber auch hier wäre zu fragen, was solche Fähigkeiten einem Lebewesen nützen, das überwiegend tags, d.h. unter guten Sichtverhältnissen aktiv ist.

Eine überzeugende Diskussion über die Nützlichkeit von Prozessen, die wir *nicht* kennen, ist kaum zu führen, deshalb will ich mich hier auf die Feststellung beschränken, daß wir zahlreiche, prinzipiell verfügbare Informationen nicht aufnehmen können: aus dem fast unendlich großen Bereich von elektromagnetischen Wellen, die uns umgeben (z.B. Langwellen- bis UKW-Rundfunk, Fernsehen, Mikrowellen, Röntgen-, Gamma- und kosmische Strahlen) können wir nur einen Teilbereich sehen: zwischen Mikrowellen (0,03 mm und 0,00000001 mm Wellenlänge) liegen drei Bereiche, die im allgemeinen mit dem Begriff »Licht« verbunden sind: Infrarot (1500 bis 800 nm (Nanometer = 10^{-9} m)), sichtbares Licht (800 bis 400 nm) und Ultraviolett (400-20 nm). Wir können sehr wohl durch technische Hilfsmittel die dem menschlichen Auge nicht sichtbaren Wellenlängen nutzen (z.B. fotografisch bzw. elektronisch), wir können auch z.B. Infrarot-Wärme spüren, aber direkt sehen können wir nur Lichtstrahlen mit Wellenlängen zwischen 700 nm (rot) und 400 nm (violett). Und an den Grenzen dieses Bereiches müssen die Strahlen schon eine beträchtliche Energie haben, damit wir sie wahrnehmen können.

Im auditiven Bereich geht es uns ähnlich: die uns umgebenden Luftschwingungen, die theoretisch zwischen unendlich selten und unendlich oft pro Zeiteinheit stattfinden, können wir als Schallschwingungen nur dann wahrnehmen, wenn die Schwingungen mindestens 20mal in der Sekunde stattfinden und höchstens 18000mal. Und außerdem müssen sie dabei einen bestimmten Energiebereich einhalten, der zwischen 10^{-13} und 100 Watt pro Quadratmeter liegt – bei geringerer Energie hören wir nichts, bei höherer bekommen wir Ohrenschmerzen und evtl. dauerhafte Schäden.

Hinsichtlich der Geruchswahrnehmung haben wir schon festgestellt, daß unsere Nase sehr viel schlechter ausgestattet ist als die eines Hundes und die vieler anderer Tiere. Es ist folglich plausibel, daß der Mensch die Nase nicht gut zum Aufnehmen spezifischer Informationen verwenden kann. Während z.B. Hunde, Bienen und Ameisen sich mit Hilfe von Gerüchen verständigen können, kann der Mensch in der Regel nur sehr wenige Gerüche unterscheiden (z.B. ätherische, pflanzliche, brenzlige) und nur grobe Urteile über die Art des Geruchs abgeben (z.B. ob getragene Wäsche von ihm selbst, einem Mann oder einer Frau stammt).

1.6 Ist unsere Wahrnehmung »korrekt«?

Wenn wir behaupten, daß Wahrnehmen vor allem die Funktion hat, menschliche Tätigkeiten (Handeln und Erkennen) zu steuern, dann ist zu fordern, daß unsere Wahrnehmungen immer realitätsangemessen und *korrekt* sind. Die sog. »Veridikalität« (Korrektheit) der Wahrnehmung wird aber gerade von vielen Psychologen bezweifelt: man verweist auf nichtlineare Beziehungen zwischen physischen Beschreibungen und psychologischen Beschreibungen derselben Dinge, auf »Sinnestäuschungen« und den Umstand, daß unterschiedliche Personen dieselben Dinge unterschiedlich wahrnehmen können, ja sogar dieselbe Person kann zu verschiedenen Zeitpunkten dieselbe Sache unterschiedlich wahrnehmen.

Im Rahmen dieses Einführungsbuches ginge es etwas zu weit, sich ausführlich mit diesen Argumenten auseinanderzusetzen (vgl. hierzu Neisser 1976 oder Michaels & Carello 1981), deshalb sollen hier nur Stichworte genannt werden:

1. Nichtlineare Beziehungen zwischen physischen und psychologischen Beschreibungsgrößen von Wahrnehmungsobjekten (z.B. Lautstärke als Schalldruckpegel und Lautheit auf einer 7-Punkte Antwortskala – von »ganz leise« bis »ganz laut«) sind im Wahrnehmungsbereich die Regel: die Verdoppelung einer physischen Größe hat keineswegs eine Verdoppelung der psychischen Größe zur Folge. Dies spricht aber überhaupt nicht gegen die Annahme einer realistischen Wahrnehmung, solange die Beziehung zwischen physischen und psychischen Größen *regelhaft* ist. Warum sollte die Beziehung linear sein, wenn es auch innerhalb des

physischen Bereichs nichtlineare Beziehungen gibt (z. B. Lautstärke und Entfernung)? Die Metrik der Physik ist ebenso willkürlich wie die der Psychologie. Außerdem werden wir später sehen, daß es sogar sehr praktisch ist, wenn Wahrnehmungssysteme weitgehend nichtlinear arbeiten.

2. Die meisten »Sinnestäuschungen« treten unter Bedingungen auf, die den Wahrnehmungssystemen widersprüchliche Information bieten (z. B. Hinweise auf Dreidimensionalität in Strichzeichnungen). In diesen Fällen kann die Widersprüchlichkeit des Wahrnehmungsangebots kaum dem Wahrnehmungsresultat zur Last gelegt werden. Es gibt aber auch Täuschungen, die in der realen Außenwelt auftreten; das einfachste Beispiel dafür ist die sog. »Vertikalentäuschung«: die Überschätzung einer vertikalen Linie gegenüber einer gleich langen horizontalen, die in der *Abb. 1-2* demonstriert wird.

Abb. 1-2: Zwei physikalisch gleich lange Striche

Die beiden Striche sind tatsächlich gleich lang, dennoch erscheint der vertikale Strich länger. Dieser Effekt läßt sich auch bei realen Objekten und unbeschränkten Sichtverhältnissen zeigen, und er hängt vor allem von der realen Größe der Objekte ab: je größer das Objekt, um so größer die Überschätzung der Vertikalen – sehr kleine vertikale Objekte werden sogar oft unterschätzt. Auch hierbei läßt sich zeigen, daß vertikale Strecken mit funktionalem Bezug gesehen werden – als z. B. im Greifraum befindlich oder nicht, und es ist durchaus funktional für das Wahrnehmungssystem, zu erkennen, daß das Objekt unerreichbar groß ist. Insofern ist die sog. Vertikalentäuschung zwar ein Hinweis auf eine metrische »Inkorrektheit«, aber gleichzeitig auf eine funktionale »Korrektheit« der visuellen Wahrnehmung.

Es gibt andere Beispiele, bei denen eine funktionale »Korrektheit« nicht so leicht zu begründen ist: Beispielsweise erscheint der Mond, wenn er am Horizont steht, wesentlich größer, als wenn er im Zenit steht (das ist die sog. Mondtäuschung). Man weiß inzwischen, daß die Art des im Blickfeld vorhandenen Untergrunds gewissermaßen den »Maßstab« für die Wahrnehmung von Größe und Entfernung der darauf befindlichen Objekte bildet (und wenn der Mond im Zenit steht, fehlt der Boden, während im anderen Fall die am Horizont befindlichen Objekte den »Maßstab« bilden). Hier und in einigen anderen Fällen kann man weder eine metrische noch eine funktionale Korrektheit begründen (s.a. Kap. 6.5).

3. Individuelle Unterschiede zwischen einzelnen Personen gibt es im Bereich der Wahrnehmung vor allem bei sehr geringen Reizstärken, unklaren Reizbedingungen und bei Vorliegen sehr unterschiedlicher Einstellungen oder Handlungsabsichten bzw. Handlungsmöglichkeiten: bei sehr geringen Reizstärken kann es durchaus vorkommen, daß sich Personen mit unterschiedlicher Empfindlichkeit nicht einig darüber sind, ob ein Reiz vorliegt oder nicht. Besonders bekannt sind Unterschiede in der Hörempfindlichkeit: manche Personen brauchen das Vielfache derjenigen Mindestenergie, die andere Personen brauchen, um schwache Geräusche zu hören. Und dieselbe Person nimmt heute während einer spannenden Lektüre das leise Klavierspiel des Nachbarn gar nicht wahr, wohl aber dann, wenn sie sich auf eine ungeliebte Arbeit konzentrieren muß. – Bei unklaren Reizbedingungen (etwa mehrdeutigen Figuren oder schlechten Sichtverhältnissen) können unterschiedliche Personen sehr unterschiedliche Wahrnehmungen haben; in diesem Fall versuchen sie, fehlende, unklare oder mehrdeutige Reizelemente durch Erfahrungen oder auf die Begleitumstände bezogene Interpretationen eindeutiger zu machen. Der Einfluß von Einstellungen (Attitüden und Sets) auf Wahrnehmungsurteile ist vor allem im Bereich der Sozialpsychologie vielfach untersucht worden, und viele Leser werden schon an sich selbst die Erfahrung gemacht haben, daß ihnen Dinge, für die sie sich momentan interessieren (z.B. ein neues Kleidungsstück oder Auto), häufiger begegnen als früher (als sie sich dafür nicht so interessierten). Das bedeutet selten, daß sich die reale Auftretenswahrscheinlichkeit dieser Dinge plötzlich vergrößert hat, sondern eher, daß sie diese Dinge bewußter aufnehmen als früher. Es reichen schon kleine Hinweise aus, um unsere Aufmerksamkeit auf diese Dinge zu lenken.

Diese wenigen Beispiele mögen genügen, um zu verdeutlichen, daß wir nicht immer davon sprechen können, daß unsere Wahrnehmung »korrekt« in dem Sinne ist, daß sie eine exakte Widerspiegelung der Außenwelt liefert. Diese Beispiele beziehen sich aber in der Regel auf Ausnahmesituationen: unvollständige, schwache oder unklare Reizbedingungen einerseits, besondere individuelle Einstellungen oder Handlungsabsichten andererseits. Liegen solche besonderen Bedingungen nicht vor (und das ist der

»Normalfall«), dann stimmen die meisten Leute sehr gut in ihren Wahrnehmungen überein, und diese Übereinstimmung weist darauf hin, daß zwischen äußeren Informationen und inneren Wahrnehmungsergebnissen eine regelhafte Beziehung besteht. Woran soll diese Regel geknüpft sein, wenn nicht an die Realität?

2. Phylogenetische Entwicklung des Sehens und Hörens

Man nimmt an, daß unsere Erde vor etwa 5 bis 6 Milliarden Jahren entstanden ist. Das Alter der ältesten Gesteine beziffert man mit 4,5 Mrd. Jahren. Die Erde war damals weitgehend mit Wasser bedeckt. So ist nicht verwunderlich, daß das erste Leben, das sich vor etwa 3 Mrd. Jahren in der »Uratmosphäre« von Wasserstoff, Wasserdampf, Methan und anderen Gasen aus kohlen- und stickstoffhaltigen Substanzen unter dem Licht der Sonne und der Einwirkung elektrischer Entladungen (Urgewitter) entwickelt hat, im Wasser entstand. Vermutlich handelte es sich um einzellige, sehr kleine freibewegliche Wasserpflanzen, etwa in der Art, wie sie heute noch in unseren Tümpeln und Pfützen vorkommen. Aus solchen Pflanzen haben sich im Verlaufe der vergangenen 3 Mrd. Jahre wirbellose Mehrzeller, dann Wirbeltiere (Säuger und Vögel) entwickelt. Die Pflanzen- und Tierwelt, die wir heute vorfinden, hat teilweise in identischer Form schon vor einer viertel Mrd. Jahren existiert, und diese Organismen verfügen auch über Wahrnehmungsfähigkeiten, die noch älter sind.

2.1 Anatomische Entwicklung des Auges

Die ersten Pflanzen müssen *sensibel für Licht* gewesen sein, denn Pflanzen leben (mit Hilfe der Photosynthese) vor allem von Licht und Mineralien. Natürlich hatten und haben Pflanzen keine Augen, in denen sich die Welt abbildet, aber sie können Licht wahrnehmen und reagieren durch (langsame und begrenzte) Bewegungen auf Licht; sie wachsen meist in Richtung auf die Sonne.

Einer der berühmtesten Einzeller, die mikroskopisch kleine Pflanze Euglena (irreführenderweise »Augentierchen« genannt) vermittelt eine Vorstellung davon, wie primitives Sehen schon vor etwa zwei bis drei Jahrmilliarden funktioniert haben mag: Euglena ist fast überall durchsichtig, besitzt jedoch in der Körpermitte einen undurchsichtigen Fleck, der einen Schatten auf die an einer

Seite befindliche lichtempfindliche Zellstruktur (den sog. Augenfleck) werfen kann. Dieses »Auge« der Euglena kann lediglich wahrnehmen, ob Licht oder Schatten auf es fällt. Bei Lichteinfall bewegt sich die Pflanze vorwärts, und zwar so, daß ein Schatten auf dem rötlichen Augenfleck liegt, so daß ihr Körper immer eine bestimmte Lage zum Licht einnimmt. Chemische Analysen des Augenflecks haben gezeigt, daß es sich hier um Substanzen handelt, die in Zusammensetzung und Aufbau mit den Sehzellen der menschlichen Augen verwandt sind.

Vor etwa 600 Millionen Jahren gab es die ersten (wirbellosen) Tiere auf der Erde. Primitive Tiere, wie etwa Würmer oder Schnecken, besitzen schon mehrere Lichtsinneszellen, meistens zwei, die seitlich am Kopf angeordnet sind und in den Kopf eingelassen sind. Wenn man bei Würmern von »Kopf« spricht, meint man damit meist diejenige Seite, die in die Bewegungsrichtung des Wurms zeigt. Das Tiefliegen der lichtempfindlichen Zellen bietet nicht nur den Vorteil des Schutzes vor Verletzungen (die ja beim Vorwärtsbewegen wahrscheinlicher werden), sondern noch einen Informationsvorteil: je tiefer die Sehgrube, um so direkter muß das Licht genau senkrecht in die Grube fallen, um den Boden zu erreichen. Mit anderen Worten: man kann so nicht nur feststellen, ob Licht einfällt oder nicht, man kann auch feststellen, aus welcher Richtung es kommt, man kann auch *Bewegungen* entdecken, denn eine bewegliche Lichtquelle erzeugt einen in der Sehgrube wandernden Schatten, wobei die in der Grube befindlichen Lichtsinneszellen nacheinander gereizt werden.

Im Verlaufe der Jahrmillionen entwickelte sich das Auge der komplexeren Lebewesen weiter: die Sehgrube wurde an der Außenseite immer enger, so daß allmählich ein »Lochauge« bzw. eine Pupille entstand; der Innenraum des Auges wurde immer kugelförmiger. Eine solche Anordnung bietet Wahrnehmungsmöglichkeiten, die weit über die einer Sehgrube hinausgehen: das Loch bündelt die Strahlen, und diese werden maßstabsgetreu (wenn auch seitenverkehrt) im Innern der Augengrube vollständig abgebildet. Mit anderen Worten: von nun an spiegelt sich die Außenwelt im Innern des Lebewesens wider! Allerdings weiß man nicht allzuviel über die Weiterentwicklung der lichtempfindlichen Zellen – wir wissen z.B. nicht, ob die Tiere mit Lochaugen schon farbig sehen konnten oder nur einfarbig oder stark begrenzt farbig; wir wissen weiterhin nicht, ob alle Zellen gleich lichtempfindlich waren oder (wie beim Menschen) unterschiedlich, so daß manche für das »Dunkelsehen«, andere für das »Hellsehen« eingestellt waren.

Im weiteren Verlauf der Augenentwicklung hat die Evolution einen Nachteil der starren Pupille beseitigt: man erhält eine scharfe Abbildung in der Augengrube nur dann, wenn die Pupille sehr eng ist – andererseits braucht man dann viel Licht, bzw. ist die Abbildung sehr unscharf, wenn die Pupille sehr weit ist – dafür wird mehr Licht hereingelassen. Die evolutionäre Lösung umfaßte zwei Maßnahmen. Erstens wurde die Pupille so verändert, daß sie *variabel* wurde, zweitens wurde das Lochauge vorn durch eine Linse verschlossen. Wieweit Ditfurths (1976) Behauptung zutrifft, der Verschluß des Auges habe primär dem Schutz vor Verstopfungen gedient, kann hier nicht nachgeprüft werden. Sicher ist jedoch, daß das verschlossene, mit einer variablen Pupille und einer veränderlichen Frontlinse versehene Auge gegenüber dem Lochauge erhebliche Selektionsvorteile bietet: die variable Pupille kann Helligkeit und Schärfe der Abbildung regeln, die Linse mit ihrem Lid schützt das Innenauge, und die Linse mit variablem Brennpunkt erhöht die Helligkeit der Abbildung; sie kann außerdem die Abbildungsschärfe in Abhängigkeit von der Entfernung des Lebewesens zu den betrachteten Objekten erhöhen.

Damit sind wir bei einer anatomischen Struktur angekommen, die kennzeichnend für alle Wirbeltiere ist und der auch das heutige menschliche Auge entspricht. Es gibt dabei Variationen, die deutlich machen, daß das menschliche Auge keineswegs das am höchsten entwickelte aller Lebewesen ist (beispielsweise ist das des Fisches Anablebs microlepsis komplexer: es ist sowohl für das Sehen an der Wasseroberfläche als auch für das Sehen im Wasser eingerichtet). Allerdings ist das Primatenauge im Verhältnis zur Körpergröße besonders groß – diese Größe erlaubt einerseits einen größeren Lichteinfall, andererseits die Unterbringung einer größeren Zahl lichtempfindlicher Zellen. Und die Größe eines Organs läßt Hinweise auf seine funktionelle Bedeutung zu.

Ob die Lebewesen, die vor etwa 60 Millionen Jahren anatomisch schon über unsere heutigen Augen verfügten, schon so wie wir heute wahrgenommen haben, erscheint mehr als zweifelhaft; es brauchte noch zusätzlich etwa 30 Millionen Jahre Entwicklung, um ein Nervensystem bereitzustellen, das so komplexe Prozesse wie Entfernungsschätzung und Identifizierung von Objekten beherrschte – doch davon später.

Eine weitere wichtige Frage kann hier nur spekulativ behandelt werden: sie betrifft die *Anzahl* und *Lage* der Augen. Ich habe berichtet, daß viele Wirbellose schon mehrere Sehorgane am Kopf besaßen. Andere Wirbellose besaßen und besitzen mehr als zwei Sehorgane über den Körper verteilt. Wirbeltiere haben in der

Regel zwei Augen, die am Kopf und seitlich nebeneinander angeordnet sind. Vögel und Fische besitzen meistens zwei Augen, die in verschiedene Richtungen blicken – die menschlichen Augen blikken in dieselbe Richtung, d.h. die Gesichtsfelder überlappen sich. Wie wir später noch sehen werden, bieten überlappende, d.h. horizontal nur leicht versetzte Gesichtsfelder räumliche Information vor allem in der horizontalen Ebene, d.h. in jener Ebene, in der sich Säugetiere überwiegend bewegen. Die Überlappung der Sehfelder ist bei Primaten größer als bei allen anderen Spezies (vgl. Campbell 1974); man kann daraus schließen, daß die Primaten-Augen besser als alle anderen Tieraugen für das *dreidimensionale* Sehen einschließlich Entfernungsschätzung eingerichtet sind. Die Präzision des räumlichen Sehens hat unbestreitbare Vorteile für Lebewesen, die auf Bäumen klettern, von Ast zu Ast schwingen oder weit entfernte Dinge analysieren wollen.

2.2 Anatomische Entwicklung des Ohres

Während der phylogenetische Beginn der Augenentwicklung praktisch mit dem Beginn pflanzlichen Wachstums auf der Erde zusammenfällt, konnte sich der Vorläufer des menschlichen Ohres erst dann entwickeln, als Tiere entstanden. (Für Pflanzen ist ein Organ, das Luftschwingungen analysieren kann, auch wenig hilfreich). Bei der Untersuchung von etwa 500 Millionen Jahre alten Funden von Fischen hat man ein Innenohrsystem gefunden, das als Vorläufer unseres Ohres gelten kann: es handelt sich um zwei Bogengänge (die der Erhaltung des Gleichgewichts dienten) und ein Seitenliniensystem, wie es heute nur Fische für das Hören besitzen: die schallempfindlichen Zellen befinden sich dort an den Schwimmblasen. Nachdem die ersten Pflanzen vor etwa 420 Millionen Jahren Land zu besiedeln begannen, folgten ihnen die ersten Wirbeltiere im Abstand von etwa 60 Millionen Jahren. Der Übergang vom Wasser- zum Landleben stellte viele neue Anforderungen an den Knochenbau, die Lungen, das Sehsystem und das Gehör. Für das Gehör war dieser Übergang besonders schwierig, weil das Innenohr mit Flüssigkeit angefüllt ist, mithin bei der Schalleitung im Wasser keine Anpassungsprobleme entstanden (der Schall pflanzt sich im Wasser etwa fünfmal schneller fort als in Luft), wohl aber bei der Schalleitung in Luft. Die Evolution behalf sich durch die Konstruktion eines *Mittelohrs*, in dem über ein

Trommelfell und eine Gehörknöchelkette eine Druckwandlung des Luftschalls für das Innenohr mit seiner Flüssigkeitsleitung geschaffen wurde.

Die ersten Amphibien, die etwa vor 350 Millionen Jahren sowohl im Wasser als auch an Land lebten, besaßen schon ein Mittel- und Innenohr, aber noch kein Außenohr. Dies blieb auch bei den Reptilien so, aber als sich aus den Reptilien im Verlaufe von etwa 50 Millionen Jahren einerseits Vögel, andererseits Säugetiere entwickelten, fanden starke Veränderungen sowohl in den Mittel- und Innenohrstrukturen statt, als äußerlich sichtbares Merkmal bildete sich bei den Säugern eine Ohrmuschel heraus, die meist beweglich ist und das Richtungshören sehr erleichtert. Wichtiger noch als dieses äußere Zeichen ist die Veränderung der schallempfindlichen Basilarmembran im Innenohr; sie ist bei Säugern wesentlich länger und dünner als bei Vögeln oder gar Reptilien. Diese Vergrößerung hat Vorteile hinsichtlich der Feinheit der akustischen Analyse: die Zusammensetzung des Schalls und Unterschiede zwischen rechtem und linkem Ohr können so besser »untersucht« werden. Weiterhin ist die Basilarmembran bei Säugern wesentlich fester verankert als bei Vögeln oder gar Reptilien – was zur Folge hat, daß hohe Töne (mit ihren sehr kurzen Schwingungen) sehr viel besser aufgenommen werden können als tiefe (vgl. Fleischer 1984).

Die ersten Säugetiere waren sehr viel kleiner als die meisten Reptilien; als aber die reptilischen Dinosaurier vor etwa 100 Millionen Jahren ausstarben, wurden die Säuger größer und vielfältiger, z.B. entwickelten sich im Verlaufe von 70 Millionen Jahren Fledermäuse und Delphine mit Ultraschall-Ortungssystemen, fast gleichzeitig Blauwale mit Tiefton-Kommunikationsmöglichkeiten, um nur einige akustische Spezialisten zu nennen. Die Vorfahren des Menschen waren keine solchen Spezialisten – dafür waren die überragenden Funktionen der Augen wohl schon zu ausgeprägt.

In dem Zeitraum, in dem sich die Vorfahren des Menschen von Vierfüßlern zu Zweifüßlern mit aufrechtem Gang entwickelten, veränderte sich die für Vierfüßler typische gestreckte Kopfform zu einer flacheren Form, wobei Platz für das Gehirn und das Mittelohr geschaffen, aber durch die Senkrechtstellung der Wirbelsäule und das daraufhin notwendige Abknicken des Kopfes nach unten begrenzt wurde. Der Mittelohrraum dehnte sich während der Eiszeit nach oben aus, und diese vor etwa 2 Millionen Jahren erworbene Form ist auch beim heutigen Menschen zu finden.

2.3 Neurale Entwicklung des Auges

Da das Nervensystem weitaus vergänglicher ist als eine knöcherne Struktur (z. B. der Gehörschnecke) gibt es kaum Möglichkeiten, aus Versteinerungen etwas über die Phylogenese des Nervensystems zu erfahren. Hier behilft man sich mit Vergleichen zwischen unterschiedlich hoch entwickelten Tierarten einerseits und zwischen verschiedenen ontogenetischen Entwicklungsstufen der Lebewesen andererseits. Bei Tierartvergleichen zwischen unterschiedlich »hohen« Säugern ist ein deutlicher Trend zur Vergrößerung des am Sehen beteiligten Nervensystems (Nervenleitungen und Gehirnteile) zu erkennen. Weiterhin hat man festgestellt, daß schon relativ niedere Tierarten, wie z. B. Frösche, über spezialisierte Nervenzellen dicht an der Retina verfügen, die nur dann elektrische Impulse an das Gehirn abgeben, wenn ganz bestimmte optische Reize auftauchen – z. B. scharfe Hell-Dunkel-Grenzen, Bewegungen, Ecken oder Helligkeitsänderungen. Solche »Merkmalsextraktoren« finden sich auch bei vielen höheren Tierarten, jedoch nicht bei allen, so daß eine rein phylogenetische Interpretation schwierig ist. Offenbar müssen die Tiere im Verlaufe ihrer ontogenetischen Entwicklung auch entsprechende Reizangebote bekommen, um diese Merkmalsextraktion »lernen« zu können.

Die grundlegende neuronale Struktur des visuellen Systems aller Tiere besteht darin, lichtempfindliche Rezeptoren auf einer »Netzhaut« (Retina) im Innern des Auges zu besitzen, die bei Lichteinfall elektrische Impulse an Nervenzellen weiterleiten. Diese Nervenzellen fassen großenteils die Information aus mehreren Rezeptoren zusammen und leiten die Information auf Nervenfasern weiter. Bei der Zusammenfassung geschieht ein gewisser Informationsverlust, der bei höheren Tierarten durch Spezialisierungsprozesse wettgemacht wird: auf der Retina der Primaten befinden sich schon unterschiedliche Rezeptoren für Dunkelheit einerseits (Stäbchen) und für Farbe andererseits (Zäpfchen), und Primaten haben auf der Retina einen zentralen »gelben« Fleck (Fovea), auf dem sich besonders viele farbempfindliche Rezeptoren befinden; die von hier ausgehenden Rezeptor-Informationen werden weniger stark zusammengefaßt als die von der Peripherie ausgehenden Informationen – was ein besonders scharfes Sehen im Bereich der Fovea gestattet. Allerdings ist die Fovea bei einigen im Wald lebenden Affen größer als beim Menschen.

Eine weitere Fortentwicklung des visuellen Nervensystems ist darin zu sehen, daß die Nervenbahnen bei niederen Tierarten von den Augen ausschließlich in die gegenüberliegende Hirnhälfte führen, während höher entwickelte Tiere zusätzlich Nervenleitungen haben, die in Hirnregionen auf derselben Seite führen (Kruger & Stein 1973). Dieser teilweise gekreuzte, teilweise direkte Verlauf der Nerven bietet große Vorteile beim »Vergleich« der neuralen Information aus den beiden Augen, wie er z. B. beim räumlichen Sehen durchgeführt wird.

Während Affen und Menschen soweit sehr ähnliche neurale Systeme haben, finden sich die größten Unterschiede zwischen ihnen in den beteiligten Gehirnarealen: erstens ist die gesamte Gehirnmasse des Menschen größer, zweitens wird der Anteil der am Sehen beteiligten Gehirnteile mit zunehmender Entwicklungsstufe der Primaten immer größer (vgl. Campbell 1974).

2.4 Neurale Entwicklung des Gehörs

Im Gegensatz zu der deutlichen Fortentwicklung des visuellen Systems hat sich das akustische System des Menschen kaum gegenüber dem der Primaten verändert. Es fanden allenfalls muskuläre Rückbildungen an der äußeren Ohrmuschel statt: die höheren Primaten können ihre Ohrmuscheln immer weniger willkürlich bewegen – was aber durch die größere Beweglichkeit des Kopfes teilweise wieder ausgeglichen wird. Dagegen hat sich die Klangunterscheidungsfähigkeit mit zunehmender Stammesentwicklung verbessert, was teilweise auf die Vergrößerung der hörempfindlichen Basilarmembran zurückgeht, teilweise auf die Vergrößerung der am Hören beteiligten Hirnareale. Diese hohe Unterscheidungsfähigkeit kommt uns vor allem der sprachlichen Kommunikation, der zeitlichen und der räumlichen Analysen des Schalls zugute: während niedere Tiere mit relativ kleiner Hörrinde noch gut auf Intensitäts- und Tonhöhenänderungen reagieren können (was für ein Weck- oder Alarmsystem ausreicht), sind Tiere mit ausgeprägterer Hörrinde zusätzlich in der Lage, den Entstehungsort anhaltender Geräusche, ihre Dauer und Klangcharakteristik zu analysieren. Diese Leistungen sind notwendig, wenn ein Tier über die bloße Feststellung hinaus, daß da etwas ist, auch die Identifikation des Geräusches (bzw. seiner Quelle) leisten will. Diese Fähigkeiten sind weiterhin vorteilhaft für eine differenzierte auditive Kommunikation.

3. Physiologische Ausstattung für Sehen und Hören

Zum Wahrnehmen benutzen wir bestimmte Organe: zum Riechen die Nase, zum Schmecken die Zunge, zum Tasten und Temperatur-Fühlen die Haut, zum Sehen die Augen, zum Hören die Ohren – um nur die wichtigsten Organe zu nennen. Bemerkenswert ist nicht nur auf den ersten Blick, daß wir Menschen ebenso wie die meisten anderen Lebewesen *zwei Augen* und *zwei Ohren* haben, aber z.B. nur *eine* Zunge und *eine* Nase. Man kann mit gutem Grund davon ausgehen, daß sich im Verlaufe der Evolution nur solche Einrichtungen und Fähigkeiten durchgesetzt haben, die für die Lebewesen Vorteile bieten – was bedeutet, daß *Anzahl und Anordnung* von Augen und Ohren weder zufällig noch luxuriös sind. Zwei Augen und Ohren, die horizontal mit einem deutlichen Abstand voneinander angeordnet und nach vorn gerichtet sind, scheinen für Lebensort und Lebensart des Menschen günstiger als nur jeweils eines oder eine vertikale Anordnung von zweien. Wir werden die Vorteile im nächsten Kapitel kennenlernen.

Unsere Augen und Ohren nehmen physikalische Energie auf: Licht und Schall. Diese physikalischen Energien müssen jedoch erst über optische bzw. mechanische Zwischenstationen zu den Rezeptoren gelangen, damit wir etwas wahrnehmen können. Beim Auge bestehen diese Zwischenstationen aus Hornhaut, Pupille, Linse und Glaskörper (vgl. *Abb. 3-1*), beim Ohr sind Ohrmuschel,

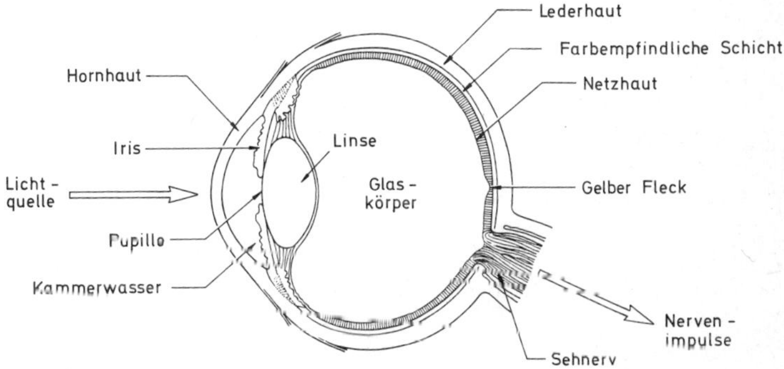

Abb. 3-1: Der anatomische Aufbau des Auges

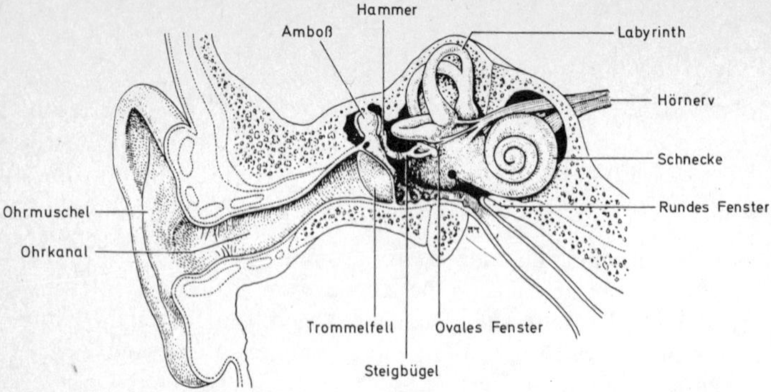

Abb. 3-2: Der anatomische Aufbau des Ohres

Gehörgang, Mittelohr (mit Trommelfell, Hammer, Amboß und Steigbügel) und Innenohr (Schnecke mit Flüssigkeit und Basilarmembran) zu nennen (*Abb. 3-2*).

Die optische bzw. mechanische Energie, die auf die Rezeptoren trifft, muß dort *umgewandelt* werden in elektrische Information, die über Nervenleitungen zum Gehirn geleitet und dort weiter umgewandelt wird. Die Information wird aber nicht erst im Gehirn, sondern schon bei den Rezeptoren so verarbeitet, daß grundlegende Handlungssteuerungen möglich werden. Auf dem Wege von den Rezeptoren *zum Gehirn* und besonders *im Gehirn* finden weitere spezifische Auswertungen statt, die z. T. gleichzeitig (parallel) ablaufen.

3.1 Sinnes-Rezeptoren für Sehen und Hören

Die Rezeptoren arbeiten Energie-spezifisch, d. h. die Rezeptoren des Auges sind nur für Lichtwellen empfindlich, und die des Ohres nur für Schallwellen.

Der Mensch besitzt etwa 126 Millionen Rezeptoren pro Auge, aber deutlich weniger pro Ohr: deren Anzahl wird zwischen 15 500 und 23 500 angegeben. Die Rezeptoren des Auges kann man entsprechend ihrer äußeren Gestalt in »Stäbchen« und »Zäpfchen« einteilen. Sie arbeiten allerdings nicht wie Fotokameras oder Mikrofone: die Information, die die Rezeptoren an das Gehirn weitergeben, ist niemals ein »Abbild« der Außenwelt, sondern besteht aus mehr oder weniger starken und mehr oder weniger schnellen elektrischen Impulsen. Außerdem wird die elektrische Information der einzelnen Rezeptor-Zellen selten direkt und unverarbeitet an das Gehirn weitergegeben: beim Auge geschieht schon direkt an der Retina eine Zusammenfassung der Information (was schon daran zu erkennen ist, daß wesentlich weniger Nervenfasern zum Gehirn laufen als Rezeptoren vorhanden sind); beim Ohr treten zwar etwa so viele Nervenfasern aus der Schnecke wie Rezeptoren vorhanden sind, bevor die neuralen Informationen jedoch in das auditive Großhirn gelangen, durchlaufen sie eine Fülle von Veränderungs- und Vergleichsprozessen.

Die beiden Rezeptorarten des *Auges* haben nicht nur eine unterschiedliche äußere Gestalt, sondern auch unterschiedliche Funktionen; zudem sind sie auf der Netzhaut unterschiedlich räumlich verteilt: die Zäpfchen befinden sich fast sämtlich genau gegenüber der Pupille (etwas mehr oberhalb als unterhalb dieses sog. gelben Flecks); Stäbchen sind auf der ganzen übrigen Netzhaut verteilt (s. *Abb. 3-1*). Während Zäpfchen sehr viel weniger lichtempfindlich sind als Stäbchen, reagieren Zäpfchen spezifisch auf Farben – Stäbchen dagegen nicht. Zäpfchen haben vielfach eine »eigene Leitung« zum Gehirn, Stäbchen sind dagegen eher in Gruppen zusammengeschaltet – was dazu führt, daß wir im Bereich des gelben Flecks sehr viel genauer dicht beieinanderliegende Punkte und Farben unterscheiden können als in den Randzonen der Netzhaut.

In der *Schnecke* (Cochlea) des Innenohres wird das mit Flüssigkeit angefüllte Cortische Organ (s. *Abb. 3-3*) und die darunter

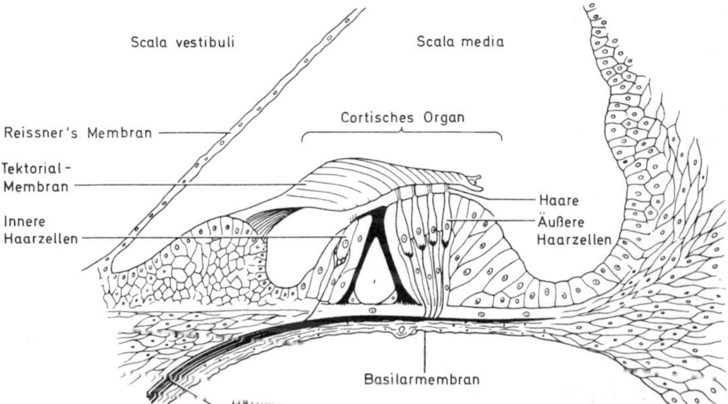

Abb. 3-3: Das Cortische Organ im Innenohr

liegende Basilarmembran durch den außerhalb des Ohres herrschenden Luftschalldruck zu Schwingungen angeregt. Die im Cortischen Organ befindlichen *Haarzellen* bewegen sich mit diesen Schwingungen und erzeugen dadurch elektrische Impulse, die über den seitlich aus der Basilarmembran austretenden Hörnerv (Nervus acusticus) ans Gehirn weitergeleitet werden.

3.2 Die Codierung von Reizeigenschaften an den Rezeptoren

Die uns umgebenden Energiewellen können physikalisch in zwei unabhängige Komponenten zerlegt werden: *Intensität* und *Frequenz* (bzw. Frequenzspektrum). Beim Licht bezeichnen wir die wahrnehmbare Intensität (das Ausmaß der vorhandenen Energie) als *Helligkeit*, beim Schall als *Lautstärke*. Die wahrnehmbare Frequenz (Häufigkeit von Schwingungen pro Zeiteinheit) der Lichtwellen bezeichnen wir als *Farbe* des Lichts, bei Schallwellen als *Tonhöhe*. Intensität und Frequenz werden jedoch weder durch die Rezeptoren noch durch die nachgeschalteten Verarbeitungsprozesse »absolut« aufgenommen, sondern relativ: es gibt keine 1 : 1-Beziehung zwischen physikalischer Energie und Sinnesinformation im Gehirn. Statt dessen geben die Rezeptoren auch ohne physikalische Reizung spontan elektrische Impulse ab, die sich beim Auftreffen physischer Energie verändern (z. B. größer, kleiner, langsamer oder schneller werden). Außerdem sorgen biomechanische und neurale Prozesse dafür, daß die Rezeptoren möglichst immer in einem für sie günstigen Empfindlichkeitsbereich arbeiten.

Die sehr große Variation der *Lichtintensität*, die auch in unserem Alltag besteht, wird vom Auge vor allem durch drei Prozesse verarbeitet: erstens durch die Anregung unterschiedlicher Rezeptor-Arten (Stäbchen fürs Dunkle, Zäpfchen fürs Helle und für Farben), zweitens durch die mehr oder weniger große Öffnung der Pupille, drittens durch Summation oder Differenzierung der Information von benachbarten Rezeptoren: Bei geringer Lichtintensität werden eher die Stäbchen aktiviert, und die sind in der Regel neural so verschaltet, daß die Information benachbarter Zellen summiert wird, während bei hoher Lichtintensität eher Zäpfchen aktiv sind, die entweder je eine eigene Nervenfaser zur Weiterleitung haben, oder inhibitorisch verschaltet sind: Information wird nur dann weitergeleitet, wenn benachbarte Zäpfchen unterschiedliche Lichtinformation haben. Diese Eigenschaft der Rezeptor-Verschaltung fördert vor allem die automatische Kontrastbildung zwischen angrenzenden Flächen.

Die Zäpfchen auf der Retina sind für *Farben* empfindlich, allerdings gibt es nicht für jede der vielen tausend Lichtfarben, die wir unterscheiden können, einen spezialisierten Rezeptor (genauso wenig, wie es für die etwa 10 000 Töne, die wir unterscheiden können, eigene Zellen auf der Basilarmembran gibt). Die Farbwahrnehmung geschieht beim gesunden Menschen mit Hilfe der gleichzeitigen Anregung von *drei* antagonistischen Rezeptorsystemen, die für verschiedene Wellenlängen des Lichtes unterschiedlich empfindlich sind; eines für Rot/Grün, eines für Blau/Gelb und eines für Schwarz/Weiß. Antagonistisch sind diese Systeme insofern, als sie bei Reizung mit einer bestimmten Grundfarbe entweder positive oder negative Impulse auf der Nervenfaser zum Gehirn schicken: das Rot-positiv/Grün-negativ-System gibt zum Beispiel bei der Grundfarbe Rot nur positive Impulse ab, bei der Grundfarbe Grün gibt dasselbe System negative Impulse ab. Beim Vorliegen einer bestimmten Mischfarbe mit einer bestimmten Helligkeit geben die drei Rezeptorsysteme zusammen eine spezifische Mischung aus positiven und negativen Signalen ab.

Allerdings haben nicht alle Menschen so gesunde Augen, daß sie alle Farben voneinander unterscheiden können: besonders bei Männern ist eine bestimmte Fehlsichtigkeit stark ausgeprägt, die man Rot/Grün-Blindheit nennt: bei diesen Menschen ist das Rot/Grün-System so geschädigt, daß sie alle Farben, für die das System normalerweise »zuständig« ist, nur als Graustufen unterscheiden können. Vielfach bemerken diese Menschen ihre Fehlsichtigkeit nicht, weil die im Alltag wichtigen Signalfarben sich meist sowohl in der Helligkeit als auch hinsichtlich ihres Auftretensortes unterscheiden. Beispielsweise haben Straßenverkehrsampeln international die Farben Rot/Gelb/Grün in der Reihenfolge von oben nach unten, außerdem ist Gelb meist heller als Rot oder Grün, und Rot ist ebenfalls heller als Grün. So kann sich auch ein teilweise farbenblinder Mensch an der Helligkeit und der räumlichen Lage von Verkehrssignalen orientieren.

Die Farbrezeptoren codieren die Lichtfarben allerdings nicht »objektiv«, wie es ein Farbmeßgerät tut: obwohl sich der Farbton des Sonnenlichts je nach Höhe der Sonne über dem Erdboden verändert (bei tiefstehender Sonne hat das Tageslicht z. B. weitaus höhere Rot-Anteile als bei hochstehender), und obwohl die Glühlampen, mit denen wir abends unsere Wohnungen beleuchten, weitaus mehr Rot enthalten als z.B. Leuchtstoffröhren, wird unsere Farbwahrnehmung dadurch nicht wesentlich beeinträchtigt, weil Gegenstände, die in der Mittagssonne z.B. Blau aussehen, ihre wahrgenommene Farbigkeit immer *in Relation* zur Farbigkeit des Umfeldes erhalten. Und diese Relationen bleiben in weiten Bereichen von Umgebungshelligkeit und Umgebungsfarbe invariant.

Da jede Netzhaut etwa eine viertel Million Rezeptoren hat, aber nur etwas weniger als eine Million Nervenfasern aus dem Auge heraustreten, wird die Information über Umweltreize aber noch über Summation und Differenzierung hinaus *komprimiert*: man kann zeigen, daß die einzelnen Nervenfasern *rezeptive Retina-Felder* haben, d. h. bestimmte Gebiete auf der Netzhaut, die etwas mehr als Hundert benachbarte Rezeptoren umfassen und durch Licht gereizt werden müssen, damit die Nervenfaser Information weiterleitet. Die rezeptiven Felder haben bei Säugetieren bestimmte Organisationsformen, die zumindest hinsichtlich der notwendigen Information im Zentrum und Umfeld des Feldes unterschieden werden (z.B. »An-Zentrum/Aus-Umfeld«: Licht im Zentrum des Feldes muß an sein, im Umfeld aber aus, damit die Faser Information weiterleitet).

Am *Ohr* wird der auftretende riesige *Intensitätsbereich* ebenfalls vor allem durch drei Prozesse abgedeckt: erstens wird der durch den Schall erregte Bereich auf der Basilarmembran mit zunehmender Lautstärke immer breiter (was auch bedeutet, daß immer mehr Haarzellen erregt werden), zweitens steigt die Erregungsamplitude der einzelnen Haarzelle mit zunehmender Lautstärke, drittens kommt es mit zunehmender Schallintensität zu einer zunehmenden Anspannung der Mittelohrmuskeln, die die Schallübertragung dämpft. Die *Frequenz* des Schalls (bzw. sein Frequenzspektrum) wird zumindest auf drei verschiedene Weisen codiert: Bei niedrigen Frequenzen (etwa bis 400 Schwingungen pro Sekunde) können die Impulse der Haarzellen den Luftschwingungen folgen und feuern im gleichen Takt (Periodentheorie) – dabei hat jede von den inneren Haarzellen stammende Nervenfaser eine bestimmte »Bestfrequenz«, bei der sie maximal reagiert; bei höheren Frequenzen werden die Zellen zu Gruppen organisiert und feuern abwechselnd (Salvenprinzip); außerdem werden bei hohen Frequenzen die Schwingungsmaxima auf der Basilarmembran zunehmend deutlicher, so daß angenommen werden kann, daß diese Töne auch örtlich codiert werden (Ortstheorie).

Auch wenn jetzt schon deutlich geworden ist, daß mehrere Prozesse ohne Beteiligung höherer Nervenzentren ganz automatisch den physischen Umwelt-Energien spezifische Informationen entnehmen, sind damit die Codierformen von Rezeptoren und Rezeptor-nahen Nervenzellen noch nicht am Ende: So führt z.B. die andauernde Anregung von Rezeptoren durch immer dieselbe Umweltinformation (z.B. gleichmäßige Lichtfarbe, kontrastreiche Farbmuster, gleichmäßige Reizbewegung, konstante Lautstärke eines Geräusches usw.) zu einer allmählichen »Ermüdung« dieser Rezeptoren, d.h. sie lassen in ihrem spezifischen Reaktionsverhalten nach und kehren noch während der anhaltenden Umweltinformation allmählich zu ihrer Ruhelage zurück. Die Wahrnehmung paßt sich allmählich der konstanten Umweltinformation an – sie adaptiert. Setzt diese Information dann aus, werden die Rezeptoren »in Gegenrichtung« erregt und es kommt zu Nacheffekten (z.B. Wahrnehmung von Gegenfarben, gegenläufigen Bewegungen, Ruhepausen usw.).

Eine weitere Reizeigenschaft wird direkt an den Rezeptoren codiert: gleichbleibende oder unterschiedliche Information in benachbarten Reizelementen. Im visuellen Bereich läßt sich diese Rezeptoren-Leistung am einfachsten zeigen: betrachten wir eine gleichmäßig eingefärbte Fläche, so treffen gleichartige Licht-Informationen auf räumlich benachbarte Rezeptoren im Bereich des gelben Flecks. Diese sind teilweise »differenzierend« zusammengeschaltet, d.h. sie leiten vor allem dann Information weiter, wenn die zum Schaltkreis gehörenden Rezeptoren *unterschiedlich* stark erregt werden. Dieses Prinzip, das man »laterale Hemmung« nennt, kann also zwischen gleichbleibender und unterschiedlicher Reizinformation trennen, und eine Konsequenz dieser Rezeptoreigenschaft ist die Betonung von *Konturen* und *Grenzen* zwischen unterschiedlich hellen Flächen in unserer Wahrnehmung.

3.3 Weiterverarbeitung vor dem Großhirn

Die komprimierte elektrische Information der Rezeptoren wird in einem Nervenstrang pro Auge bzw. Ohr zum Großhirn weitergeleitet. Die *Abb. 3-4* zeigt vereinfacht den Verlauf einer visuellen Nervenbahn in Seitenansicht (links) und Aufsicht (rechts). In der Seitenansicht ist zu erkennen, daß die gesamte neurale Information zum lateralen Genikulatkern (Nucleus geniculatum) läuft und anschließend in einzelne Felder des visuellen Cortex gleichzeitig geleitet wird. Diese gleichzeitige Einspeisung von Information in verschiedene Teile des Cortex gestattet es, verschiedene visuelle Analysen *parallel* durchzuführen. In der Aufsicht ist zu erkennen, daß die Sehbahnen der beiden Augen sich im Chiasma opticum teilweise kreuzen, d.h. die Information *eines Auges* ist in *beiden Genikulatkernen*, in beiden oberen Colliculus-Strukturen und in beiden Hälften des visuellen Cortex verfügbar. Die Information von beiden Augen ist wegen des Abstandes zwischen den Augen unterschiedlich und macht direkte Vergleiche zwischen rechtem und linkem Auge schon auf den ersten Verarbeitungsstufen möglich. Ebenfalls sichtbar sind drei kleine Nervenkerne auf jeder Seite (hinter dem Colliculus Superior), die die Augenbewegungen steuern. Die parallele Weiterleitung visueller Information an den Colliculus und das Geniculatum ermöglicht es, Informationen über den *Ort* und den *Inhalt* eines Reizes getrennt auszuwerten: Goldhamster mit intakten Genikulatkernen und zerstörtem Colliculus können den *Ort* eines Reizes nicht mehr bestimmen, wohl aber den Inhalt; dagegen können sie bewegte Reize verfolgen, wenn der Colliculus intakt, das Genikulatum aber zerstört ist. In diesem Falle reagieren sie aber nicht spezifisch auf die Art (den Inhalt) des Reizes.

Beim Ohr finden wir eine ähnliche, jedoch komplexere Weiterleitung der Rezeptor-Information: die erste Station der Hörbahn sind die Cochleariskerne, wo nur die von derselben Seite stammende auditive Information ankommt. Von dort wird sie jedoch gleichzeitig auf die rechte und die linke obere Olive weitergeleitet, d.h. schon auf der zweiten Station der Hörbahn können Verglei-

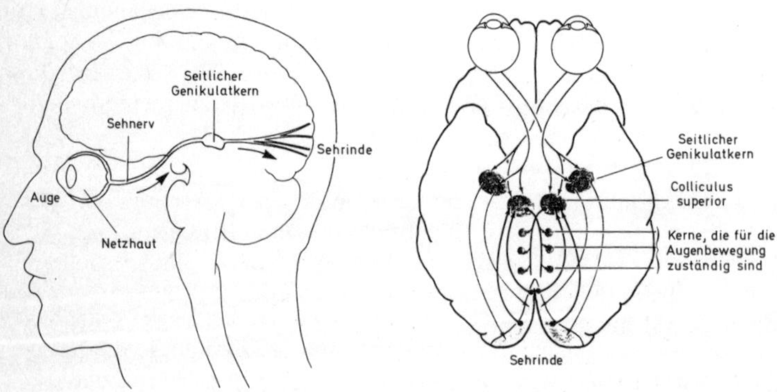

Abb. 3-4: Seiten- und Draufsicht der visuellen Nervenbahn

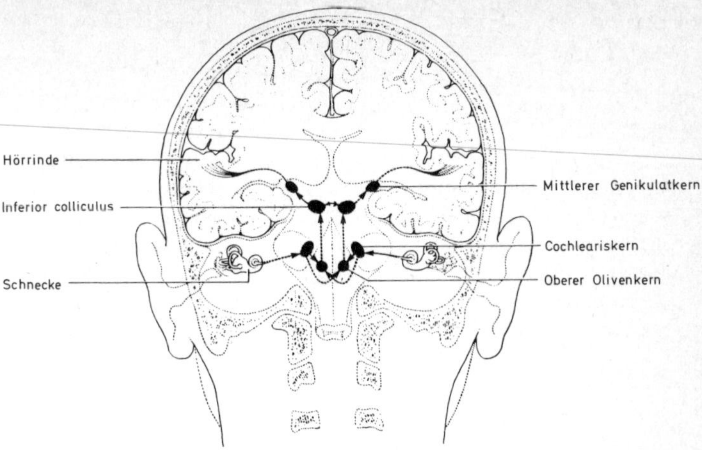

Abb. 3-5: Verlauf der neuralen Hörbahn

che zwischen rechtem und linkem Ohr angestellt werden (vgl. *Abb. 3-5*).

Von der oberen Olive ab sind in allen Nervenkernen immer Informationen aus beiden Ohren vorhanden, und die Weiterleitung in die primäre Hörrinde geschieht ebenso wie bei der visuellen Nervenbahn vom (medialen) Genikulatkörper aus parallel in verschiedene Gebiete, wo offenbar verschiedene Schallanalysen gleichzeitig durchgeführt werden.

Während der Cochleariskern noch durch reine Töne gut erregt werden kann, reagieren die höheren Stationen der Hörbahn in der Regel nur noch auf komplexe und hoch spezifische Schallmuster, z. B. im Colliculus inferior entweder nur auf Frequenzänderungen oder Intensitätsänderungen oder auf spezifische Unterschiede (etwa Zeit- oder Intensitätsdifferenzen) zwischen rechtem und linkem Ohr.

3.4 Weiterverarbeitung im Großhirn

Die Spezialisierung von Neuronen, die wir im Verlauf der visuellen und auditiven Nervenbahn schon kennengelernt haben, setzt sich im Großhirn fort, jedoch kommt nun der Umstand hinzu, daß die Informationen hier *gleichzeitig* analysiert werden können – so kann

z. B. ein in der physikalischen Analyse komplexes Schallmuster, wie etwa die Vorbeifahrt eines Autos, in seine verhaltensrelevanten Bestandteile »zerlegt« und erkannt werden: es gibt Neurone im auditiven Cortex, die spezifisch nur auf das Ansteigen der Schallintensität reagieren (wie es beim Näherkommen einer Schallquelle geschieht), andere, die nur auf die heller werdende Klangfarbe reagieren (ebenfalls beim Näherkommen), andere, die auf das zeitlich begrenzte Anhalten eines Schallpegels reagieren (wenn die Schallquelle auf gleicher Höhe mit uns ist), andere, die auf die dunkler werdende Klangfarbe reagieren (beim Entfernen) und wieder andere, die auf das Nachlassen der Schallintensität reagieren (ebenfalls beim Entfernen).

Eine ähnliche Spezialisierung und Parallelverarbeitung finden wir im visuellen Cortex, wo man Zellen gefunden hat, die spezifisch auf Lichtpunkte bestimmter Größe, auf Balken, Ecken, Kanten oder Schlitze reagieren. Dabei unterscheidet man zwischen *komplexen* Zellen, die nur auf solche spezifischen Reizeigenschaften reagieren, wenn sie auf einer bestimmten Stelle im visuellen Feld (z. B. unten rechts) auftreten, und *hyperkomplexen* Zellen, die auf spezifische Reizeigenschaften unabhängig von ihrem Ort reagieren.

Besonders relevant unter dem Gesichtspunkt der Wahrnehmung als Mittel zur Handlungssteuerung sind Untersuchungsergebnisse an Katzen, bei denen man rezeptive Felder gefunden hat, die spezifisch auf *Bewegungen* reagieren, und zwar nicht nur richtungsunabhängige und richtungsabhängige Bewegungen einfacher Lichtpunkte, sondern spezifisch auf »expandierende« oder »komprimierende« optische Flußfelder, die dann entstehen, wenn ein Objekt auf den Wahrnehmenden zukommt oder sich von ihm entfernt. Es gibt relativ große Gebiete im visuellen Cortex, die vor allem auf Bewegungen fort vom zentralen Sehfeld reagieren – solche Reizsituationen entstehen dann, wenn sich der Abstand zwischen Beobachter und Objekt verringert. Die biologische Relevanz solcher Signale kann man auch daran erkennen, daß die Signalstärke der erregten Neuronen weit über derjenigen liegt, die man üblicherweise bei einfachen Lichtpunkten erhält.

4. Ontogenetische Voraussetzungen und Entwicklung der Wahrnehmung

Wenn ein Lebewesen geboren wird, ist es in der Regel weder blind noch taub, aber es verfügt auch noch nicht über die Präzision, mit der die Wahrnehmung der Erwachsenen stattfindet. Es findet also von der Geburt bis zum Erwachsenenalter eine *Entwicklung der Wahrnehmungssysteme* statt. Was ein neugeborenes Kind genau sieht oder hört, entzieht sich unserer Kenntnis – die Annahme von William James (einer der großen amerikanischen Psychologen des späten 19. Jahrhunderts), daß ein Neugeborenes nur eine »große überbelichtete dröhnende Konfusion« wahrnehme, ist aber sicher falsch – zumindest herrscht heute die Ansicht vor, daß ein Neugeborenes etwa ebenso differenziert wahrnimmt, wie es seinen augenblicklichen Handlungsmöglichkeiten entspricht, und daß sich die Wahrnehmung in Abhängigkeit von der Differenziertheit der äußeren Reize und zusammen mit den Handlungsmöglichkeiten entwickelt. Nach dieser Auffassung kann man nicht viel darüber sagen, welche Rolle angeborene »Programme« für die Entwicklung der Wahrnehmung spielen, wohl aber viel darüber, welche Faktoren notwendig sind, um die Wahrnehmungsleistung von Erwachsenen zu erreichen, und dazu gehören gleichermaßen Wahrnehmungserfahrungen und Handlungsmöglichkeiten.

Elektrophysiologische Untersuchungen an neugeborenen Katzen und Affen, die von Geburt an 8 bis 16 Tage lang in Dunkelheit aufgezogen wurden, zeigen, daß diese Tiere rezeptive Felder im Großhirn haben, die spezifisch auf bestimmte Lichteigenschaften reagieren – ähnlich, wenn auch nicht ganz so ausgeprägt wie erwachsene und erfahrene Tiere. Etwa vier bis sechs Wochen normale Sehumgebung nach der Geburt reichen aus, damit eine neugeborene Katze auf Lichtreize genauso reagiert wie eine erwachsene. Wenn die Katzen in dieser Zeit aber *keine Seherfahrung* machen können, erreichen sie die Leistungsfähigkeit erwachsener Katzenaugen niemals.

Was geschieht, wenn Tiere nur unter eingeschränkten Sehmöglichkeiten aufwachsen? Wenn man z.B. neugeborenen Katzen oder Affen ein Auge über 6 Wochen verschließt, so daß sie nur einäugig herumlaufen können, dann bleiben diese Tiere auf diesem Auge blind, während sich das andere normal verhält. Langfristige Folge dieser einäugigen Blindheit ist eine starke Einschränkung des räumlichen Sehens und das Ausbleiben von Reaktionen in jenen Großhirnfeldern, die binokuläre Informationen verarbeiten – das sind etwa 80 Prozent der normalerweise am Sehen beteiligten Nervenzellen. Es reagieren nur noch die Zellen auf der Seite des »erfahrenen« Auges, das heißt, daß auch die *Kreuzung* der Rezeptor-Information, die normalerweise stattfindet, ausfällt. Ein solcher Effekt tritt schon dann ein, wenn ein Auge nur für ein oder zwei Tage in einer kritischen Phase der Entwicklung verschlossen wird, dabei scheint bei Katzen die vierte Woche nach der Geburt besonders wichtig zu sein.

Dramatische Effekte stellen sich auch dann ein, wenn die Augen in frühen Phasen der Entwicklung nur wenige Wahrnehmungserfahrungen machen dürfen: wenn z.B. Katzen unmittelbar nach ihrer Geburt zwei Wochen lang im Dunkeln aufgezogen und dann monatelang nur vertikale Streifen (ohne Ecken und Kanten) sehen dürfen, dann sind sie anschließend auch unter unbeschränkten Sehbedingungen unfähig zu räumlicher Wahrnehmung, stolpern über herumliegende Dinge, versuchen Gegenstände zu erreichen, die weit außerhalb ihrer Sprungweite sind, und spielen nur mit vertikal erstreckten Dingen, nicht mit horizontalen. Entsprechend zeigen die Zellen der Sehrinde nur auf die »gelernten« vertikalen Muster Reaktionen, nicht auf horizontale.

Aus all diesen Laboruntersuchungen von Tieren, die in einer frühen Phase ihrer ontogenetischen Entwicklung unter eingeschränkten Sehbedingungen leben mußten, kann man den Schluß ziehen, daß zwar schon von Geburt an zahlreiche Sehleistungen erbracht werden können; diese müssen jedoch in den ersten Wochen des Lebens auch benutzt und geübt werden, damit das visuelle System leistungsfähiger wird. Besonders wichtig ist in den ersten Lebenswochen von Säugern die Möglichkeit stereoskopischer Wahrnehmung, damit die Vielzahl kortikaler Nervenzellen, die an der normalen räumlichen Wahrnehmung beteiligt sind, ihre Arbeit aufnehmen können.

4.1 Visuelle und auditive Explorationen bei Kleinkindern

Glücklicherweise werden die meisten Lebewesen mit organisch gesunden Wahrnehmungssystemen geboren und wachsen in normalen, d.h. abwechslungsreichen Umgebungen auf. Unter günstigen Umständen beginnen Menschenbabys schon unmittelbar nach der Geburt, kontrastreiche visuelle Muster oder nahe vorbeibewegte Objekte mit den Blicken zu verfolgen, obwohl ihr visuelles System noch keine sehr scharfen Abbildungen ans Gehirn leiten kann. Das Verfolgen dieser Objekte durch Neugeborene weist darauf hin, daß das visuelle Wahrnehmungssystem von Anfang an trotz der Transformationen, die die Objektabbildung auf der Netzhaut beim Vorbeibewegen erfährt, dieses bewegte Objekt als *ein* Objekt sieht und sich das Objekt nicht erst aus den zeitlich aufeinanderfolgenden unterschiedlichen Netzhautbildern konstruieren muß.

Außerdem zeigen Untersuchungen an Neugeborenen, daß das auditive System unter bestimmten Voraussetzungen schon von Geburt an die visuelle Wahrnehmung lenken kann: wenn gut strukturierte, nicht zu kurze und nicht zu laute Geräusche hörbar sind, sucht das Neugeborene nach dieser Schallquelle und hält seine Augen längere Zeit darauf gerichtet. Dies kann es wegen der noch schwachen Nackenmuskulatur jedoch nur solange durchhalten, wie der Kopf unterstützt wird; und außerdem sind die Kopf- und Augenbewegungen zunächst noch ruckhaft und wenig glatt.

Einen Hinweis darauf, daß Neugeborene nicht einfach durch Lichtreize und Geräusche zu Explorationen angeregt werden, sondern eher durch *Ereignisse*, bei denen ein Ursache-Wirkungszusammenhang wahrnehmbar ist, geben Untersuchungen, in denen entweder aus unsichtbaren Quellen Schall- oder Lichtreize abgegeben wurden oder Schall- und Lichtreize unkoordiniert mit wahrnehmbaren Bewegungen. In diesen Fällen suchen die Babys mit Augen- und Kopfbewegungen nur ganz kurz und verlieren dann sichtlich das Interesse an den »unerklärbaren« Reizen. Dagegen halten Explorationen wesentlich länger an, wenn ein Zusammenhang zwischen bewegten Objekten einerseits und Geräuschen oder Lichtreizen andererseits wahrnehmbar ist, d.h. wenn konkrete (biologisch relevante) Ereignisse stattfinden (z.B. eine Rassel, die geschüttelt wird und Geräusche macht – oder Papier, das geknüllt wird und knistert) und nicht abstrakte Stimulationen.

Im Verlaufe der ersten Lebenswochen beginnen koordinierte Augen-Hand-Bewegungen; zwar sind auch schon bei Neugeborenen Armbewegungen in Richtung auf ein langsam bewegtes dreidimensionales Objekt beobachtet worden, was Gibson & Spelke (1983) zu der Aussage veranlaßte, »das Kind fokussiere von Anfang an Ereignisse in der Welt« (S. 7), jedoch sind koordinierte und von den Augen gesteuerte Hand- und Armbewegungen in den ersten Lebeswochen selten. Überwiegend wird jedoch berichtet, daß Kleinstkinder nur nach solchen Objekten langen, die sich in ihrem Greifraum befinden, was schon auf einen funktionalen Zusammenhang zwischen Wahrnehmung und Handlung hinweist.

Im Verlaufe des ersten Lebensjahrs entwickelt das Kind eine Vorstellung davon, daß Dinge, die im Augenblick nicht sichtbar sind, trotzdem existieren: Zunächst verliert das Kleinkind jedes Interesse an Dingen, die aus dem Blickfeld verschwinden, und sucht nicht gezielt danach. Nach etwa 9 Monaten entwickelt sich die »Objektkonstanz«: wenn Dinge, mit denen das Kind gespielt hat, aus dem Blickfeld verschwinden und dort Geräusche machen, dann sucht das Kind gezielt nach diesem Objekt. (Dagegen sucht es in diesem Alter kaum nach Objekten, mit denen es vorher nicht hantierte und die irgendwo im Verborgenen Geräusche machen).

4.2 Entwicklung selektiver Wahrnehmung

Die meisten Eltern von kleinen Kindern sind entsetzt, wenn sie an die Unordnung denken, die ihre Kinder machen. Noch merkwürdiger finden sie, daß ihre Kinder Spielzeuge, die sie gestern noch benutzt haben, heute nicht mehr wiederfinden. Die Aufforderung zum Suchen bleibt vielfach erfolglos – die Kinder suchen nur wenige Augenblicke und beschäftigten sich dann mit anderen Dingen, die sie beim Suchen gefunden haben. Aber mit zunehmendem Alter wird das Suchverhalten effektiver. Woran liegt das? An der Sehschärfe, am Differenzieren des Wahrnehmungsfeldes, am Gedächtnisinhalt vom zu suchenden Objekt oder woran sonst?

Die lapidare Vermutung mancher Eltern, daß die Kinder »einfach nicht suchen wollen«, greift sicher selbst dann zu kurz, wenn sie zuträfe – man müßte dann fragen, warum sie nicht suchen wollen, wenn sie das Objekt haben wollen; die nächstliegende Erklärung dafür besteht darin, daß man nur das gerne tut, was man *leisten kann*, und dann wird plausibel, daß kleine Kinder noch nicht effektiv suchen können.

Die *Sehschärfe* scheint im Verlauf des ersten Lebensjahres ihre volle Leistungsfähigkeit zu entwickeln, aber es braucht noch etwa drei bis fünf Jahre, bis das Sehfeld strukturiert und verschiedene im Sehfeld vorhandende Objekte *differenziert* werden können. Dies zeigt sich in Untersuchungen, bei denen Kinder unterschiedlichen Alters Bilder mit komplexen Figuren anschauen und später die Figuren aus anderen Bildern heraussuchen sollten: verfolgt man die Augenbewegungen, so fixieren jüngere Kinder nur die jeweilige Figur-Mitte und finden auch die Figuren nicht wieder, während 6-Jährige die Grenzen der Figur visuell »abtasten« und die gesehenen Figuren gut auch in anderen Anordnungen wiederfinden. Außerdem lernen die Kinder mit zunehmendem Alter, diejenigen Objektmerkmale zu beachten, die verschiedene Objekte voneinander unterscheiden (z.B. Farbe, Größe, Oberflächenstruktur usw.) und gleichzeitig jene Merkmale zu vernachlässigen, hinsichtlich derer die verschiedenen Objekte ähnlich sind.

4.3 Koordination von Wahrnehmen und Handeln

Wir haben oben gesehen, daß schon Babys eher jene Dinge anschauen, die sie potentiell erreichen können, während sie solche Dinge, die sie nicht erreichen können, vernachlässigen. Dies weist darauf hin, daß Wahrnehmung als ein aktiver Prozeß verstanden werden kann, der einem bestimmten Zweck dient, vor allem der Steuerung von Handlungen; und es weist auch darauf, daß Wahrnehmung umgekehrt von den Handlungsmöglichkeiten des Lebewesens beeinflußt wird: Wahrnehmungs- und Handlungsmöglichkeiten entwickeln sich zusammen.

Eine eindrucksvolle Demonstration dieses Zusammenhangs liefert die berühmte Untersuchung von Eleanor Gibson und Robert Walk (1960) zur »visuellen Klippe«: sie ließen einen großen Tisch

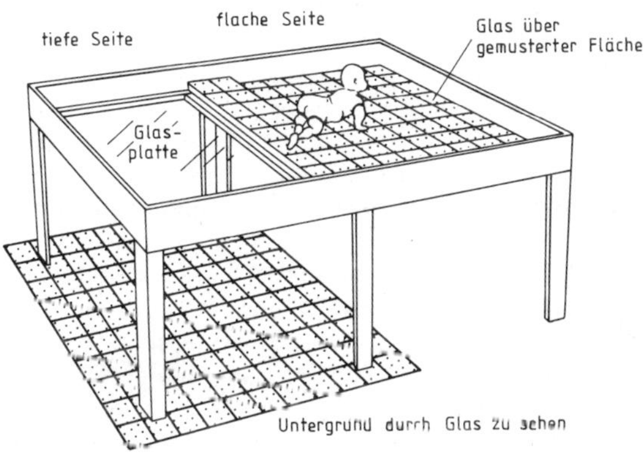

Abb. 4-1: Die visuelle Klippe

bauen (ca. 1,20 × 1,80 m), mit einem etwa 25 cm hoch stehenden Rand. Die Tischfläche war aber nur bei einer Seite des Tisches optisch massiv – diese Seite bestand aus Holz, war mit einem groben Karomuster und darüber mit Sicherheitsglas belegt. Auf der anderen Seite des Tisches gab es keine Holzfläche, sondern nur Glas, und man konnte durch das Glas auf den karierten Boden sehen.

Setzt man kleine Tiere oder Kinder im Krabbelalter auf die Mitte der Tischfläche (wo sie eben noch massiv ist) und fordert sie auf, über die Glasfläche zu der visuell »tiefen« Seite zu kommen, dann hängt es von ihren Bewegungsmöglichkeiten ab, was sie tun: können sie noch nicht krabbeln, dann bleiben sie einfach sitzen – auch dann, wenn auf der anderen Seite die Mutter steht und das Kind lockt. Können sie gut krabbeln oder gar laufen, dann gehen sie in der Regel auf die »flache« Seite zurück, selten auf die »tiefe« Seite. Man kann aus diesen Ergebnissen schließen, daß *alle* Kinder die visuelle Klippe sehen (den »Abbruch« im Oberflächenmuster der Holzfläche beim Übergang in die Tiefe), ob im Krabbel- oder Laufalter; sie trauen sich aber (vernünftigerweise) erst dann, sich in der Nähe dieser Klippe zu bewegen, wenn sie sicher sind, koordiniert handeln zu können, und wenn sie das können, zeigen sie durch die Richtung ihrer Bewegung, daß sie »sichere« von »unsicheren« Flächen unterscheiden können.

Weitere starke Zusammenhänge zwischen Wahrnehmen und Handeln ergeben sich durch den Umstand, daß schon Kleinstkinder nach »handlichen« (d. h. nicht zu großen) Dingen greifen, sie drehen und wenden, stoßen und schieben, in den Mund stecken, auf den Fußboden, in die Luft oder ins Badewasser werfen usw. Bei all diesen Manipulationen, die in der Regel mit großer Ausdauer erfolgen, ist die visuelle, haptische (d. h. durch den Tastsinn erfolgende) und auditive Wahrnehmung genauso beteiligt wie die Motorik: das Kind schaut die Dinge an, die es selbst bewegt, es fühlt die Oberflächen und hört die entstehenden Geräusche. Es bemerkt Unterschiede der Medien Luft, Wasser und Erde (bzw. Fußboden, Wände, Möbel usw.) dadurch, daß es mit den Spielobjekten in den verschiedenen Medien hantiert. So lernt das Kind durch Probieren die Eigenschaften der Objekte und der Medien kennen und findet regelhafte Beziehungen zwischen den visuell, haptisch oder auditiv wahrnehmbaren Eigenschaften der Objekte und Medien einerseits und den Handlungsmöglichkeiten in den Medien und gegenüber dem Objekt andererseits heraus. Z. B. lernt das Kind, daß es leichte runde Objekte mit glatter gewölbter Oberfläche sowohl mit der runden Seite auf dem Boden rutschen als auch rollen und schwimmen lassen kann; es findet an anderen glatten Objekten heraus, daß die zumindest auch rutschen oder zumindest rollen können usw. In der Sprache von James Gibson (1979) entnimmt es den optischen Eigenschaften der Anordnung »Affordanzen«, d.h. es entdeckt durch die optischen Eigenschaften Handlungsmöglichkeiten, die für den eigenen Entwicklungsstand passend sind.

Die wahrnehmbaren Eigenschaften der Objekte werden aber nicht nur durch die vielfältigen eigenen Manipulationen der Dinge entdeckt, sondern auch dadurch, daß *andere* Personen mit diesen Dingen hantieren: In beiden Fällen wird das Objekt bewegt und damit »wahrnehmungsmäßig« transformiert – es wird aus verschiedenen Blickwinkeln angesehen, während seiner Bewegung verfolgt und gleichzeitig hinsichtlich seiner Materialeigenschaften beobachtet.

4.4 Wahrnehmungsdifferenzierung

Das erste, was ein neugeborenes Menschenkind zu sehen bekommt, sind Gesichter (und eventuell Klinikwände bzw. -decken). Nicht nur aus diesem Grund vermag das Kind zuerst zwischen Gesichtern und Nicht-Gesichtern zu unterscheiden, sondern auch deshalb, weil Menschengesichter einen außerordentlich hohen funktionalen Wert für Kleinkinder haben: mit ihnen ist Freude, Nahrung und Wärme verbunden. Diese erste Wahrnehmungsdifferenzierung zwischen Gesichtern und Nicht-Gesichtern bietet ein Beispiel für eine Differenzierung von Wahrnehmungsgegenständen mit unterschiedlicher Funktionalität. Im späteren Leben werden weitere Differenzierungen möglich, und meist spielt der funktionale Charakter der Dinge bei der Wahrnehmungsdifferenzierung eine große Rolle.

Wenn ein Mensch Objekte oder andere Lebewesen exploriert, wird er Ähnlichkeiten und Verschiedenheiten zwischen diesen Dingen feststellen; zu Beginn dieser Exploration werden die Ähnlichkeiten überwiegen – für Laien sind alle Katzen gleich, ähnlich geht es den meisten Menschen mit Fahrrädern, Klavieren oder fremden Völkern, um nur wenige Beispiele zu nennen. Bei der näheren Beschäftigung werden Unterschiede zwischen ehemals gleichartigen Dingen entdeckt, nicht nur Unterschiede der Größe, Färbung und Oberflächenbeschaffenheit, sondern vor allem Unterschiede hinsichtlich der Handlungsmöglichkeiten ihnen gegenüber bzw. mit ihnen.

Die Frage, wieweit es sich um eine *Wahrnehmungsdifferenzierung* oder eine Differenzierung der *kognitiven Darstellung* und Behandlung der Wahrnehmungsobjekte handelt, ist nicht leicht zu prüfen. Inzwischen gibt es aber einige Experimente, in denen Vorschulkinder Buchstaben-ähnliche Figuren anschauten, verschiedene Transformationen dieser Figuren kennenlernten (vergleichbar den verschiedenen Schrifttypen im Buchdruck) und hinterher die verschiedenen Figuren unabhängig von den möglichen Transformationen unterscheiden sollten. Anschließend wurde je nach Untersuchungsbedingung entweder ein ganz neuer Satz von Figuren mit neuen Transformationen oder nur neue Transformationen der alten Figuren oder neue Figuren mit den bekannten Transformationen gezeigt, und es stellte sich heraus, daß die Unterscheidungsleistung in den beiden letztgenannten Bedingungen gleich und besser waren als in der ersten Bedingung (Pick 1973). Andere Untersuchungen, in denen die Kinder entweder verbal oder visuell im Differenzieren geschult wurden, zeigten Vorteile für die visuelle Schulung. Solche Ergebnisse weisen darauf hin, daß die Kinder beim Unterscheiden bisher nicht gesehener Figuren *eher Wahrnehmungs-Transformationen* benutzen (wie auch beim Betrachten derselben Figur aus verschiedenen Blickwinkeln) und weniger kognitiv gespeicherte Abbilder bekannter Figuren mit ihren Varianten.

Ein Bereich, der eine besonders differenzierte Wahrnehmung erfordert, ist die gesprochene *Sprache* – man denke nur an die winzigen Unterschiede, die zwischen den gesprochenen Wörtern »wecken« und »necken« oder »Mop« und »Bop« liegen. Obwohl die physiologischen Strukturen, die die auditive Unterscheidung der feinen physikalischen Unterschiede (bei unseren Beispielen hinsichtlich der Steilheit des Lautstärkeanstiegs und der Stimmhaftigkeit der Anfangsbuchstaben) leisten können, relativ bald nach der Geburt bei normaler auditiver Umgebung ausgereift sind, braucht es doch Lernvorgänge, um einen Zusammenhang zwischen den unterschiedlichen Wahrnehmungen und Bedeutungen bzw. angemessenen Verhaltenskonsequenzen herzustellen.

Ohne spezifische Lernvorgänge finden aber keine wahllosen, sondern schon eingeschränkte Arten von Reaktionen statt: wie Untersuchungen an Affen gezeigt haben, können die erwachsenen Affen vor verschiedenen Feinden durch unterschiedliche Laute warnen und folglich auch spezifisches Verhalten auslösen – z.B. beim Schlangenwarnruf auf den Boden schauen, beim Adlerwarnruf in die Luft. Jungtiere können wohl erkennen, daß der Ruf vor Feinden warnt (und nicht der Begrüßung von Freunden dient), jedoch müssen sie eine Zuordnung zwischen den unterschiedlichen Lautarten und Feindesarten erst lernen.

Dabei lernen sie – ebenso wie die Menschen –, die Lautunterschiede auch dann korrekt zu interpretieren, wenn derselbe Ruf unterschiedlich artikuliert wird (z.B. schnell oder langsam, laut oder leise, von männlichen oder weiblichen, alten oder jüngeren Artgenossen). Sie müssen folglich bestimmte Variationen ignorieren und andere beachten. Wie dies geschieht, ist heute noch nicht genau geklärt, jedoch scheinen die lernenden Lebewesen nicht konkrete Prototypen von Lauten (mit all den physischen Besonderheiten des Muster-Exemplars) zu erlernen und zu speichern, sondern von vornherein auf sog. *Invarianten* zu achten – so nennt man jene abstrakten Reizeigenschaften, die auch bei Transformationen (hier der Stimme, im visuellen Bereich etwa des Blickwinkels) konstant bleiben. Bei der Wahrnehmungsdifferenzierung lernen die Lebewesen, die *kontrastierenden* Invarianten zu beachten: jene Reizeigenschaften, die zwar den üblichen Transformationen unterliegen können, die bei Wechsel der Stimme, des Blickwinkels, der Beleuchtung etc. geschehen, aber dennoch für die Unterscheidung von Wahrnehmungsobjekten wichtig sind.

Auf eine weitere Art der Wahrnehmungsdifferenzierung möchte ich noch aufmerksam machen: während Kinder (oder Erwachsene) die Dinge der Welt explorieren, stellen sie *einige* Eigenschaften der Dinge fest, die für ihre eigenen Handlungen *momentan* wichtig sind. Diese Exploration ist zu Beginn der Entwicklung zunächst eher ungezielt und abhängig von auffälligen Reizeigenschaften, wird aber immer selektiver: das Kind untersucht die Dinge speziell nach den Eigenschaften, die für die momentanen Handlungsziele relevant sind. Da die Handlungsziele im Verlaufe der Entwicklung wechseln, wechseln auch die entdeckten Affordanzen, d.h. die Entsprechungen zwischen physischen Eigenschaften einerseits und Wahrnehmungs- und Handlungsmöglichkeiten andererseits.

Beispielsweise steckt das Kleinkind zunächst Bauklötze in den Mund und schubst sie vor sich her, dann entdeckt es den von den Erwachsenen gedachten Verwendungszweck und stellt die Klötze aufeinander. Im weiteren Verlauf der Entwicklung entdeckt es die Möglichkeit, mit Klötzen zu werfen, sie als Gewicht, Hindernis, Hammer, Stütze und vieles andere mehr zu verwenden. Dies ist nicht nur eine kognitive Leistung in dem Sinne, daß das Kind immer mehr Verwendungszwecke ausprobiert und speichert, es ist auch eine Wahrnehmungsdifferenzierung in dem Sinne, daß es lernt, den Dingen *anzusehen* (bzw. durch Heben und Hören wahrzunehmen), daß man sie auch für andere Handlungen einsetzen kann: wenn das Kind sieht, daß sich der Bauklotz nicht verformt, sobald man etwas Schweres daraufstellt, dann ist der Klotz sichtlich auch als Stütze geeignet – wenn es sieht, daß ein Stück Papier nicht im Wind fortfliegt, wenn ein Klotz darauf liegt, dann ist der Klotz sichtlich auch als Gewicht zu verwenden usw.

Nun ist die Frage, ob während der Wahrnehmungsdifferenzierung die früheren Affordanzen durch neue *abgelöst* werden oder neue Affordanzen *hinzukommen*. Sicherlich werden Erwachsene nicht mehr so oft auf den Gedanken kommen, Klötze in den Mund zu nehmen – dies ist aber weniger dem Umstand zu verdanken, daß sie die alten Wahrnehmungsleistungen nicht mehr beherrschen, sondern eher der hygienischen Schulung und weiterhin der Tatsache, daß sie für das In-den-Mund-Nehmen inzwischen Kaugummis, Bonbons oder Zigaretten benutzen. Es ist also wahrscheinlicher, daß im Verlaufe der Wahrnehmungsentwicklung eine *Bereicherung* der Zusammenhänge zwischen Wahrnehmungsleistung und Handlungsmöglichkeiten stattfindet. Das Zusammenspiel zwischen Wahrnehmungsdifferenzierung und Wahrnehmungsbereicherung führt zwangsläufig dazu, im Verlaufe der Entwicklung immer besser passende Objekteigenschaften für die intendierten Handlungen zu finden.

5. Wie erhalten wir Informationen über unsere Welt?

Die Frage, *wie* es unser Wahrnehmungssystem fertigbringt, Informationen über die reale Welt zu vermitteln, ist nicht einfach durch einen Verweis auf unsere licht- bzw. schallempfindlichen Rezeptoren zu beantworten. Wie wir bereits gesehen haben, finden schon an den Rezeptoren Zusammenfassungen, Differenzierungen und Komprimierungen der optischen Informationen statt, und die neuralen Kerne auf dem Wege zum Großhirn sowie die kortikalen Felder sind auch nicht neutrale Übermittler der Rezeptor-Informationen. Auch wenn wir daran festhalten können, daß alle psychischen Prozesse eine materielle physiologische Grundlage haben, reicht der Rückgriff auf physiologische Prozesse allein nicht aus, um Wahrnehmung zu erklären – wir müssen Bezug nehmen auf psychologische Begriffe, wie etwa den der »Bedeutung«; auf »Sinn«, »Hypothese«, »Gestalt«, »Affordanz« und »Schema«, um nur einige wichtige zu nennen. Wir beschäftigen uns nun mit *Theorien* der Wahrnehmung, wobei hinzuzufügen ist, daß die meisten Theorien sich nicht mit der alltäglichen (dreidimensionalen und klanglich reichen) Wahrnehmung der realen Welt beschäftigen, sondern mit mageren Strichzeichnungen und vereinzelten Tönen.

Ein zentraler Begriff in allen Theorien ist der der *Information*. Er wird in den verschiedenen Theorien unterschiedlich verstanden. In unserer Umgangssprache verstehen wir darunter überwiegend »Wissen« bzw. »Nachrichten« über uns selbst, die Welt, ihre Bewohner, Objekte und Ereignisse. In der Wissenschaftssprache werden aber oft auch Energiezustände und deren Änderungen als »Information« verstanden – im vorangehenden Absatz haben wir z.B. von »optischer Information und »Rezeptor-Information« gesprochen. Strenggenommen handelt es sich bei der optischen Information um die Energieverteilung des Lichtes im Innern des Auges und bei der Rezeptor-Information um die neurale Erregung des lichtempfindlichen Rezeptors. Ein anderer Informationsbegriff versteht Information im Sinne von »Bedeutung für das Handeln eines Lebewesens«: für ein Lebewesen, das schwimmen kann, ist die Information »Wasser« weitaus erfreulicher als für ein Landlebewesen. Nicht zu vergessen ist auch, daß »Information« nicht immer »Wissen« in dem Sinne bedeutet, daß der Organismus schon mehr »weiß«, wenn sich in der Welt etwas ändert: Zustände und Zustandsänderungen sind prinzipiell *verfügbare* Informationen, und es hängt stark vom Organismus ab, ob er diese Informationen aufnehmen und nutzen kann.

Im bisherigen Text haben wir »Information« meist mit dem einschränkenden Zusatz »Informationen zum Handeln in der Welt« verwendet. Damit soll verdeutlicht werden, daß die Wahrnehmung, d.h. die Aufnahme von Information (Zuständen, Eigenschaften) über die Welt vor allem dem Zweck dient, sich in ihr zurechtzufinden und überleben zu können. Folglich ist auch die Art der hierfür benötigten Information anders als wenn man Wahrnehmung als Aufnahme von Information für »höhere« geistige Prozesse (z.B. Denken) versteht. Im ersten Fall brauchen wir Information über die Beschaffenheit der Welt in Relation zu unseren Handlungsmöglichkeiten, im zweiten Fall brauchen wir Informationen in Relation zu unseren Denkmöglichkeiten. Im zweiten Fall wird man auch eher vermuten, daß die Information weiter verarbeitet werden muß, im ersten Fall kann Information direkt mit Handlungen verknüpft werden.

5.1 Zur Gestaltpsychologie

Wir haben bei der Diskussion um »Empfindung« und »Wahrnehmung« gesehen, daß bis zum Beginn des zwanzigsten Jahrhunderts die Meinung vorherrschte, die bewußte Wahrnehmung sei aus vielen kleinen Einzelempfindungen zusammengesetzt. Dieser Ansicht widersprachen ab etwa 1890 deutsche Forscher, die sich später *Gestaltpsychologen* nannten. Deren empirische Phase begann im Sommer 1910, als der junge Max Wertheimer mit der Eisenbahn in die Ferien fuhr und ihm unterwegs eine Idee zum Bewegungssehen kam, die er experimentell prüfen wollte. Obwohl er ein Zimmer im Rheinland reserviert hatte, stieg er in der nächsten Großstadt (Frankfurt) aus dem Zug, kaufte ein kleines Notizheft, ging in ein Hotel und begann, mit seinem Notizheft zu experimentieren: er bemalte systematisch die rechten Ränder von aufeinanderfolgenden rechten Seiten des Heftes mit Strichen und Figuren, die jeweils nur leicht unterschiedlich waren (z.B. ein Strich, der auf jeder nachfolgenden Seite um einen Millimeter nach rechts versetzt war). Wenn man dieses Heft nun mit Hilfe des Daumens sehr schnell durchblättert (»Daumenkino«), entsteht ein starker Bewegungseindruck: die Figuren und Striche scheinen zu wandern.

Nachdem Max Wertheimer mit dem Psychologischen Institut Frankfurt Kontakt aufgenommen und dort eine Reihe systematischer Untersuchungen mit nacheinander aufleuchtenden, räumlich getrennten Lampen durchgeführt hatte, kam er zu dem Schluß, daß das *Ganze anders ist als die Summe seiner Teile*. In seiner Hauptuntersuchung ließ er zwei kleine vertikale Striche, die nur einen Zentimeter voneinander entfernt waren, in sehr kurzer zeitlicher Folge (zwischen 30 und 200 Millisekunden) nacheinander aufleuchten. Seine Versuchspersonen berichteten übereinstimmend, daß sich *ein* Licht durch den leeren Raum von einer Position zu einer anderen *bewegt* – bei noch kürzeren Zeitabständen scheint ein Licht zu flimmern, bei längeren Zeitabständen stellt sich eine veridikale Wahrnehmung ein: ein Licht geht aus, das benachbarte geht an, dann geht das aus, und das andere geht wieder an usw. Das bedeutet, daß die bloße Änderung einer physischen Komponente, der Zeit zwischen Ausschalten der ersten und Anschalten der zweiten Lampe, zu drei qualitativ verschiedenen Wahrnehmungen führt. Wertheimer nannte die scheinbare Bewegung, die bei den mittleren Zeitabständen entsteht, die *Phi-Bewegung* (oder auch: das Phi-Phänomen).

Diese Wertheimersche und andere Beobachtungen können als Beweis dafür gewertet werden, daß das menschliche Wahrnehmungssystem Umweltreize zumindest teilweise unter Hinzufügung einer eigenen Organisation verarbeitet. Die Gestaltpsychologie entwickelte diese Auffassung weiter und meint, daß die Reize, die auf Menschen einwirken, immer als *Ganzes* gesehen werden müssen. Dies gilt besonders dann, wenn eine Reizkonfiguration aus mehreren Teilen besteht. Diese Teile interagieren in unserer Wahrnehmung. Wenn z.B. eine kleine Melodie aus 5 Tönen besteht, dann spielt es eine erhebliche Rolle, ob diese 5 Töne vorwärts oder rückwärts gespielt werden; wir nehmen im zweiten Fall entweder gar keine sinnvolle, zumindest aber eine *andere* Melodie als im ersten Fall wahr. Andererseits kann dieselbe Tonfolge auch in einer anderen Oktave oder einen halben Ton höher gespielt werden – wir nehmen dennoch dieselbe Melodie wahr. Ein und dieselbe Figur (z. B. ein Pferd) kann eine andere Bedeutung für uns bekommen, wenn wir eine andere Figur hinzutun (z. B. einen Reiter oder ein anderes Pferd), d. h. die Wahrnehmung von Teilen einer Figur hängt davon ab, in welchem Kontext die Figur steht.

Mit dem Wort »Figur« habe ich einen Begriff erwähnt, der zusammen mit dem Begriff »Grund« durch die Gestaltpsychologen einen festen Platz in der Wahrnehmungspsychologie hat. Wolfang Metzger (1930) hat festgestellt, daß die visuelle Wahrnehmung ausfällt, wenn das System etwa eine Stunde lang keine strukturierte Reizung erhält, d. h. einem sog. »Ganzfeld« ausgesetzt ist, das keinerlei Inhomogenität aufweist: keinen Punkt, keinen Schatten, keine Linie. Man sieht dann auf die Dauer einfach »gar nichts«. Führt man eine Inhomogenität (z. B. einen Fleck) ein, dann kann das visuelle System wieder arbeiten, und der Mensch sieht die Inhomogenität (hier den Fleck) als Figur auf einem Hintergrund. In der Folge hat es zahlreiche Arbeiten gegeben, die zeigten, daß die Aufteilung eines Wahrnehmungsfeldes in eine »Figur« und einen »Grund« eine sehr spontane und selbstverständliche Leistung unserer Wahrnehmung ist, die vor allem auf die Funktion der lateralen Hemmung benachbarter Rezeptoren zurückgeht. Unter sonst gleichen Umständen werden kleinere, hellere und besser strukturierte Reize als (oft gegenständliche) Figuren vor einem Grund gesehen – umgekehrt größere, dunklere und weniger strukturierte Felder als Hintergrund unter einer Figur.

Die Betrachtung eines einzelnen Punktes in einem ansonsten »leeren« Wahrnehmungsfeld ist sicher eine extreme Ausnahme: Normalerweise ist das Wahrnehmungsfeld mit sehr vielfältigen Strukturen »angefüllt«. Und auch hier gibt es in der Regel eine starke Figur-Grund-Differenzierung. Darüber hinaus hat Wolfgang Köhler (1920) gezeigt, daß auch die willkürlichste Anordnung von Punkten und Linien auf dem Papier als *organisierte* Wahrnehmungseinheit gesehen wird, in der Ordnung, Regelhaftigkeit und Beziehungen zwischen den Elementen vorkommen. Er nannte das »physische Gestalten«. Diese Ordnungen entstehen nicht willkürlich durch kognitive Prozesse, sondern entsprechen »natürlichen dynamischen Gesetzen«: man sieht physische Gestalten automatisch.

Die Gestaltpsychologen haben sog. *Gesetze* der Wahrnehmungsorganisation formuliert, die Wahrnehmungsergebnisse unter bestimmten Reizkonfigurationen beschreiben. Das von den Gestaltpsychologen für das wichtigste gehaltene Gesetz der *Prägnanz* (manchmal auch der *guten Gestalt* genannt) lautet folgendermaßen: Jede Reizkonfiguration wird so gesehen, daß sie eine möglichst *einfache* Struktur ergibt. Hat man z. B. die Zeichnung von einem Quadrat und einem Kreis, die sich überschneiden, so ergeben sich zwar durch die Überschneidungen viele komplizierte Figursegmente (z. B. »Tortenstücke« oder »runde Dächer«), die

Wahrnehmung tendiert jedoch dazu, möglichst prägnante Figuren zu entdecken (hier: Kreis und Quadrat). Dies ist keine Frage der einfacheren verbalen Reizbeschreibung, sondern tatsächlich ein Wahrnehmungsphänomen.

Auch das zweite wichtige Gestaltgesetz beschäftigt sich mit der Organisation des Gesehenen bzw. Gehörten im Sinne einer Selektion und Betonung bestimmter Reizaspekte: Im Gesetz der *Ähnlichkeit* wird ausgesagt, daß man in einer komplexen Reizkonfiguration unter sonst gleichen Bedingungen diejenigen Elemente zu einer Einheit organisiert, die einander ähnlich sind (sei es hinsichtlich der Farbe, Intensität, äußeren Form, Geschwindigkeit, Höhe oder anderem). Im visuellen Bereich benutzt man als Beispiel gern eine Anordnung von Punkten, die horizontal und vertikal gleiche Abstände zueinander haben, aber z. B. in der horizontalen Reihung verschiedene Formen oder Intensitäten. Das führt zu einem Wahrnehmungsergebnis, in dem die gleichartigen Punkte als zusammengehörig aufgefaßt werden (vgl. *Abb. 5-2*).

Als drittes Gestaltgesetz soll das der *Nähe* erläutert werden: danach werden solche Reizelemente als eine zusammengehörige Gestalt organisiert, die räumlich nahe beieinander sind (z. B. ähnlich hohe Töne, benachbarte Reihen von Linien, Punkten usw.). Eines der hübschesten Beispiele dazu stammt aus der

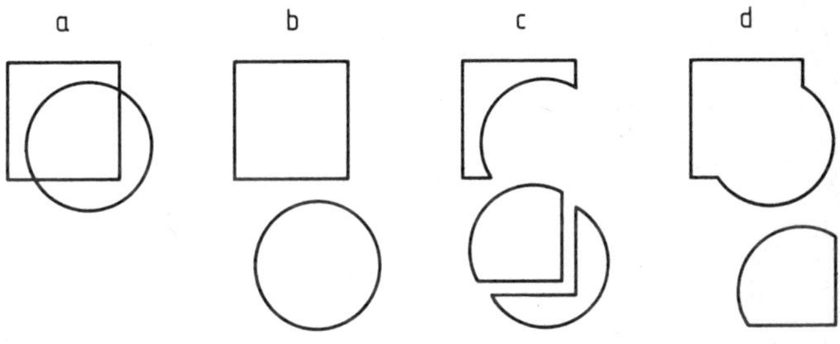

Abb. 5-1: Drei Möglichkeiten (b, c, d), die überlappenden Figuren aus (a) zu sehen

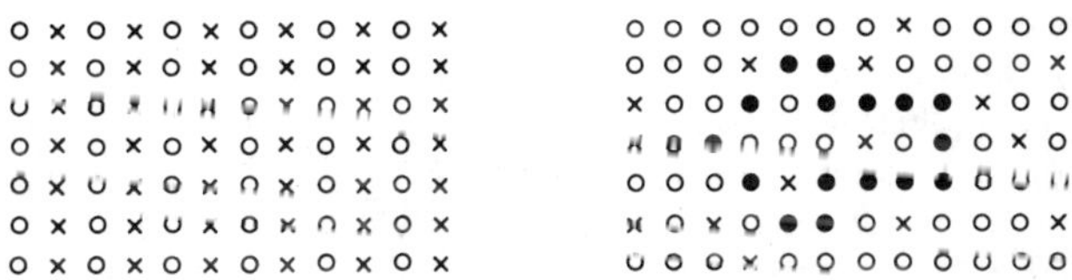

Abb. 5-2: Gruppierung nach Ähnlichkeit

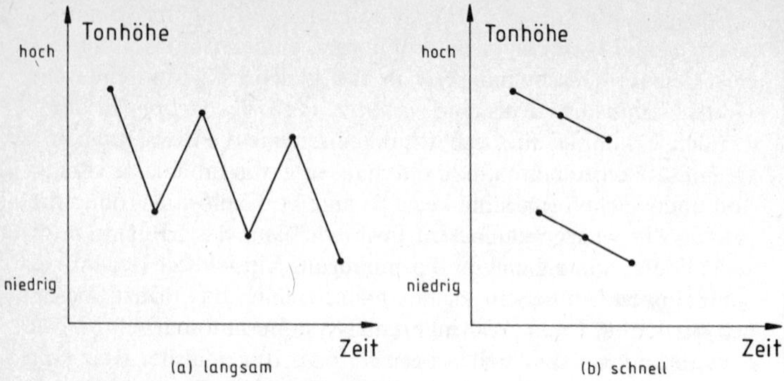

Abb. 5-3: Gesetz der Nähe: bei schnellem Tempo werden zwei in sich homogene Tonfolgen (»Ströme«) gehört

Musik: wenn ein Instrument, das normalerweise nur einen Ton auf einmal spielen kann (wie z. B. die meisten Blasinstrumente), in langsamem Tempo zwischen hohen und tiefen Oktaven wechselt, dann erscheint es dem Hörer, daß das eine Instrument zwischen den hohen und tiefen Lagen springt. Wechselt dasselbe Instrument *schnell* hintereinander zwischen hohen und tiefen Oktaven, dann erscheint es dem Hörer, als ob *zwei* Instrumente gleichzeitig spielen: eines in hoher und eines in tiefer Lage. Komponisten kennen und nutzen diesen Wahrnehmungseffekt schon seit einigen hundert Jahren.

Als letztes Gesetz soll das des *gemeinsamen Schicksals* genannt werden: Wenn Punktmuster, Linien oder Töne einen gemeinsamen Verlauf haben, dann werden sie unter sonst gleichen Umständen als eine Wahrnehmungseinheit gesehen. (Vgl. *Abb. 5-4*). Dieses Gesetz ist einerseits verwandt mit den Prinzipien »Nähe« und »Ähnlichkeit«, geht aber andererseits über diese insofern hinaus, als es leichter Vorhersagen von Bewegungen bzw. Ereig-

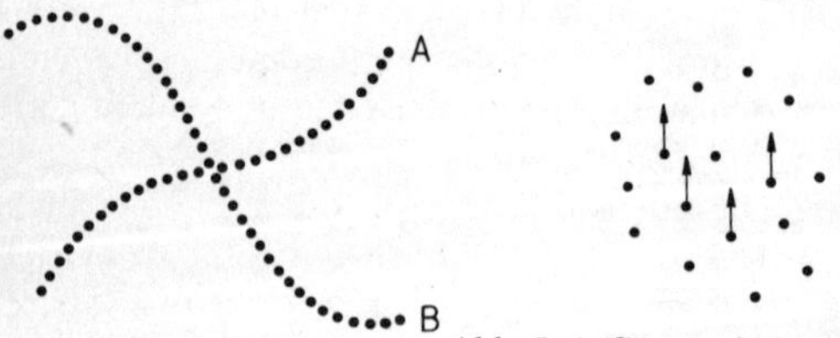

Abb. 5-4: Gesetz des gemeinsamen Schicksals

nissen gestattet, die noch nicht stattgefunden haben. Wenn sich z. B. in einer Punktwolke (Sternhimmel) eine Anzahl von Punkten mit gleicher Geschwindigkeit in die gleiche Richtung bewegt, werden diese Punkte als eine *zusammengehörige Gruppe* erkannt. Und dabei können die Geschwindigkeiten und die Bewegungsrichtungen der einzelnen Punkte durchaus in gewissem Grade voneinander abweichen (man denke z. B. an eine Explosion), ohne daß sich an der wahrgenommenen Einheitlichkeit des Ereignisses etwas ändert. So ungenau die Formulierung hinsichtlich der Wörter »gemeinsam« und »Schicksal« auch sein mag, das Prinzip besagt letztlich, daß unser Wahrnehmungssystem automatisch *Regeln* erkennt, nach denen ein statistischer oder dynamischer Reiz konstruiert ist; und die Regeln schließen Abweichungen vom Grundprinzip bzw. Transformationen und Variationen ein.

Die Frage, *wie* und *warum* die durch die Gestaltgesetze formulierten Wahrnehmungen entstehen, kann die Gestaltpsychologie nicht beantworten. Hinsichtlich des *Wie* sind in den dreißiger Jahren Vermutungen über automatische elektrophysiologische Prozesse im Gehirn geäußert worden, die jedoch langfristig nicht haltbar waren. Kurt Koffka (1935) hing an der alten Trennung zwischen Empfindung und Wahrnehmung ebenso wie an der Trennung zwischen der physischen Welt und der Welt des Verhaltens. Insofern suchte man Erklärungen auf dem Wege von Korrespondenzen zwischen inneren und äußeren Prozessen. Wolfgang Köhler (1938) stellte sogar die Hypothese auf, daß die physische Welt und die inneren Vorgänge einander ähnlich sind, ja daß es eine *Isomorphie* (d. h. Gleichgestalt) zwischen Außenweltvorgängen und neuralen Prozessen gäbe. Diese Vorstellung wird heute allgemein abgelehnt.

Die Gestaltpsychologen haben einen weiteren Gedanken in die Wahrnehmungspsychologie eingeführt, der mit einem Prinzip des ökologischen Ansatzes einige Gemeinsamkeiten hat: »Bedeutungen« und »Werte« werden direkt wahrgenommen und brauchen nicht kognitiv konstruiert zu werden. Was Kurt Koffka (1935) »Aufforderungscharakter« nannte und Kurt Lewin (1936) »Valenz«, bezeichnet den Umstand, daß uns die verschiedenen Wahrnehmungsobjekte wohl in ihrer lexikalischen Bedeutung bekannt sein mögen, aber ihre handlungsleitende Bedeutung bekommen sie erst dann, wenn wir bereit sind (oder ein Bedürfnis haben), eine bestimmte Handlung mit ihnen auszuführen. Natürlich nehme ich einen Briefkasten auch dann wahr, wenn ich gerade keinen Brief einwerfen muß – er bekommt aber eine »direkt« wahrnehmbare Handlungsbedeutung, wenn ich einen Brief einwerfen will. »Der neutrale Wahrnehmungsgegenstand wird erst unter Bedürfnisdruck zum Wirkgegenstand« (David Katz 1961, S. 130). Wir werden später Unterschiede zum ökologischen Ansatz kennenlernen.

Die Ideen der Gestaltpsychologen waren sehr einflußreich; die meisten heute führenden Wahrnehmungspsychologen haben die Arbeiten der Gestaltschule sorgfältig studiert und sind von ihnen beeindruckt. Dennoch konnte sich die Gestaltpsychologie nicht als befriedigende Wahrnehmungstheorie behaupten, weil sie eine ganze Reihe von Problemen offen läßt: So kann sie z. B. die festgestellten Phänomene nur beschreiben und nicht erklären. Weiterhin gibt es erhebliche Schwierigkeiten, genaue Vorhersagen über Wahrnehmungsergebnisse zu machen, weil nicht einmal gesagt wird, was eine adäquate Messung von »Ähnlichkeit«, »Nähe«, »Prägnanz« usw. ist und welcher Effekt überwiegt, wenn es einen Konflikt zwischen den Prinzipien gibt. Diese Schwierigkeiten sind schon in der Mitte der dreißiger Jahre in den USA heftig diskutiert worden. Dorthin mußten die meisten deutschen Gestaltpsychologen vor dem nationalsozialistischen Terror flüchten, und in den USA mischten sich gestaltpsychologische Ideen mit amerikanischem Pragmatismus.

Aus dieser Diskussion haben sich seit Beginn der fünfziger Jahre zwei Ansätze herausgebildet, die sich zwar auf unterschiedliche Anwendungsfelder der Wahrnehmung beziehen, aber in scharfem Gegensatz zueinander stehen: einerseits der informationsverarbeitende, andererseits der ökologische Ansatz – und inzwischen gibt es auch Kompromißpositionen.

5.2 Zum Informationsverarbeitungsansatz

Als sich die Schüler der Gestaltpsychologen bemühten, empirisch prüfbare Vorhersagen über die Wirksamkeit der Gestalt-Organisation zu machen, entwickelten manche zunächst Meßmethoden für die »Komplexität« bzw. »Einfachheit« von Figuren. Es ist zwar plausibel, daß jene Figuren, die wenig »Knickpunkte« haben, zudem Symmetrie und harte Kontraste aufweisen, »einfacher« erscheinen als Figuren mit vielen Knickpunkten, sanften Farbübergängen und Asymmetrien, aber wie kann man z. B. feststellen, ob bei gleicher Bildkomplexität der Faktor Symmetrie für die Wahrnehmungsorganisation wichtiger ist als die Zahl der Knickpunkte? Dazu bräuchte man eine Methode, die Komplexität unabhängig von diesen Figur-Dimensionen zu messen.

Fred Attneave (1957) hatte herausgefunden, daß Menschen, die eine Figur nicht sehen, sie aber mit Hilfe von Alternativfragen an einen Wissenden herausfinden (kognitiv rekonstruieren) können, am effektivsten nach Strategien vorgehen, die mit Prinzipien der mathematischen Wahrscheinlichkeitsrechnung verwandt sind: sie teilen die Bildfläche zunächst in grobe Teilflächen (z. B. oben/unten, links/rechts) und fragen, ob in dieser Teilfläche Teile der Figur enthalten sind. Diejenigen Flächen, bei denen sie eine »Ja«-Antwort erhalten haben, teilen sie wieder in Teilflächen, die sie getrennt abfragen. Aber sie brauchen bei einem Bild nicht alle Teilflächen einzeln abzufragen: Erstens erübrigen sich Teilfragen, wenn die Gesamtfläche leer ist, zweitens erübrigen sich Teilfragen, wenn die erhaltenen positiven Antworten auf Symmetrie oder andere Konstruktionsprinzipien schließen lassen. Beispielsweise kann man die Figur (a) in *Abb. 5-5* mit Hilfe von 16 Ja/Nein-Fragen rekonstruieren, während man für die Figur (b) wesentlich mehr braucht:

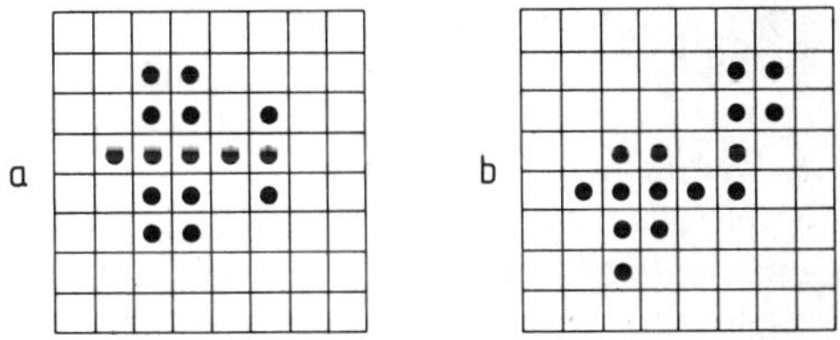

Abb. 5-5: Zwei unterschiedlich komplexe Figuren

In der Folgezeit sind zahlreiche Arbeiten veröffentlicht worden, in denen der Versuch gemacht wurde, die Leichtigkeit des *Erkennens* von Figuren mit Hilfe des sog. »Informationsgehalts« der Bilder vorherzusagen. Der Informationsgehalt ist eine mathematische Präzisierung des Frage- und Antwortspiels, das wir eben in *Abb. 5-5* angedeutet haben. Dieser Ansatz war in manchen Bereichen erfolgreich, jedoch zeigten sich auch schnell seine Grenzen: erstens gibt es auch bei gleichem Informationsgehalt noch Unterschiede in der Erkennensgeschwindigkeit, zweitens kann die einfache Drehung eines zweidimensional abgebildeten Objektes den Informationsgehalt ganz dramatisch erhöhen, ohne für das Auge zusätzliche Schwierigkeiten zu bereiten.

Es mußten andere Prozesse angenommen werden, die für die oft verblüffende Geschwindigkeit des Erkennens von Wahrnehmungsobjekten verantwortlich sind. Eine frühe Vorstellung der Kognitionspsychologen bestand darin, daß wir im Verlaufe unseres Lebens neuronale Modelle von Wahrnehmungsdingen erlernt haben, die charakteristische Merkmale (»features«) der Wahrnehmungsobjekte enthalten. Im einfachsten Fall könnte man sich das neuronale Modell als eine *Schablone* vorstellen, mit der die Rezeptor-Erregungen verglichen werden: fällt z. B. eine Abbildung der Zahl »2« auf die Fovea, dann wird das Erregungsmuster auf der Fovea nacheinander mit gespeicherten Zahlen-Schablonen verglichen.

Dieses primitive Modell kann der Tatsache des sehr schnellen Erkennensprozesses nicht gerecht werden – selbst dann nicht, wenn man berücksichtigt, daß die Anzahl der notwendigen Vergleichsprozesse durch Kontext-Informationen beschränkt wird: wenn man gerade Zahlen gesehen hat, wird man zunächst weitere Zahlen erwarten, keine Buchstaben oder Figuren. Zu erklären bleibt, daß man dasselbe Zeichen in sehr unterschiedlichen Größen, Schriftarten und Neigungswinkeln darstellen kann, ohne daß wir damit Erkennensprobleme bekommen. Man könnte nun annehmen, daß wir für jede Größe, jede Schriftart und jeden Neigungswinkel einen anderen Satz von Schablonen haben, jedoch ist es sehr unwahrscheinlich, daß die Evolution solche uneffektiven Verarbeitungsstrategien langfristig duldet.

Ein Modell, das mit wesentlich weniger Merkmalsdetektoren auskommt, dafür zusätzlich kognitive Entscheidungsprozesse annimmt, ist von Selfridge (1959) vorgeschlagen worden: das Modell geht davon aus, daß die am häufigsten benutzten Muster unseres Kulturkreises (das sind vor allem Schriftzeichen) aus wenigen Elementen zusammengesetzt sind, z. B. aus senkrechten Strichen, rechten Ecken, linken Ecken, Rechtsbögen, Linksbögen usw. Diese Elemente behalten ihre Bedeutung auch bei Änderung der Zeichengröße, und sie sind in gewissen Grenzen auch gegenüber Transformationen (z. B. Schrifttypen, Drehungen) unempfindlich. Für diese Elemente hat unser Gehirn auf dem Wege der Wahrnehmungsdifferenzierung Merkmalsdetektoren entwickelt, die parallel arbeiten können. Darüber hinaus werden neuronale Strukturen angenommen, in denen die Informationen von den Merkmalsdetektoren zusammenlaufen und die entdeckten Muster gewissermaßen wieder »zusammengesetzt« werden – gleichzeitig wird geprüft, ob das zusammengesetzte Muster einem früher erlernten Zeichen entspricht, und falls es mehreren Zeichen entspricht, dann wird auf Grund der Kontext-Information entschieden, welchem Zeichen die neuronale Struktur entspricht (vgl. *Abb. 5-6*).

Lindsay & Norman (1977) haben eine Variante des Selfridge-Modells amüsant beschrieben: sie bezeichnen die vier neuronalen

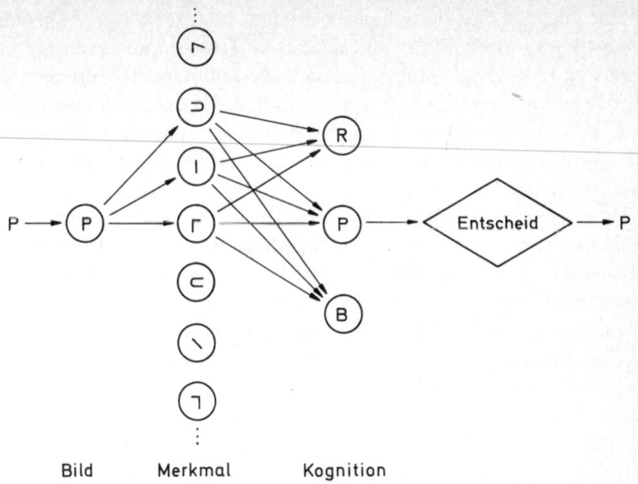

Abb. 5-6: Ein Modell der Mustererkennung erkennt »P«

Stationen, die eine Mustererkennung durchlaufen muß, als Wohnorte spezifischer »Dämonen«: zunächst registrieren die *Signaldämonen* (Bild- oder Klangdämonen) das, was an den Rezeptoren ankommt. Wie wir schon gesehen haben, ist die neuronale Information der Rezeptoren aber nicht ganz neutral, sondern enthält schon Vernachlässigungen konstanter Reize, Kontrastverstärkungen usw.

Die elektrischen Signale der Signaldämonen gelangen zu den *Merkmalsdämonen*: hier wird die Gesamt-Information zerlegt und auf das Vorkommen ganz bestimmter Merkmale hin analysiert: im Falle von Schriftzeichen z. B. hinsichtlich vertikaler Striche, rechten Halbkreisen, nach oben gerichteten Spitzen usw., im Fall von Klängen hinsichtlich der Impulshaltigkeit, Tonhaltigkeit, Frequenzänderung usw. Die hier angesiedelten neuronalen Strukturen werden nur dann erregt, wenn sie »ihr« spezifisches Merkmal entdecken, wobei ein Signal von den Signaldämonen natürlich mehrere Einzelmerkmale gleichzeitig aufweisen kann.

Die neuralen Signale von den Merkmalsdämonen gelangen zu den *kognitiven Dämonen*; das sind neuronale Strukturen, die darüber entscheiden, welche Merkmalsgruppen im Signal vorliegen. Dabei wird angenommen, daß jeder kognitive Dämon durch einen speziellen Satz von Merkmalen aktiviert wird, und zwar um so stärker, je mehr diskriminierende Merkmale und je weniger abweichende Merkmale entdeckt wurden.

Die endgültige *Entscheidung* über den Inhalt des aufgenommenen Musters trifft der sog. »Entscheidungsdämon«: bei dieser neuronalen Struktur laufen die Informationen aller kognitiven Dämonen zusammen, und hier wird in Abhängigkeit vom Grad der Aktivierung der kognitiven Dämonen einerseits und den Erwartungen der Person andererseits entschieden, welches Muster gesehen oder gehört wurde.

So günstig ein solches kognitives Modell der Merkmalsanalyse auch im Vergleich mit dem einfachen Schablonenmodell abschneidet – es bleiben doch zahlreiche Probleme, die ich hier nur andeuten kann. Beispielsweise hat man wohl Neuronenverbände gefunden, die auf bestimmte Reizmerkmale reagieren, aber es war bisher kaum möglich, Zellen zu finden, die kognitiven oder gar Entscheidungs-»Dämonen« entsprechen. Außerdem werden Merkmale meist im Sinne konkreter statischer Einzelheiten von visuellen oder auditiven Mustern definiert (z. B. als Linien, Ekken, Tonhöhen), aber wenn man an die Beispiele der Gestaltpsychologen denkt, dann sind es eher globale, dynamische und weniger konkrete, als Summe von Einzelelementen definierbare Muster, die wir erkennen und auf Grund derer wir handeln.

Diese Erkenntnisse haben moderne Kognitionspsychologen veranlaßt, zwischen Daten-gesteuerter (bottom-up) und Konzeptgesteuerter (top-down) Wahrnehmung zu unterscheiden. Damit ist gemeint, daß die Wahrnehmung gewissermaßen von zwei Seiten beeinflußt wird: einerseits von den Daten, die in der Außenwelt entdeckbar sind, andererseits von den Erwartungen, Bedürfnissen und Vorstellungen (»Konzepten«) des Menschen, der gerade wahrnehmen will. Die Kognitionspsychologen gehen davon aus, daß die entdeckbaren Daten nicht immer eindeutig genug sind, um eine eindeutige Wahrnehmung zu gewährleisten. In diesen Fällen wird die Interpretation durch kognitive Prozesse gelenkt.

Ich habe schon erwähnt, daß der *Kontext*, in dem ein Muster steht, die Interpretation des Musters beeinflußt: wenn wir z. B. einen Text lesen, werden wir eher Buchstaben erwarten als Zahlen, und wenn eine Reizkonfiguration gleichermaßen als Zahl wie als Buchstabe interpretiert werden kann, dann wird sie als Buchstabe interpretiert, falls wir vorher Buchstaben gesehen haben: dann ist die Wahrscheinlichkeit groß, daß weitere Buchstaben folgen (vgl. *Abb. 5-7*).

Besonders deutlich wird der Einfluß kognitiver Prozesse auf die Wahrnehmung in einigen Fällen der gesprochenen Sprache: unser Gehör ist zwar ohnehin schon sehr sensibel für feine Unterschiede in der Intonation und der Aufeinanderfolge von Lauten, jedoch

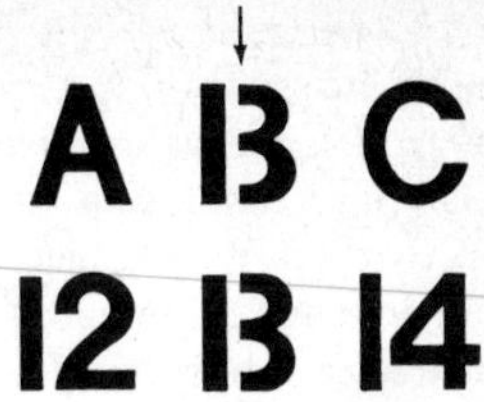

Abb. 5-7: Der Kontext beeinflußt die Interpretation

gibt es (besonders im Englischen, aber auch im Deutschen) Wörter, die bei gleicher Aussprache unterschiedliche Bedeutungen repräsentieren (sog. Homophone, wie etwa »Heide«; hier kann der Heide im christlichen Sinn oder die Heide als Stück Natur gemeint sein). Wir haben aber keine Schwierigkeiten, die Bedeutung solcher Wörter zu verstehen, sofern wir sie im Kontext mit anderen Wörtern hören.

Fassen wir zusammen: im informationsverarbeitenden Ansatz der Wahrnehmungspsychologie herrscht die Ansicht vor, daß die bei den Rezeptoren anliegende neurale Information *zerlegt* wird in Merkmale, aus denen das Wahrnehmungsergebnis unter Berücksichtigung kognitiver Prozesse (Erwartungen, Gedächtnisinhalte usw.) *zusammengesetzt* wird. Je nach Klarheit der Rezeptor-Information und Enge des Kontexts herrscht mehr eine Daten-gesteuerte oder Konzept-gesteuerte Wahrnehmung vor.

5.3 Zum ökologischen Ansatz

James Gibson, der Begründer des ökologischen Ansatzes in der Wahrnehmungspsychologie, war von einigen Argumenten der Gestaltpsychologen besonders beeindruckt – er fand, daß sie viele wichtige Themen ansprachen, und daß man manche Prinzipien nur wenig weiterzudenken brauchte, um zu einem ökologischen Ansatz zu kommen. Dennoch ist der ökologische Ansatz in vielen Punkten so ganz anders als die Gestaltpsychologie, daß man ihn nicht einfach als eine Modernisierung der Gestaltpsychologie verstehen darf. Beispielsweise akzeptierte James Gibson die gestaltpsychologische Vorstellung, daß wir keine willkürliche Anordnung von Punkten und Strichen sehen, deren Bedeutung wir erst im Kopf konstruieren müssen, sondern daß wir von Anfang an ganzheitliche Gestalten sehen, aber die Regeln, nach denen die Gestalten gebildet werden, entsprechen weniger ästhetischen Prinzipien als vielmehr Handlungsnotwendigkeiten der Lebewesen in der Welt.

In drei wichtigen Büchern hat James Gibson (1950, 1966, 1979) eine psychophysikalische Theorie der visuellen Wahrnehmung entwickelt, die weitgehend auf Physiologie verzichtet und von der phylogenetischen Entwicklung der Sinne ausgeht. Dabei stellt er zunächst fest, daß sich die menschliche visuelle Wahrnehmung für das Sehen *auf* dem Erdboden bei aufrechtem Gang entwickelt hat – was bedeutet, daß die untere Hälfte des Gesichtsfeldes in der Regel mit dem festen Untergrund »angefüllt« ist. Dieser feste Untergrund trägt nicht nur den Menschen, sondern auch die meisten anderen Lebewesen sowie alle Objekte, die den Menschen umgeben. Der Boden hat optisch wahrnehmbare Eigenschaften, die in der Regel ein Bezugssystem für die Wahrnehmung der auf dem Boden befindlichen Dinge bzw. Lebewesen bieten. Zum Beispiel sind ebene und horizontal erstreckte Oberflächen optisch erkennbar anders als unebene und/oder geneigte: unter anderem verändern sich die Abstände zwischen gleich langen Objekten mit zunehmender Entfernung vom Beobachter auf ebenen Flächen stetig, auf unebenen Flächen unstetig; diese Stetigkeit ist größer bei abwärts geneigten Flächen, kleiner bei nach oben ansteigenden usw.

Die visuell wahrnehmbaren Oberflächeneigenschaften nennt man *Textur*, und diese Textur, bzw. der Texturgradient (die Stetigkeit der Texturänderung mit zunehmender Entfernung vom Beobachter) bietet einerseits Informationen über die Handlungsmöglichkeiten des Lebewesens auf diesem Boden, andererseits das direkte Bezugssystem für die Wahrnehmung von Lage, Größe und evtl. Bewegungsgeschwindigkeit der auf dem Boden befindlichen Dinge bzw. Lebewesen.

Im Unterschied zur Auffassung der Gestaltpsychologie sind die Wahrnehmungsgesetze, die die Gestaltpsychologen zum Thema »Gruppierung« beschrieben haben, in den Begriffen des ökologischen Ansatzes keine Ergebnisse automatischer Prozesse im Gehirn, sondern eine Tatsache, die sich aus der Beschreibung der optischen Anordnung selbst ergibt. »Nähe«, »Ähnlichkeit« und »Gute Kurve« kann man als bildhafte Beschreibung realer statischer Materialgruppierungen in der Welt verstehen, die in der Textur reflektiert und vom Wahrnehmenden aufgenommen werden. Dagegen zielt das Gesetz des »gemeinsamen Schicksals« eher auf systematische Transformationen in der optischen Anordnung, d. h. es beschreibt eine dynamische Veränderung, die man als eine Form der Invarianz bezeichnen kann.

Damit komme ich zu einem der wichtigsten Begriffe des ökologischen Ansatzes der Wahrnehmungspsychologie: dem der *Invarianz*. Unter diesem Begriff wird sehr Unterschiedliches verstanden, aber als erste Annäherung können wir feststellen, daß es wahrnehmbare Eigenschaften von Objekten und Ereignissen unserer Welt gibt, die trotz bestimmter Transformationen konstant bleiben. Diese Invarianz ist aber nicht einfach ein neues Wort für das, was wir unter dem Namen »Wahrnehmungskonstanz« kennen (beispielsweise die Helligkeits- oder die Größenkonstanz) – es erklärt diese Phänomene auch, aber nicht ausschließlich.

Ein weißes Blatt Papier bleibt in unserer Wahrnehmung weiß, gleichgültig, ob wir es draußen in der Sonne oder drinnen bei Kerzenlicht sehen, d. h. relativ unabhängig von der Beleuchtungsstärke und -farbe. Diese *Helligkeitskonstanz* wird im allgemeinen so erklärt, daß unser Auge keine absoluten Helligkeiten registriert, sondern relative Helligkeiten der Objekte des Wahrnehmungsfeldes, d. h. vor allem relative Helligkeiten der aneinander grenzenden (kontrastierenden) Flächen. Wir sehen das Papier vor einem Hintergrund, und gegenüber diesem Hintergrund sieht es weiß aus. Dieses Konstanzphänomen braucht keine kognitive Erklärung, es handelt sich auch nicht um eine schwierige »Wahrnehmungsleistung«: die Invarianz des Helligkeitskontrastes zwischen dem weißen Papier und seinem andersfarbigen Hintergrund ist in der optischen Anordnung enthalten. Ebenso ist die *Größenkonstanz* (d. h. das Gleichbleiben der wahrgenommenen Größe eines Objektes in unterschiedlichen Entfernungen) keine kognitive Leistung, die die relative Entfernung mit »in Rechnung stellt«, sondern in der optischen Anordnung selbst enthalten, und zwar dadurch, daß der Texturgradient des Erdbodens, der den Maßstab für die Beurteilung der Objektgröße bildet, konstant bleibt – auch wenn die absolute Abbildungsgröße auf der Netzhaut sich verändert (vgl. *Abb. 5-8*).

Weiterhin kann man feststellen, daß uns Licht- und Schallenergie in der Regel *indirekt* treffen: die meisten Objekte, die wir anschauen, strahlen nicht selbst Lichtwellen aus, sondern reflektieren Licht; wir schauen selten direkt in die Sonne oder in eine Glühbirne, und wir sitzen selten direkt vor einem Lautsprecher; in der Regel nehmen wir *reflektiertes Licht und reflektierten Schall* auf. Bei der auditiven Wahrnehmung handelt es sich noch eher um die Aufnahme eines Gemisches aus direktem und reflektiertem Schall, aber bei der visuellen Wahrnehmung ist die Direkt-Einstrahlung minimal. Dafür bietet die Licht- und Schallreflektion charakteristische Information über die Lage, Größe und Beschaf-

Abb. 5-8: Größenkonstanz durch Texturgradienten

fenheit der Dinge. Z. B. reflektiert schwarzes Papier überhaupt kein Licht, weißes mattes Papier reflektiert viel, aber diffuser als weißes glänzendes Papier, ein Spiegel hat eine definitive Reflektionsrichtung, ein Körper reflektiert Licht in mehreren Ebenen usw. Diese Reflektionen folgen physikalischen Gesetzmäßigkeiten und hängen *nicht* davon ab, ob und wo ein Beobachter vorhanden ist. Daraus folgt in den Begriffen der ökologischen Wahrnehmungspsychologie, daß das den Beobachter umgebende Licht selbst nach physikalischen Gesetzen *strukturiert* ist, und der Beobachter braucht es nicht kognitiv zu strukturieren.

Abhängig vom Beobachterstandpunkt sind jedoch die Reflektionen, die ein Beobachter *entdecken* kann. Der Beobachter kann um so mehr Reflektionen (und damit Materialeigenschaften) entdecken, je mehr Positionen er gegenüber den Objekten einnehmen kann. Auch bei Änderung des Beobachterstandpunktes oder der Gesamtbeleuchtungsstärke und -farbe bleiben einige Objektstrukturen invariant – z. B. wird schwarze Kohle immer weniger Licht reflektieren als ein Spiegel; die unterschiedliche Rauhigkeit unterschiedlicher Materialien bleibt invariant; und eben diese Invarianz spezifiziert ganze Klassen äquivalenter Objekte (z. B. einzelne Kohlestückchen, die individuell sehr unterschiedliche

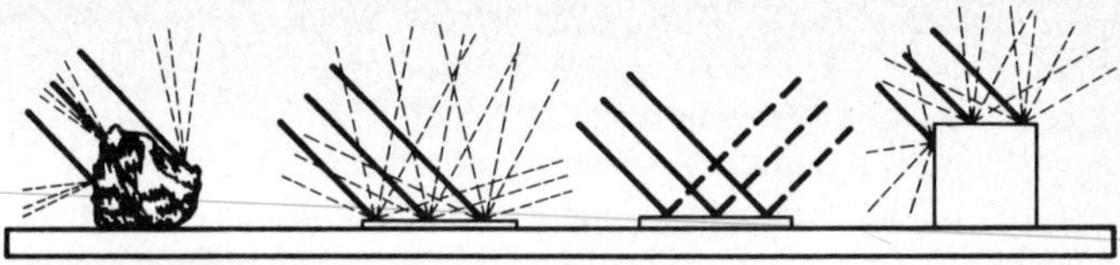

Abb. 5-9: Strukturiertes Licht bei Kohle, mattweißem Papier, Spiegel und Würfel (nach Michaels & Carello 1981)

Formen haben können, aber invariante Reflektionseigenschaften).

Wir entdecken *strukturelle Invarianten* in der optischen oder akustischen Anordnung, wenn eine Klasse von Objekten oder Ereignissen zwar unterschiedliche absolute Ausformungen hat, aber strukturelle Relationen konstant bleiben: beispielsweise kann man einen Stuhl aus Eisen, Holz, Stein, Kunststoff oder anderen Materialien bauen; wir erkennen ihn als Stuhl, solange bestimmte Material-Proportionen und Relationen der Flächen zueinander erhalten bleiben; wir erkennen eine Melodie unabhängig davon, ob eine Flöte oder eine Gitarre sie spielt.

Wir entdecken *Transformations-Invarianzen* bei Ereignissen, die in der Zeit ablaufen: Wenn sich beispielsweise ein Mensch bewegt, ändern sich die relativen Positionen der Gelenke zueinander; Fußknöchel-, Knie-, Hüft- und Armgelenke führen Relativ-Bewegungen aus, die ausreichen, um uns darüber zu informieren, daß ein Mensch läuft. (Dabei bildet der Mensch selbst gewissermaßen die strukturelle Invariante; seine Gelenkbewegungen werden als Transformations-Invarianz aufgefaßt). Ein anderes häufig benutztes Beispiel bildet der Doppler-Effekt in der auditiven Wahrnehmung bewegter Schallquellen: Solange sich eine Schallquelle nicht bewegt, breiten sich ihre Schallwellen konzentrisch um sie herum aus, was bedeutet, daß ihre Lautstärke und Klangcharakteristik bei konstantem Abstand zur Quelle überall gleich ist. Wenn sie sich relativ zu einem Beobachter bewegt, dann ist ihre Klangcharakteristik am Beobachtungspunkt abhängig von der Bewegungsrichtung: kommt sie auf den Beobachter zu, klingt sie heller, entfernt sie sich von ihm, wird sie dunkler. Die invariante Beziehung zwischen der Klangänderung und der Entfernungsänderung gegenüber dem Beobachter, die den Regeln der Physik folgt, wird vom Beobachter wahrgenommen und spezifiziert ihrerseits das akustische Ereignis.

Nach Helligkeits- und Größenkonstanz, nach strukturellen und Transformations-Invarianzen sollen noch zwei weitere Invarianz-

Begriffe eingeführt werden – zunächst die Invarianz als *geometrisches Konzept* bei der visuellen Wahrnehmung. Wenn wir ein Objekt von verschiedenen Seiten betrachten, ändert sich die Form seines Umrisses und der übrigen spezifischen Linien in ihrer Projektion auf die Netzhaut. Dennoch nehmen wir das Objekt als konstant wahr. In der klassischen Wahrnehmungspsychologie spricht man von *Formkonstanz* und bemüht Gedächtnisprozesse zu ihrer Erklärung. Der ökologische Wahrnehmungsansatz sucht nach physisch und mathematisch definierbaren Invarianzen, die diese Formkonstanz als eine Eigenart der optischen Anordnung beschreiben, welche vom Beobachter entdeckt werden kann, ohne Gedächtnisprozesse zu bemühen.

Der mathematische Bezugsrahmen für die Definition von Form-Invarianz kann nicht in der klassischen Euklidischen Geometrie liegen, weil hier nur solche Objekte als gleich angesehen werden, die metrisch äquivalent sind; die einzigen Transformationen, die in diesem System erlaubt sind, bestehen in Verschiebungen, Drehungen in einer Ebene und Spiegelungen. Die Vergrößerungen oder Verkleinerungen der Abbildung von Dingen, die auf unserer Netzhaut geschehen, wenn wir diese Dinge in unterschiedlichen Abständen von uns sehen, führen in der Euklidischen Geometrie zu einer Änderung der Dinge selbst – nicht aber in unserer Wahrnehmung: es sind immer noch dieselben Dinge.

Eine andere Geometrie kann diese und andere Invarianzen besser beschreiben: die Projektionsgeometrie. Ohne hier in mathematische Details gehen zu wollen, sei erwähnt, daß bei der Projektionsgeometrie große Verzerrungen der metrischen Beziehungen erlaubt sind, wie sie bei der Projektion auf unsere Netzhaut geschehen: wenn wir Eisenbahnschienen ansehen, dann scheinen sie am Horizont zusammenzukommen; es bleiben aber dennoch parallele Linien. Die absoluten Positionen von Punkten auf einem Objekt, das sich relativ zu uns bewegt, werden auf der Netzhaut sehr unterschiedlich sein – was aber konstant bleibt, sind die *Abstands-Relationen* der Punkte zueinander (*Abb. 5-10*). Man muß sich klar darüber werden, daß die Art der Invarianz, die hier beschrieben wird, zwar ziemlich abstrakt ist, aber dennoch vom Auge entdeckt werden kann.

Als letzter Invarianzbegriff soll hier das *optische Flußfeld* genannt werden, das immer dann entsteht, wenn sich ein Beobachter bewegt. In der mittleren Objektposition von *Abb. 5.10* ist angedeutet, daß sich die absoluten Abstände der Objektpunkte zueinander auf der Netzhaut vergrößern, wenn das Objekt sich auf uns zu bewegt oder wir uns auf das Objekt zu bewegen. Wenn das

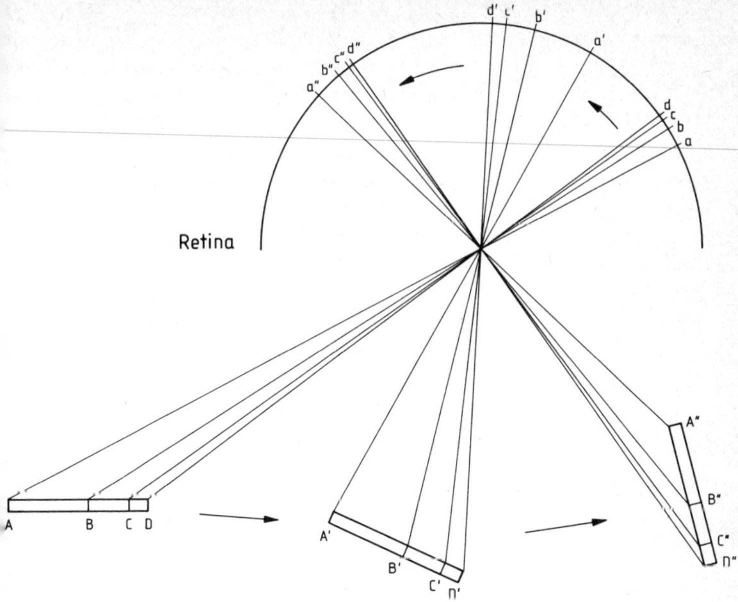

Abb. 5-10: Die Abstandsrelationen der 4 Punkte bleiben in der Projektion auch bei Drehung des Objekts konstant

Objekt genau auf uns zukommt, dann entsteht ein symmetrisches Flußfeld: die Mitte des Objektes ändert sich in der Projektion nur sehr langsam, aber je weiter die Objektpunkte von der Mitte entfernt sind, um so schneller verändert sich ihr Abbildungsort auf der Retina. Die Symmetrie bzw. Asymmetrie des optischen Flusses und seine relative Geschwindigkeit sind invariant mit der Bewegungsrichtung und Bewegungsgeschwindigkeit verknüpft.

Der zweite wichtige Begriff des ökologischen Ansatzes, und einer, der auch innerhalb dieses Ansatzes unterschiedlich interpretiert wird, heißt »Affordanz« – in der deutschen Übersetzung des letzten Gibson-Buches leider mit dem Wort »Angebot« belegt. James Gibson (1966, 1979) bezeichnet mit dem Begriff »Affordanz« ein spezifisches Wechselverhältnis zwischen dem wahrnehmenden Organismus und seinen Handlungsmöglichkeiten einerseits und der ökologisch definierten Bedeutung des Wahrnehmungsobjektes andererseits. Es handelt sich hier nicht um vorübergehende, bedürfnisabhängige »Angebote«, sondern um »Passungen« zwischen Umweltgegebenheiten und Organismus. Ich habe darauf hingewiesen, daß Gibson die gestaltpsychologischen Konzepte »Wert«, »Valenz« und »Aufforderungscharakter« sehr schätzte. Er hat aber dennoch den neuen Begriff »Affordanz« geschaffen, um nicht die ganze Last früherer Begriffsbedeutungen tragen zu müssen.

Zunächst hängt die Affordanz eines Gegenstandes von seinen wahrnehmbaren Eigenschaften ab, dann aber auch von dem Lebewesen, welches diesen Gegenstand wahrnimmt. Wie wir bei der Darstellung der Wahrnehmungsentwicklung gesehen haben, lernt das Kind durch Manipulieren die Materialeigenschaften und die Affordanzen kennen: es lernt, was es mit den Dingen machen kann, welche Dinge eßbar sind, welche rollen, welche es heben kann, welche es in andere hineinstecken kann usw. Soweit wäre der Affordanzbegriff Gibsons nichts Neues in der Psychologie – was neu ist, das ist die Position, daß die *Affordanz wahrgenommen* wird: Ein Lebewesen nimmt wahr, welches Verhalten die Dinge der Umwelt erlauben bzw. verbieten. Die Information über die Affordanzen ist in der Stimulation selbst enthalten und kann durch geeignete Wahrnehmungssysteme entdeckt werden.

Das Wort von den »geeigneten Wahrnehmungssystemen« weist darauf hin, daß Affordanzen auch vom Lebewesen abhängen; nicht nur von der Empfindlichkeit der Systeme für die verschiedenen Energieformen, sondern auch von den Verhaltensweisen, die ein Lebewesen ausüben kann. Man nennt die möglichen absichtsvollen Verhaltensweisen eines Lebewesens »Effektivitäten« (Shaw & McIntyre 1974): die Frage, ob ein Lebewesen läuft, fliegt, schwimmt, raucht oder Auto fährt, bestimmt die Art der Affordanzen, die es entdecken kann. Affordanzen beschreiben also das wechselseitige Verhältnis zwischen der Information in der Umwelt und den Effektivitäten der Wahrnehmenden. Und ein Lebewesen kann sehr leicht visuell entdecken, ob ein Stuhl, eine Treppe, ein Berg, ein Abhang usw. zu seiner motorischen Ausstattung »paßt«, d. h. zum Sitzen, Besteigen, Herabklettern usw. geeignet ist.

5.4 Neissers Wahrnehmungszyklus

Ein Aspekt der ökologisch fundierten Wahrnehmungstheorie wird von vielen traditionell kognitionspsychologisch orientierten Wissenschaftlern kritisiert: das ist die Behauptung der Gibsonianer, Wahrnehmung sei *direkt* und brauche keine Vermittlung über unbewußte Schlüsse. Ulric Neisser, einer der einflußreichsten Vertreter der neueren Wahrnehmungs- und Aufmerksamkeitspsychologie, teilt in seinem 1976 erschienenen Buch »Cognition and Reality« viele Positionen des ökologischen Ansatzes der Wahrnehmungspsychologie: Auch er kritisiert die typische Art der Laboruntersuchungen im Rahmen der klassischen Wahrnehmungspsychologie, wo Versuchspersonen unvollständig instruiert (und zum Teil getäuscht) werden, meist nur mit einem Auge und mit fixiertem Kopf kurzfristig etwas ansehen (oder per Kopfhörer anhören) dürfen, das für die Untersuchungszwecke künstlich geschaffen wurde und mit dem die Untersuchungspersonen keinerlei Erfahrung haben dürfen. Er fordert »ökologische Validität«, ohne dabei aber explizit auf die phylogenetische Entwicklung des Wahrnehmungssystems einzugehen, betont aber die Notwendigkeit der Untersuchung des aktiv Wahrnehmenden in Alltags-nahen Situationen.

Ähnlich wie der ökologische Ansatz betrachtet Neisser Wahrnehmung als kontinuierliche Tätigkeit, jedoch sieht er sie nicht nur als Informationsaufnahme, sondern als *Informationsverarbeitung*, was u. a. bedeutet, daß zur Wahrnehmung nach seinem Verständnis wesentlich mehr kognitive Tätigkeit gehört als von den Öko-Scientisten zugestanden wird. So greift er den aus dem Informationsverarbeitungsansatz stammenden Gedanken der Interaktion zwischen Daten- und Konzept-gesteuerter Wahrnehmung auf und postuliert, daß der erwachsene Mensch sehr erfahren im Wahrnehmen seines Alltags ist und folglich *Erwartungen* über das aufgebaut hat, was er sehen und hören wird. Diese Erwartungen lenken die aktive Erkundung der Welt.

Neisser interessiert sich vor allem für die bewußte Informationsaufnahme beim Sehen und Hören und unterscheidet beim Wahrnehmungsprozeß zwei Phasen: die erste nennt er *präattentiv* – sie umfaßt Prozesse, die vor einer bewußten Verarbeitung von Wahrnehmungsinformation ablaufen. Die zweite nennt er *attentiv*. Er meint, daß wir hauptsächlich attentiv wahrnehmen, d. h. selbst entscheiden, wohin wir sehen (er behandelt hier vor allem das Sehen – beim Hören ist diese Auffassung nicht mehr so gut haltbar), und während dieser attentiven Phase wird das Sehen einerseits von den Reizgegebenheiten, andererseits von den Erwartungen gesteuert. Aber es gibt auch vorbewußte Wahrnehmungsprozesse, bei denen hauptsächlich bestimmte Reizeigenschaften die Informationsaufnahme lenken: Laute Geräusche, helles Licht, bestimmte Farben und Muster sind geeignet, Aufmerksamkeit auf sich zu lenken.

Im wesentlichen läuft der Wahrnehmungsprozeß kontinuierlich und zyklisch ab: im ständigen Wechsel zwischen Erwartungen (die er antizipierende *Schemata* nennt), Aufnahme von Objektmerkmalen, eventueller Veränderung der Erwartungen auf Grund objektiver Information, neuer Erwartung, weiterer Aufnahme von Objektmerkmalen usw. findet Wahrnehmung statt (vgl. *Abb. 5-11*).

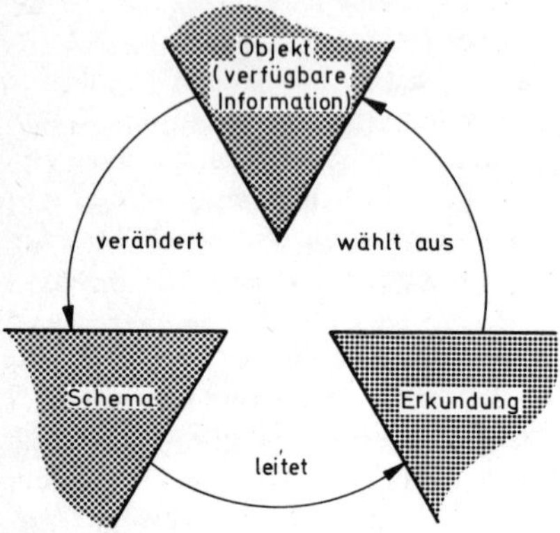

Abb. 5-11: Neissers Wahrnehmungszyklus

5.5 Kurzkritik der Theorien

Wir haben uns in diesem kurzen Theorie-Kapitel mit vier Ansätzen zur Erklärung der Frage beschäftigt, *wie* Wahrnehmung geschieht. Diese Ansätze versuchen weitgehend, jeweils andere Wahrnehmungsaspekte zu erklären, und deshalb wird jeder für sich solange seine Attraktivität behalten, bis eine umfassende Theorie einen Einzelansatz überflüssig macht.

Die *Gestaltpsychologie* beschäftigt sich vor allem mit zweidimensionalen Figuren und beschreibt Regeln, nach denen diese zusammen gesehen werden. So wichtige Hinweise wie die automatische Aufteilung eines Wahrnehmungsfeldes in »Figur« und »Grund« sowie die Interaktion der gleichzeitig vorhandenen Wahrnehmungskomponenten (z. B. Figuren) gehören heute auch unabhängig von der Gestalttheorie zu etablierten Grundsätzen der Wahrnehmungspsychologie. Da die Gestaltpsychologie eher beschreibt als erklärt und außerdem kaum exakte Vorhersagen über die Hierarchie der Gruppierungsregeln macht, sind ihre Anwendungsmöglichkeiten sehr begrenzt.

Der *Informationsverarbeitungsansatz* beschäftigt sich vor allem mit dem Erkennen von zweidimensionalen abstrakten Mustern (z. B. Buchstaben und Symbolen). Dabei wird angenommen, daß die Wahrnehmungswelt ohne kognitive Konstruktionsprozesse ein Chaos wäre, und man greift auf neuronale Strukturen zurück, die Symbole in Komponenten (features) zerlegen, sowie andere, die sie wieder zusammensetzen und wieder andere, die in Abhängigkeit vom Wahrnehmungskontext Entscheidungen über die Art des Symbols fällen. Dieser Ansatz ist für den gewählten Anwendungsbereich attraktiv; es erscheint jedoch unnötig, solche komplexen kognitiven Analysen bei der Wahrnehmung und Handlung in der dreidimensionalen Welt mit klarer Sicht auf reale Gegenstände anzunehmen.

Der *ökologische Ansatz* beschäftigt sich vor allem mit dem Wahrnehmen realer Gegenstände in der dreidimensionalen Welt. Die Aussagen zur Bodentheorie der visuellen Wahrnehmung und zu Texturgradienten als Träger von Information über die Beschaffenheit von Oberflächen gehören heute zum Standardwissen der Wahrnehmungspsychologie. Die Betonung des Zusammenhangs zwischen Wahrnehmung und Handlung sowie des sich bewegenden Beobachters erscheint zwar manchen Psychologen als übertrieben, sie ist aber notwendig, um plausibel zu machen, daß die visuelle Wahrnehmung, gestützt auf phylogenetische und ontogenetische Entwicklung, weitgehend ohne die kognitive Konstruktion der Welt auskommt. Der Gedanke, daß durch Bewegungen der Augen, des Kopfes und des Körpers invariante Strukturen im Wahrnehmungsfeld entdeckt werden, gewinnt trotz seiner Abstraktheit immer mehr Anhänger, auch wenn die kognitive Beteiligung beim Entdecken der Invarianzen (und noch mehr der Affordanzen) unklar ist: der Ansatz betont zwar, daß die Invarianzen und Affordanzen nicht kognitiv konstruiert zu werden brauchen, sondern *direkt wahrgenommen* werden können, aber er verweist auch auf Wahrnehmungslernen und Erfahrung mit eigenen Handlungsmöglichkeiten, die mit Hilfe kognitiver Prozesse erworben wurden.

Neissers Modell des *Wahrnehmungszyklus* wird von ihm selbst zwar als Kompromiß zwischen direkter und kognitiv konstruierter Wahrnehmung verstanden, und es geht insofern über den Informationsverarbeitungsansatz hinaus, als es sich explizit mit der Wahrnehmung realer dreidimensionaler Objekte beschäftigt, aber die Betonung Konzept-gesteuerten Aufsuchens von Information läßt Wahrnehmung doch weitgehend als kognitiv-konstruktive Tätigkeit erscheinen.

6. Grundlegende Leistungen des Sehsystems

Wenn wir im ersten Kapitel dieses Buches behauptet haben, daß Wahrnehmung vor allem dem Zweck dient, Handlungen zu steuern, so können wir diese pauschale Aussage nun mit etwas mehr Substanz füllen. Wir können zunächst genauer formulieren und behaupten, daß die Wahrnehmung des Menschen primär der Steuerung seiner Handlungen auf dem Erdboden dient. Zur sicheren Handlungssteuerung gehört erstens die exakte *Orientierung*, zweitens das *Erkennen der Handlungsmöglichkeit* in einem räumlichen Umfeld, drittens die genaue *Koordination* zwischen dem Wahrnehmungs- und dem Handlungssystem. Diese zunächst sehr abstrakten Formulierungen sollen an einem Beispiel erläutert werden: ein Mensch sitzt an einem Tisch und liest, stellt zwischendurch fest, daß er durstig ist, steht vom Tisch auf, verläßt das Zimmer, geht in die Küche, macht sich einen Tee und kehrt damit zum Tisch zurück. Bei dieser banalen Aufgabe wird sich ein gesunder Mensch stark auf sein Sehsystem verlassen – oder versuchen Sie einmal, solche Handlungen mit geschlossenen Augen durchzuführen! Selbst dann, wenn Sie mit ausgestreckten Armen in die Küche kommen, ohne sich ernsthaft gestoßen zu haben, werden Sie große Schwierigkeiten haben, die richtige Menge Wasser und die richtige Menge Tee zusammenzugeben, sich beim Umgießen nicht die Finger zu verbrennen und anschließend mit dem vollen Teebecher am Tisch zu landen! Aber verfolgen wir die einzelnen Stationen dieser alltäglichen Handlung vom Gesichtspunkt der visuellen Wahrnehmung aus:

6.1 Orientierungsmöglichkeiten des Menschen

Beginnen wir mit dem Ausgangspunkt unserer kleinen Szene: ein Mensch sitzt am Tisch und liest ein Buch. Wir wollen uns jetzt noch nicht mit der Frage beschäftigen, ob und wie er die schwarzen Zeichen auf dem Papier versteht, sondern zunächst mit viel einfa-

Abb. 6-1: Das Sehfeld eines Lesenden bei einem Augenblick

cheren Dingen – vor allem damit, wie er eine stabile Welt wahrnimmt und sich in ihr bewegen kann. Im Mittelpunkt seines Sehfeldes befindet sich bedrucktes Papier, im weiteren Sehfeld einige Dinge auf dem Tisch: ein Buch, ein Notizblock, ein Behälter für Schreibstifte, dahinter ein Fenster mit Aussicht auf Pflanzen, an der Wand eine Heizung (s. *Abb. 6-1*). Wenn wir einmal bewußt herauszufinden suchen, welche Information unser Sehfeld beim Lesen enthält, werden wir vielleicht darüber überrascht sein, daß während eines »Augenblicks« nur wenige Quadratzentimeter scharf abgebildet sind – der ganze große Rest ist unscharf.

Wir bemerken diese Unschärfe normalerweise nicht, weil unsere Augen sich ständig hin- und herbewegen, aber wirklich scharf abgebildet werden nur diejenigen Bildteile, die genau auf die Mitte der Netzhaut in die sog. Sehgrube (Fovea oder »gelber Fleck«) fallen – diese ist etwa einen bis zwei Quadratmillimeter groß und hat etwa 150 000 Zäpfchen pro Quadratmillimeter. Die Rezeptordichte nimmt zum Rande der Retina allmählich ab, so daß der Übergang zwischen sehr scharfem und weniger scharfem Sehen ganz allmählich erfolgt. Drückt man die wahrnehmbaren Flächen in *Sehwinkeln* aus, d. h. in der Anzahl von Graden und Bogenminuten, so kann man feststellen, daß die Fovea selbst nur einen Durchmesser von 1 bis 2 Grad hat (1 Grad = 60 Bogenminuten), der scharf wahrnehmbare Bereich beträgt also auch etwa 2 Grad

Sehwinkel – das entspricht beim üblichen Leseabstand von 30 cm zwischen Auge und Papier etwa 1 cm Durchmesser auf dem Papier. Bei 5 m Abstand wird eine Fläche von 16 cm Durchmesser mit maximaler Schärfe abgebildet – in diese Fläche paßt ein ganzes Menschengesicht. Die Sehschärfe hängt allerdings stark von der Beleuchtungsstärke und vom Kontrast der Objekte ab: je kleiner die Helligkeit oder der Objekt-Kontrast, um so schlechter die Sehschärfe.

Während unser Beispiel-Mensch immer noch auf das Papier blickt, führt sein Körper, vor allem sein Kopf und seine Augen, eine ganze Reihe von Bewegungen durch: abgesehen von den grobmotorischen Bewegungen, die im Abstand von einigen Minuten vorkommen (wie z. B. das Übereinanderschlagen der Beine oder das Recken anderer Glieder), sind vor allem die Augen ständig in Bewegung. Sie springen nicht nur während des Lesens durch willkürliche Steuerung von Wort zu Wort, und sie blicken nicht nur vom Papier gelegentlich in eine andere Richtung, sondern sie bewegen sich auch unwillkürlich, d. h. auch dann, wenn man versucht, nirgendwohin zu sehen oder auf einen einzigen Punkt zu starren.

Die unwillkürlichen Augenbewegungen, die in den beiden letztgenannten Fällen auftreten, nennt man *sakkadische Bewegungen*: Normale *Sakkaden* sind kurze (20-100 msec), abrupte Bewegungen, die beide Augen gleichzeitig etwa 5mal pro Sekunde durchführen. Die Augen springen bei diesen Sakkaden im Durchschnitt bis zu 15 Grad. Daneben kommen (besonders beim Versuch der Fixierung) auch Mikrosakkaden vor, das sind kleinere und noch schneller ablaufende Augenbewegungen, die nicht willkürlich beeinflußt werden können.

Auf den ersten Blick erscheint dieses Umherhüpfen unserer Augen als eine irrationale Unart, die korrigiert werden müßte – auf den zweiten Blick als durchaus funktional: Erstens »ermüden« die einzelnen Rezeptoren bei anhaltender Reizung, d. h. die lokalen Reizantworten werden bei konstanter Reizung immer schwächer; wenn aber Augenbewegungen dafür sorgen, daß immer wieder neue Orte auf der Retina erregt werden, dann kann die visuelle Information trotz lokaler Ermüdung weitergeleitet werden. Zweitens sorgen die sakkadischen Augenbewegungen dafür, daß das Sehfeld, in dem wir eine scharfe optische Abbildung erleben, größer als die 2 Grad des fovealen Bereichs ist. Drittens findet eine ständige Überwachung des Sehraums statt: wird z. B. eine Bewegung am Rand der Retina durch entsprechende Detektoren bemerkt, springen die Augen sofort dorthin, um diese Bewegung wenigstens kurzzeitig in den Bereich der schärfsten Abbildung zu rücken.

Für unsere Betrachtung wollen wir festhalten, daß die Augen zumindest während der Wachtätigkeit des Menschen niemals länger als einige Millisekunden stillstehen – was zur Folge hat, daß unser Gehirn mit ständig wechselnden Informationen arbeiten muß. Man kann es auch anders ausdrücken: auf der Netzhaut ist immer Bewegung – auch dann, wenn die wahrnehmbaren Objekte bzw. der Wahrnehmende selbst sich nicht von der Stelle rühren. Dieser Umstand schafft zwei Probleme: erstens müssen wir uns fragen, wie wir eine stabile Welt erleben und uns in ihr orientieren können, zweitens müssen wir fragen, was geschieht, wenn wir uns selbst bewegen: wie können wir die eigene Bewegung von Fremdbewegungen unterscheiden?

Fangen wir mit der ersten Frage an: wenn auf unserer Netzhaut ständig Bewegung herrscht, wie ist es dann möglich, daß wir die Welt *stabil* und nicht als immerzu schwankend wahrnehmen? Man könnte zur Erklärung das kognitive Modell der Merkmals-Extraktion und Merkmals-Synthese heranziehen und sagen, daß die Merkmale mit Hilfe parallel arbeitender Merkmals-Detektoren zumindest unabhängig von ihrer Lage auf der Netzhaut erkannt werden und auch gewisse Verzerrungen (z. B. durch Perspektivenwechsel) gestatten. Wenn man aber daran denkt, wie viele derartige Analysen einzelner Merkmale in jedem Augenblick durchgeführt und von einer einzigen kognitiven Entscheidungseinheit beurteilt werden müßten, erscheint ein solches kognitives Modell als reichlich umständlich und wegen des Engpasses beim Entscheidungsprozeß als zu langsam für schnelle Handlungen.

Beim ökologischen Ansatz haben wir den Begriff der »Invarianz« kennengelernt: auch unter wechselnden Perspektiven bleiben einige strukturelle und geometrische Aspekte der visuellen Information konstant. Selbst wenn wir uns mit dem Oberkörper mal etwas vorneigen oder nach hinten lehnen und damit die Abbildungsgröße aller Dinge im Sehfeld verändern: die relativen Größen und Lagen der Dinge zueinander bleiben dabei erhalten. Selbst wenn wir uns zur Seite bewegen oder den Kopf schief stellen, bleiben die Abstandsrelationen der Bildpunkte erhalten. Betont man noch einmal den Grundsatz, daß wir nicht absolut, sondern relativ wahrnehmen, dann erscheint diese Erklärung der Wahrnehmung von Invarianzen auch bei wechselnden Perspektiven einfacher als das kognitive Modell, auch wenn Invarianzen recht abstrakte Begriffe sind.

Zur zweiten Frage, der Unterscheidung von Eigen- und Fremdbewegung, wollen wir später kommen. Von den vielen Aspekten, die das weitgehend unscharfe stationäre Sehfeld unseres Beispiel-Menschen enthält, wollen wir noch einen betrachten: er betrifft die unterschiedlichen *Texturgradienten* an den Grenzen zwischen Wand und Fußboden sowie zwischen Tisch und Fußboden. Im ersten Fall können wir von unterschiedlich geneigten und aneinander grenzenden Flächen sprechen, im zweiten von einander verdeckenden Objekten. Sofern es sich (wie in unserem Beispiel) um sehr grobe Texturunterschiede handelt, können sie auch außerhalb des fovealen Bereichs wahrgenommen werden.

Die *Neigung* einer Oberfläche relativ zu einem Beobachter ist der optischen Anordnung insofern zu entnehmen, als jeder relativen Neigung ein anderer Texturgradient entspricht. Sofern die Texturdichte in Richtung auf den Horizont zunimmt, entsteht der Eindruck einer eher horizontalen Fläche; bleibt die Dichte konstant, handelt es sich um eine vertikale Fläche. Nimmt die Texturdichte von unten nach oben zu, haben wir den Eindruck einer liegenden Fläche; nimmt sie von oben nach unten zu, sehen wir sie hängen (bzw. als Decke).

Dort, wo unterschiedliche Texturdichten zusammenstoßen, entsteht der Eindruck einer *Kante* oder *Ecke* (rechts in *Abb. 6-2*), sofern die eine Textur an die andere anschließt. Es entsteht aber der Eindruck einer *Verdeckung* oder eines Abbruchs, wenn zwei Texturen übergangslos aneinanderstoßen (links in *Abb. 6-2*).

Nun wollen wir aber endlich unseren Beispiel-Menschen vom

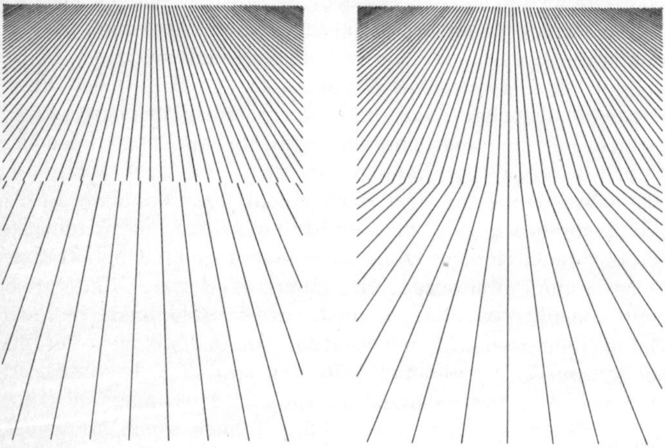

Abb. 6-2: Texturbrüche unterschiedlich geneigter Flächen ergeben Ecken und Kanten

Tisch aufstehen lassen. Die erste Handlungsfolge, die ein Mensch ausführt, der vom Tisch aufstehen will, besteht darin, den Stuhl nach hinten zu rücken und sich zur Seite zu wenden. Dabei geschehen auf seiner Netzhaut dramatische Veränderungen: beim Zurückschieben des Körpers vergrößert sich der Abstand zum Tisch und allen darauf befindlichen Gegenständen – mithin wird die *Projektionsgröße* dieser Gegenstände kleiner, aber gleichzeitig kommen am Rand des Sehfeldes *neue Strukturen* hinzu. Da diese Veränderungen im Verlaufe *einer* Bewegung stattfinden, ergibt sich ein *visuelles Flußfeld*, dessen Mittelpunkt genau in der Mitte des Sehfeldes liegt und dessen Flußlinien in Abhängigkeit vom Winkel der Verschiebung der Augen mehr oder weniger stark auf diese Mitte zulaufen. Wenn wir erst einmal den (zwar unwahrscheinlichen, aber technisch einfachen) Fall annehmen, daß der Mensch vor dem Zurückschieben des Körpers den Kopf hochnimmt, ergibt sich ein Flußfeld mit proportional gleichmäßigen Veränderungen in Richtung auf die Mitte des Sehfeldes: die am Rande des Sehfeldes liegenden Bildteile werden stärker verkleinert und in Richtung auf die Bildmitte »geschoben« als die in der Mitte liegenden.

Der Umstand, daß in der Bildmitte (d. h. im fovealen Bereich) relativ wenig Veränderungen geschehen und im extrafovealen Bereich starke, deren Stärke mit zunehmender Entfernung von der Bildmitte zunimmt, ist charakteristisch für alle Bewegungen auf der Sehachse: wenn ein Objekt zentral auf uns zukommt, sich von uns entfernt oder wir uns auf das Objekt zubewegen oder uns von ihm entfernen, dann sind die Bildveränderungen am Rande des Bildfeldes immer größer als in der Mitte. Kennzeichnend für die relative *Annäherung* oder *Entfernung* ist die *Richtung* des optischen Flusses: fließen die Bildelemente von außen nach innen, dann liegt eine relative Entfernung vor; fließen sie von innen nach außen, dann liegt eine Annäherung vor.

Etwas komplizierter wird das Flußfeld, wenn der ganze Körper parallel zum Boden zurückgeschoben wird: auch hier findet eine Verkleinerung der Bildteile statt, jedoch nehmen wir an, daß der Fixationspunkt mit dem Körper nach hinten (unten) mitgezogen wird und sich etwa in der Mitte der unteren Tischkante befindet. Somit ergibt sich am oberen Rand des Bildfeldes ein stärkerer Fluß als am unteren Rand (*Abb. 6-3*). Nur angedeutet ist der Fußboden, der nun stärker aufgedeckt wird. Auf der Fußbodenfläche finden aber im Vergleich zur Schreibtischfläche beim Zurückschieben nur wenig Veränderungen statt, weil die Schreibtischfläche dem Auge näher ist als der Fußboden – folglich wird die Schreib-

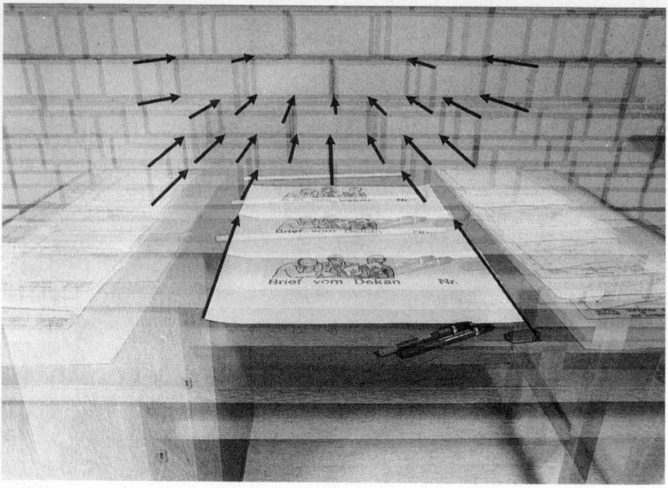

Abb. 6-3: Ein Flußfeld beim Zurückziehen des Kopfes

tischfläche auf der Retina größer abgebildet, und diese Abbildung erfährt eine größere Veränderung als die Abbildung des Fußbodens.

Nun nehmen wir an, unser Beispiel-Mensch habe den Schreibtischstuhl zurückgeschoben und drehe sich zur Seite, bevor er aufsteht. Auch in diesem Fall kommt es zu einem visuellen Flußfeld, das ebenfalls charakteristisch für die Art der Kopfbewegung ist: hält der Mensch den Kopf gerade und dreht ihn um die vertikale Achse nach links, so ergibt sich ein Fluß parallel und mit gleicher Relativ-Geschwindigkeit in gleicher Richtung horizontal nach rechts wandernder Bildpunkte. Außerdem kommen nun neue Objekte ins Blickfeld, die sich links vom Schreibtisch befinden. Bewegt er sich nach rechts, so fließen die Bildpunkte in analoger Weise nach links, und die rechts vom Tisch befindlichen Objekte kommen ins Blickfeld.

Die kompliziert anmutende Formulierung »mit gleicher Relativ-Geschwindigkeit« soll darauf hinweisen, daß eine exakt gleiche Fließgeschwindigkeit für alle Bildpunkte nur in dem extrem seltenen Fall vorliegt, daß sich alle Sehobjekte in gleichem Abstand zum Auge befinden. Da aber normalerweise unser Sehraum mit Dingen angefüllt ist, die in unterschiedlicher Entfernung zu uns liegen, verändern sich ihre retinalen Abbildungen bei der Kopfdrehung relativ schnell in Abhängigkeit von dieser Entfernung: nahe

Objekte fließen schneller, entfernte langsamer. Wird der ganze Kopf gedreht, so entspricht die relative Flußgeschwindigkeit der einzelnen Bildpunkte ihrem Abstand vom Kopf und der Drehgeschwindigkeit des Kopfes.

Wird während der Drehbewegung des Kopfes gleichzeitig der Kopf geneigt, so ändert sich die Richtung des optischen Flusses leicht nach oben oder unten, aber das Prinzip der parallelen Verschiebung aller Bildpunkte mit gleicher Relativ-Geschwindigkeit in die gleiche Richtung wird beibehalten.

Nehmen wir an, daß unser Beispiel-Mensch nun vom Stuhl aufsteht, um sich anschließend vorwärts zu bewegen, dann wird die Flußfeldveränderung wiederum charakteristisch für die Art der Bewegung sein: wenn der Mensch den Kopf senkrecht hält und mit starrem Blick einfach den Körper senkrecht stellt, dann findet wiederum einfach eine »Parallelverschiebung« aller Bildpunkte mit gleicher Relativ-Geschwindigkeit und gleicher Richtung nach unten statt. Da aber der Mensch normalerweise den Kopf nicht starren Blickes nach oben hebt, sondern zur besseren Lageorientierung (und zur Vorbereitung des Gehens) einen bestimmten Bildpunkt fixiert (z. B. einen Punkt auf dem Fußboden, eine Türkante o. ä.), findet nicht einfach eine Parallelverschiebung der Bildpunkte statt, sondern zusätzlich ein Fließen der außen gelegenen Bildpunkte nach innen.

Bevor wir unseren Beispiel-Menschen loslaufen lassen können, sollten wir noch kurz die Frage erörtern, woran er seine eigene Bewegung von einer Fremdbewegung unterscheiden kann. Im vorausgehenden Text habe ich mehrfach betont, daß die Art des Flußfeldes *spezifisch* sei für die Art der Eigenbewegung. Wenn das in dieser Allgemeinheit stimmen soll, dann muß sich eine Fremdbewegung im visuellen Flußfeld spezifisch anders darstellen als eine Eigenbewegung. Das müßte weiterhin bedeuten, daß wir auch ohne die normalerweise stattfindenden Rückmeldungen unserer eigenen Muskelbewegungen auskommen und uns allein auf die visuelle Information verlassen könnten. Und in der Tat: sofern ein Objekt nicht unser *ganzes* Gesichtsfeld ausfüllt (was nur dann auftreten kann, wenn wir keinen Boden mehr sehen und das Objekt ganz dicht vor unserer Nase ist), dann findet bei einer Fremdbewegung immer nur eine *Teilveränderung* auf unserer Netzhaut statt: das Objekt bewegt sich relativ zu feststehenden Bildelementen. Bewegen wir uns selbst, finden Veränderungen auf der *ganzen* Retina statt.

Eine Situation, die Zweifel an der Allgemeinheit dieser Regel aufkommen läßt, wird jedem Leser geläufig sein: wenn wir uns in einem Eisenbahnwagen auf einem Bahnhof befinden und auf den Nachbarzug schauen, kann es geschehen, daß eine Teilveränderung auf unserer Netzhaut geschieht (der Nachbarzug bewegt sich im Fensterausschnitt; das Innere unseres Abteils bleibt stehen), ohne daß sich der Nachbarzug bewegt: Wenn unser Zug sehr weich anfährt, so daß wir keine körperliche Beschleunigung spüren, meinen wir zunächst, daß der Nachbarzug fährt, zumindest können wir in den ersten Momenten nicht entscheiden, ob *wir* fahren oder der Nachbarzug. Erst dann, wenn wir den Erdboden selbst (z. B. den Gleiskörper) oder fest mit dem Erdboden verbundene Objekte (z. B. Masten) ins Blickfeld bekommen, gibt es keinen Zweifel mehr darüber, ob wir fahren oder nicht. Also ist die genannte Regel der Teilveränderung bei Fremdbewegung und Gesamtveränderung bei Eigenbewegung doch nicht so allgemein gültig? Man kann argumentieren, daß sich unser visuelles Wahrnehmungssystem im Verlaufe vergangener Jahrmillionen nicht für Eigenbewegungen in Fahrzeugen entwickelt hat und also die Regel zumindest einige Millionen Jahre stimmte. Aber man kann auch die Regel genauer formulieren und voraussetzen, daß sich der Erdboden im Wahrnehmungsfeld befindet.

Nun lassen wir endlich unseren Beispiel-Menschen losgehen, und mit jedem Schritt findet eine Veränderung auf der Retina statt, die typisch ist für Annäherungs-Flußfelder: während sich die Bildelemente am Fixationspunkt nur ganz allmählich vergrößern, »wachsen« die an den Bildrändern gelegenen Elemente sehr schnell und fließen nach außen.

Gleichzeitig findet ein charakteristisches *Aufdecken* optischer Information an Kanten innerhalb des Bildfeldes statt, wie es in *Abb. 6-4* angedeutet ist: wenn unser Beispiel-Mensch auf die offene Tür zugeht, verdeckt der Türrahmen zunächst die seitlich dahinter befindlichen Bildteile. Je mehr er auf den Rahmen zugeht, um so mehr werden diese Bildteile aufgedeckt.

Bislang haben wir das optische Geschehen im Wahrnehmungsfeld so behandelt, als sei es gleichgültig, ob der Mensch mit zwei Augen oder nur mit einem ausgestattet sei. Für die bisherigen Darstellungen macht das auch wirklich keinen Unterschied. Wenn sich der Mensch aber sicher im Raum orientieren oder gar bewegen soll, dann ist das Sehen mit zwei Augen dem einäugigen Sehen eindeutig überlegen.

Wie die bisherige Darstellung gezeigt hat, kann auch ein *einäugiger* Mensch mit Hilfe der Oberflächentexturen aneinandergrenzender Flächen Informationen über die relative Größe und Entfernung erhalten, weiterhin kann er durch Umherschauen geometri-

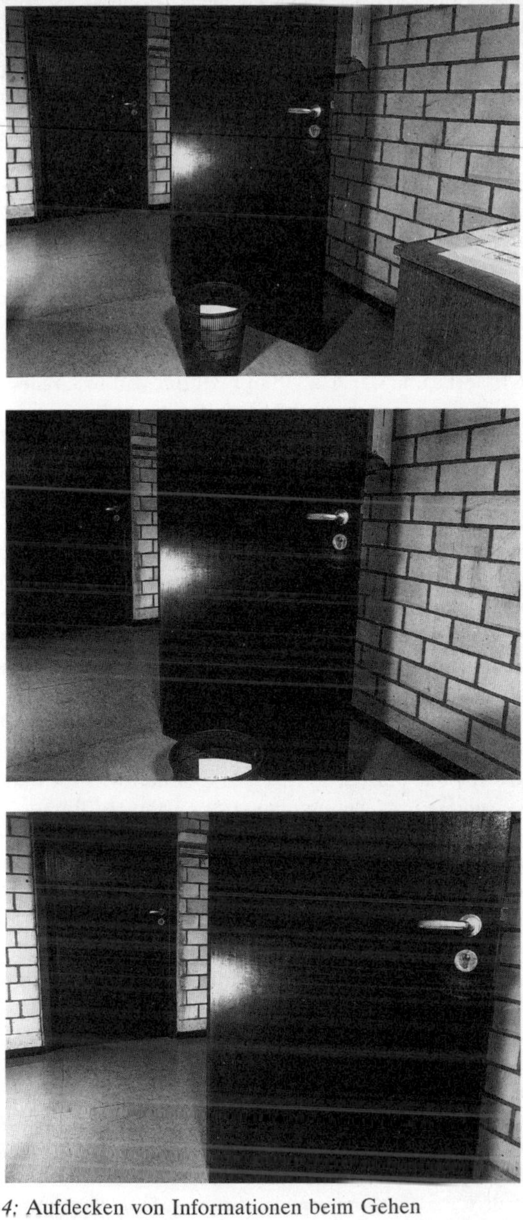

Abb. 6-4: Aufdecken von Informationen beim Gehen

sche Varianzen der Objekte entdecken, die sich bei Änderung der Entfernung zu den Objekten ändern, sowie Invarianzen, die sich bei Änderung der Entfernung nicht ändern. Zusätzlich erhält er auch bei einäugiger Betrachtung Informationen über die *Verdekkung* eines Gegenstandes durch einen anderen, und er hat im Verlaufe seiner Wahrnehmungsentwicklung gelernt, daß die näher zum Betrachter befindlichen Objekte solche Dinge verdecken, die weiter vom Betrachter entfernt sind, sowie daß Objekte mit größerer Klarheit und Abbildungsschärfe meist näher sind als verschwommene.

Hinzu kommt ein automatischer Prozeß, der entfernungsabhängig ist: *Akkomodation* nennt man die Einstellung der Linsendicke in Abhängigkeit von der Entfernung des Gegenstandes, den ein Mensch fixiert: je näher das Objekt ist, das wir anschauen, um so stärker wird die Linse durch Muskelarbeit gekrümmt, was gleichzeitig für eine schärfere Abbildung und Veränderung der Vergrößerung sorgt. Der physiologische Mechanismus entspricht dem Kontrast-Optimierungsprinzip, das manche unserer modernen Autofokus-Kameras besitzen: die Linsendicke wird so eingestellt, daß der Helligkeitskontrast zwischen benachbarten Bildpunkten möglichst groß ist. Es ist denkbar, daß die mit der Linseneinstellung verbundene Muskelarbeit auch dem visuellen Cortex mitgeteilt und als zusätzlicher Entfernungshinweis ausgewertet wird. Allerdings läßt die Akkomodationsfähigkeit stark mit zunehmendem Lebensalter nach und gilt als recht ungenau, so daß fraglich ist, daß Akkomodation brauchbare Entfernungshinweise liefert.

Beim Sehen mit *zwei Augen* kommen aber noch Informationen hinzu, die für das plastische räumliche Sehen wichtig sind: einerseits die von der Entfernung eines Gegenstandes abhängige *Konvergenz* der Augen, andererseits die *binokuläre Disparität*, die schon beim bewegungslosen Beobachter eine Betrachtung desselben Objekts aus zwei leicht unterschiedlichen Perspektiven gestattet.

Mit *Konvergenz* bezeichnet man den Winkel, in dem die beiden Augenachsen zueinander stehen, wenn sie einen Gegenstand fixieren. Bei weiter entfernten Objekten ist der Winkel relativ klein, bei näheren relativ groß. Diese Winkelveränderungen geschehen automatisch unter Beteiligung der Augenmuskeln, und es ist denkbar, daß die Information über die Muskelarbeit ebenso dem visuellen Cortex mitgeteilt wird wie die Information über Akkomodation. Jedoch wird vielfach bezweifelt, daß diese Information wirklich nützliche Entfernungshinweise liefert.

Sehr nützliche Information für die räumliche Orientierung liefert die sog. *binokuläre Disparität*. Wie der Name schon andeutet, handelt es sich hier um die spezifischen Unterschiede, die den Informationen der beiden nebeneinanderliegenden Augen zu entnehmen sind: dadurch, daß die Augen etwa 8 cm Abstand voneinander haben, können sie niemals identische Informationen liefern; naiv ausgedrückt: jedes Auge sieht etwas anderes. Und dieser Unterschied ist um so größer, je kleiner der Abstand der Dinge von den Augen ist.

Man kann sich den Umstand, daß unsere Augen wirklich etwas Verschiedenes sehen, am besten im Selbstversuch klarmachen: Wenn Sie z. B. das linke Auge schließen, den Zeigefinger der rechten Hand senkrecht halten und so dicht vor das rechte Auge führen, daß er gerade noch scharf abgebildet wird, dann können Sie den Zeigefinger der linken Hand anschließend hinter dem der rechten Hand »verstecken«. Öffnen Sie nun das linke Auge, dann sehen Sie den linken Finger wieder, d. h. das linke Auge kann so um den vorderen Finger »herumsehen«.

Der Unterschied zwischen rechtem und linkem Auge ist zwar selten so extrem wie im geschilderten Beispiel, aber dennoch können wir festhalten, daß unsere beiden Augen jeweils unterschiedliche Ansichten derselben Sache haben, und diese Unterschiede können ausgewertet werden: Wenn wir einen Gegenstand fixieren, dann fallen die von den fixierten Objektpunkten ausgehenden Lichtstrahlen jeweils auf die Sehgruben (Foveas) beider Augen – das sind sog. *korrespondierende Netzhautpunkte*. Alle Objektpunkte, die den gleichen Abstand zu den Augen haben wie die fixierten Objektpunkte, werden auf korrespondierende Netzhautpunkte projiziert. Die relativen Abstände dieser Punkte zur Fovea sind in beiden Augen gleich (korrespondieren). Alle anderen Objektpunkte landen in ihrer Projektion auf *nicht-korrespondierenden* Netzhautpunkten, d. h. haben im rechten und linken Auge ungleiche Abstände zur Fovea. Und das Ausmaß der Ungleichheit (Disparität) wird von vielen am Sehen beteiligten Nervenzellen als Entfernungsmerkmal ausgewertet. Außerdem gibt es im visuellen Cortex eine Zellgruppe, die nur dann reagiert, wenn ähnliche Strukturen auf nicht-korrespondierenden Netzhautpunkten abgebildet werden.

Wir kennen nun schon eine ganze Reihe visueller Phänomene, die die Orientierung des Menschen im Raum erleichtern: Oberflächentexturen, die Information über die Beschaffenheit und Neigung einer Fläche enthalten, Verdeckungen von Information bei stationärer und/oder monokularer Betrachtung, Verdeckungen und Aufdeckungen sowie Flußfelder bei Bewegungen (auch monokular) und binokuläre Disparität. Letztere ist in besonderem Ausmaß für das *plastische* Sehen verantwortlich, bei dem räumlich gestaffelte Objekte nicht einfach als »Kulissen« hintereinander stehen (etwa wie beim Betrachten durch ein Fernglas), sondern auch die Räume zwischen den gestaffelten Objekten ausgedehnt gesehen werden.

6.2 Erkennen von Handlungsmöglichkeiten

In diesem Kapitel wollen wir prüfen, inwiefern die Behauptung begründet ist, die Wahrnehmung diene der Handlungssteuerung. Wir wollen dies tun, indem wir das Beispiel unseres Buchlesers weiterverfolgen, der inzwischen vom Schreibtisch aufgestanden ist und zur geschlossenen Tür geht.

Zunächst sollte unser Beispiel-Mensch möglichst geraden Weges zur Tür gehen und nicht unterwegs stolpern, an andere Möbel oder gar die Wand anstoßen. Nehmen wir an, daß unser Leser ein sehr eifriger Student ist, der zwischendurch in anderen Büchern blättert, die er auf dem Boden um seinen Schreibtisch herum auslegt. Solche Hinernisse und ihre jeweilige Handlungsrelevanz muß der Wahrnehmende erkennen. Das Erkennen eines Hindernisses auf dem Boden ist nach unseren bisherigen Kenntnissen recht einfach: Scharfe Übergänge (aber nicht Brüche) zwischen Texturgradienten verschiedener Flächen auf dem Fußboden kennzeichnen Stufen bzw. auf dem Boden liegende Objekte. Nun müssen die Affordanzen dieses liegenden Objektes entdeckt werden.

Wir erinnern uns: Affordanzen nennen wir die Handlungsmöglichkeiten, die ein Umweltobjekt, eine Person oder eine Situation einem Menschen mit bestimmten Handlungskompetenzen gewährt. Auf Grund der Oberflächenbeschaffenheit des Buches kann unser Beispiel-Mensch die Affordanz der Trittfestigkeit erkennen: er entdeckt den festen Einband und weiterhin, daß ihn das Buch tragen würde. Aber nehmen wir an, daß er das Buch schonen und es nicht betreten will. Nun kann er entweder das Buch umgehen oder über es hinweg steigen. Wir können annehmen, daß er jenen Weg nimmt, der für ihn komfortabel ist.

Wie kann der Mensch die »Übersteigbarkeit« dieses Hindernisses wahrnehmen? Nach unseren bisherigen Kenntnissen und persönlichen Erfahrungen können wir zwar nicht davon ausgehen, daß wir mit einer »Meßlatte im Auge« herumlaufen, wohl aber den

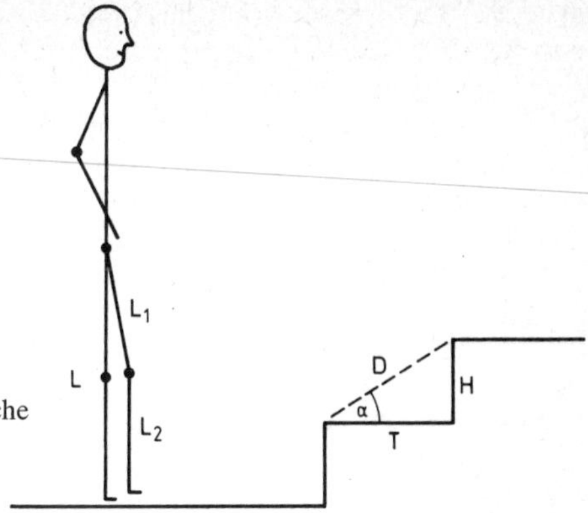

Abb. 6-5: Biomechanische Variablen im Mensch-Treppe-system

Dingen »ansehen«, ob wir sie überhaupt überklettern können, und wenn ja, mit welcher Leichtigkeit. Ein Experiment von William Warren (1984) ist einer analogen Frage nachgegangen: Der Autor hat zunächst das Problem des Treppensteigens biomechanisch analysiert und festgestellt, daß der Energieaufwand (E_t), den ein Mensch erbringen muß, um eine Treppe hochzugehen, einerseits abhängig ist von zwei körperlichen Parametern des Menschen, Körpermasse (m) und Beinlänge (L), andererseits von der Stufen-Diagonale (D, als Funktion von Stufenhöhe H und Stufentiefe T) und der Zahl der Stufen (f) der Treppe. (Hinzu kommt natürlich immer die Gravitation, aber die können wir auf der Erde als konstant annehmen). *Abb. 6-5* veranschaulicht diese Variablen.

Es ist plausibel, daß die Begehbarkeit von Treppen (bzw. die Übersteigbarkeit von Hindernissen) weniger abhängig von der absoluten Größe der Stufen- oder Hindernishöhe (H) bzw. der Länge der Stufendiagonale (D) ist, sondern von der Relation relevanter Umwelt-Variablen zu relevanten Organismus-Variablen: für ein Kleinkind ist die in Deutschland übliche Stufenhöhe (H = 16 cm) ein größeres Hinernis als für einen Erwachsenen. Fraglich ist, ob diese Stufenhöhe für einen 100-Kilo-Mann weniger komfortabel ist als für eine 50-Kilo-Frau. Welche Variablen des Organismus-Treppe-Systems sind relevant, und wie kann man das optimale Verhältnis von Umwelt- und Organismus-Variablen bestimmen?

In der Tradition der Gibson-Nachfolger sucht man nach dimensionslosen Zahlen (pi-Werten), die das Verhältnis von Umwelt- zu

Organismus-Variablen angeben. In der allgemeinen Formel sieht das ganz einfach aus:

$$pi = Umwelt/Organismus,$$

wobei unter »Umwelt« die gemessene relevante Umwelt-Variable steht, unter »Organismus« die gemessene relevante Organismus-Variable. Weiterhin kann man annehmen, daß man verschiedene pi-Werte erhält, je nachdem, ob man nach *optimalen* oder nach *kritischen* Umwelt-Organismus-Verhältnissen sucht, d. h. einerseits solchen, die komfortabel und gut »passend« sind, oder solchen, die mühsam und schlecht »passend« sind.

Warren (1984) hat zunächst als relevante Umwelt-Variable die Stufenhöhe (H) der Treppe ausgewählt, als relevante Organismus-Variable die Beinlänge (L) von Menschen. Mithin hat er angenommen, daß es optimale und kritische pi-Werte für die Begehbarkeit von Treppen gibt, ausgedrückt als Verhältnis der Stufenhöhe zur Beinlänge, pi = H/L. Er hat dann drei Experimente mit unterschiedlich langen Versuchspersonen und unterschiedlich hohen Treppenstufen durchgeführt. In einem Experiment hat er den Energieverbrauch gemessen, den die Versuchspersonen haben, wenn sie etwa drei Wochen lang jeden Tag für eine Stunde auf einer elektrischen »Tretmühle« (eine Art Laufband mit einstellbaren Stufen) Treppen hochsteigen müssen. Er stellte fest, daß der Energieverbrauch bei langen wie bei kleinen Versuchspersonen dann minimal ist, wenn der pi-Wert 0,26 ist, d. h. wenn die Höhe einer Treppenstufe etwa ein Viertel der Beinlänge beträgt. Geht man von Beinlängen zwischen 73 und 95 cm aus, dann müßten die Stufenhöhen für das Hochsteigen zwischen 19 und 24 cm betragen – das wäre wesentlich höher als die bisher gültigen Werte, aber erstens sind Treppen natürlich auch für Kinder und Gehbehinderte da, bei denen kleinere Werte gelten dürften, und außerdem wissen wir nicht, welche Verhältnisse beim Heruntersteigen vorliegen.

Die nächste Frage war, ob Menschen visuell wahrnehmen können, welche Stufenhöhe für sie optimal ist. Dazu hat Warren (1984) Dias von Treppen mit unterschiedlicher Stufenhöhe anfertigen und durch unterschiedlich große Versuchspersonen beurteilen lassen, wie komfortabel die Treppe für sie ist. Es zeigte sich, daß die optimale Stufenhöhe auch hier wieder bei einem ähnlichen pi-Wert liegt: ein Viertel der Beinlänge (exakt: 0,25). Bleibt noch die Frage, ob es einen pi-Wert auch für »kritische« Stufenhöhen gibt, d. h. Stufenhöhen, die nicht mehr komfortabel übersteigbar sind, bei denen der Oberschenkel ungünstig hoch gehoben werden muß. Hierzu wurden wieder Fotos mit Treppen von unterschiedlicher

Stufenhöhe (50 bis 102 cm) angefertigt, und unterschiedlich große Versuchspersonen sollten wieder angeben, ob sie diese Stufen erklettern könnten oder nicht. Es ergab sich eine kritische Grenze bei einem pi-Wert von 0,88, hier lagen auch die größten Unsicherheiten im Urteil vor, und außerdem entspricht dieser Wert genau einem aus einem biomechanischen Modell errechneten Wert, in dem die maximal mögliche Anhebung des Oberschenkels eingesetzt wurde.

Die Wahl der *Beinlänge* als relevante Organismus-Variable erscheint zwar plausibel, da aber der menschliche Körperbau im allgemeinen konstante Proportionen hat, könnte man sich fragen, ob nicht auch die Armlänge oder die Augenhöhe gleich gute Organismus-Variablen wären, oder ob irgendein Vorteil darin zu sehen ist, beim Beispiel des Treppensteigens gerade die Beinlänge zu wählen, bei einem anderen Beispiel – etwa dem Türöffnen – die Armlänge. Außerdem kann man sich fragen, ob nicht die *Augenhöhe* die wichtigste Variable ist, weil sie zumindest beim Gehen immer in die visuelle Wahrnehmung eingeht. Diese Frage ist noch nicht endgültig zu beantworten: zwar hat Mark (1987) durch systematische Variation der Augenhöhe (mit Hilfe unterschiedlich hoher Blockschuhe) gezeigt, daß Versuchspersonen bei normaler Beinlänge ähnliche pi-Werte für die Besteigbarkeit von Treppen angeben wie bei Warren (1984), und daß man konstante pi-Werte auch für eine Skalierung nach Augenhöhe bekommt. Wenn aber die Versuchspersonen Blockschuhe tragen, verhalten sie sich zunächst so, als ob sie keine anhätten, d. h. sie irren sich hinsichtlich der Besteigbarkeit. Erst beim dritten Durchgang paßt sich ihr Urteil der tatsächlich veränderten Augenhöhe an. Man braucht also zumindest mit der eigenen Augenhöhe eine gewisse Erfahrung.

Für unser Problem können wir festhalten, daß ein Mensch normalerweise einer Treppe *ansehen* kann, wie komfortabel er sie hochgehen kann, und diese Affordanz entnimmt er der wahrgenommenen Treppenstufenhöhe einerseits und seinen Handlungsmöglichkeiten (hier Beinlänge) andererseits. Die Verhältnisse sind im Fall unseres Beispiels, in dem der Mensch wahrnehmen soll, ob ein Buch bequem übersteigbar ist oder nicht, etwas komplizierter, weil hier zusätzlich zur Buchhöhe auch noch die Buchlänge (in Schrittrichtung) als Umwelt-Variable relevant erscheint, aber wir können vermuten, daß auch hier die Übersteigbarkeit wahrgenommen werden kann und einen optimalen pi-Wert hat. Eine Untersuchung, in der Menschen einen mit Hindernissen gepflasterten Weg laufen mußten (Warren et al. 1986), macht plausibel, daß beim

Überwinden von Hindernissen vor allem die vertikale Schrittkomponente (d. h. das Abstoßen vom Boden und Heben des Oberschenkels) gegenüber dem Laufen ohne Hindernisse variiert, und diese ist primär abhängig von der Hindernishöhe.

Nachdem unser Beispiel-Mensch dieses Hindernis überwunden hat, kann er leicht sehen, daß es kein weiteres auf dem geraden Wege zwischen Schreibtisch und Tür gibt. Das Gehen bis zur Tür ist nun eine sehr einfache Aufgabe: er braucht nur die Türklinke zu fixieren und darauf achten, daß die Abbildung der Türklinke immer größer wird, während er geht (vgl. *Abb. 6-4*). Aber: der Mensch muß auch rechtzeitig anhalten, damit er nicht mit der Tür kollidiert! Kollisionen sind lebensbedrohliche Ereignisse, die jeder Organismus wahrnehmen können muß, *bevor* sie geschehen – Ausprobieren ist zumindest gefährlich. Anders ausgedrückt: Wir müssen wahrnehmen können, *ob und wann* eine Kollision droht, und zwar so rechtzeitig, daß wir noch Abwehr-Handlungen ausführen können (z. B. Abbremsen, Aus-dem-Weg-Gehen).

Ich habe bereits berichtet, daß viele Lebewesen eine drohende Kollision daran erkennen können, daß die Abbildung eines Objekts auf der Netzhaut so anwächst, daß auch der foveale Bereich betroffen ist. In unserem Beispiel wächst die Abbildung der Tür mit jedem Schritt symmetrisch. Nun geht es darum, zu erkennen, wieviel *Zeit* bis zur Kollision bleibt, bzw. rechtzeitig vor der Tür den Schritt zu verlangsamen. Wir müssen also die Geschwindigkeit der Annäherung an die Tür wahrnehmen können. Die objektive *Geschwindigkeit* ist die pro Zeiteinheit zurückgelegte Wegstrecke, und dieser Weg wird (den Regeln der Projektionsgeometrie entsprechend) auch auf unserer Netzhaut in der Zeit zurückgelegt, d. h. die Geschwindigkeit ist als optische *Vergrößerungsrate* wahrnehmbar. Dabei führt eine konstante physische Geschwindigkeit keineswegs zu einer konstanten Vergrößerung auf der Netzhaut, sondern mit zunehmender Annäherung an die Augen wird die Vergrößerung pro Zeiteinheit größer – dieser Eindruck ist in den letzten Momenten vor der Kollision besonders stark.

Die *Kollision* ist offenbar aus der Vergrößerungsrate einerseits und der zu einem bestimmten Zeitpunkt erreichten absoluten Abbildungsgröße andererseits vorhersagbar: In den frühen Beobachtungsstudien konnte die Abbildung bei relativ langsamer Vergrößerungsrate bis auf 80 Grad Sehwinkel anwachsen, ohne daß die Betrachter die Flucht ergriffen, während bei schneller Vergrößerungsrate schon bei geringerer Abbildungsgröße Ausweich- oder Fluchttendenzen beobachtet wurden (Schiff 1965). Dabei ist interessant, daß Tiere wie Menschen eine Art »Sicherheitsverhalten« zeigen: sie überschätzen die Geschwindigkeit der Annäherung bzw. unterschätzen die Zeit bis zur Kollision. Diese systematische Tendenz setzt sie eher in die Lage, der Kollision zu entgehen und sich notfalls noch verschiedene Verhaltensalternativen zur Abwehr der Kollision offen zu halten.

Manchem Leser mag scheinen, daß die direkte Kollision eines Gegenstands mit dem Beobachter bzw. des Beobachters mit einem Objekt ein sehr extremes Beispiel ist, das vielleicht eine sehr überlebenswichtige Wahrnehmungsleistung demonstriert, aber doch sehr selten vorkommt. Dem kann man erstens entgegenhalten, daß diese Leistung sehr wohl in unserem Alltag ständig vorkommt (man denke nur an die Leichtigkeit, mit der wir uns ohne Kollision in der Wohnung, auf der Straße mit anderen Fußgängern, Radfahrern und Autofahrern ständig bewegen), zweitens Kollisionen auch dann sehr gut vorhergesagt werden können, wenn wir gar nicht selbst betroffen sind, sondern andere Menschen oder bewegte Objekte.

Aber weiter in unserem Beispiel: Nehmen wir an, unser Beispiel-Mensch habe seinen Gang rechtzeitig abgebremst, so daß er mit der Tür nicht kollidiert. Wenn die Tür geschlossen ist, muß er den Türgriff erreichen – übrigens kann er dem Türgriff nicht unbedingt *ansehen*, daß man ihn drücken kann, weil der Griff ja unsichtbar verriegelt sein könnte; wohl könnte er aber einem fest mit dem Türschild verschweißten Türgriff ansehen, daß er ihn *nicht* öffnen kann. Das Problem, das wir im Augenblick haben, besteht aber darin, rechtzeitig bei der Annäherung den Arm zu heben und den Griff zu erreichen. Wir wollen ja weder weit vor der Tür mit ausgestrecktem Arm durch die Gegend laufen, noch erst an der Tür anstoßen, bevor wir den Arm heben.

Untersuchungen an Ballspielern haben gezeigt, daß das Greifen von Objekten in Bewegung, z. B. fliegenden Bällen bei einem laufenden Ballspieler genauso exakt ist wie beim stationären Ballspieler. Insofern sollte das Ergreifen der feststehenden Türklinke durch unseren gehenden Beispiel-Menschen eine sehr einfache Aufgabe sein. Berücksichtigt man aber die Millisekunden-genaue Präzision, mit der dies geschieht, so muß man sich doch fragen, wie es möglich ist, in Abhängigkeit von Bewegungsgeschwindigkeit und Entfernung rechtzeitig den Arm zu heben, die Hand zu öffnen und um den Gegenstand (hier Türklinke) zu schließen. Bei all dem benutzen wir ausschließlich visuell vorliegende Information, die jedoch den Charakter einer Affordanz bekommt, weil sie stark abhängig von unserer Körperausstattung (hier Armreichweite) ist. Aber damit möchte ich mich erst im Kapitel 6.3 beschäftigen.

Nehmen wir an, daß unser Beispiel-Mensch die Türklinke gedrückt und die Tür geöffnet hat. Jetzt muß er sehen, wie weit er die Tür öffnen muß, damit er durch die Öffnung zwischen Türrahmen und Tür paßt. Aber wie kann er das sehen? Warren & Whang (1987) haben vermutet, daß der Mensch auch hier wieder in Abhängigkeit von relevanten Körper-Merkmalen einer Türöffnung *ansehen* kann, ob er problemlos durch sie hindurchkommt, und als für dieses Problem relevante Körperdimension betrachten sie die *Schulterbreite*. Sie haben zunächst Versuchspersonen mit unterschiedlich breiten Schultern ausgesucht und sie gebeten, mal normal, mal schnell durch Türöffnungen zu gehen, deren Breite zwischen 35 und 90 cm eingestellt werden konnte. Die Versuchspersonen wurden während ihrer »Wanderungen« von einer Videokamera gefilmt, die direkt über der Öffnung an der Raumdecke montiert war.

Ausgewertet wurde der Grad, in dem die Versuchspersonen die Schultern drehen, bevor und während sie durch die Öffnung gehen. Es zeigte sich erwartungsgemäß, daß die »kritische Türbreite« für schmal- und breitschultrige Menschen gleichermaßen eine Funktion des Verhältnisses zwischen Türbreite und Schulterbreite ist, wobei die Versuchspersonen bei schnellerem Gehtempo ihre Schultern zwar eher drehen als bei normalem Gehtempo, man kann aber dennoch einen mittleren pi-Wert von 1,30 für das Verhältnis zwischen Öffnungs- und Schulterbreite angeben.

Die Frage ist nun, ob die Menschen auch aus der Entfernung einfach *sehen* können, wie leicht sie durch eine Tür passen, ohne tatsächlich durchzugehen. Dazu haben Warren & Whang einen weiteren Versuch durchgeführt, in dem schmale und breitschultrige Versuchspersonen entweder im Stehen (mit einem Auge) oder im Gehen (mit zwei Augen) die Türöffnungen aus einer Entfernung von 5 m betrachten und einschätzen sollten, ob sie ohne Verdrehen der Schultern durch die Öffnungen passen würden. Die Ergebnisse zeigen sowohl für beide Wahrnehmungsbedingungen denselben pi-Wert: 1,16 – das bedeutet, daß man einer Türöffnung auch mit nur einem Auge gut ansehen kann, ob man bequem hindurch paßt oder nicht.

Allerdings liegt dieser pi-Wert deutlich unter dem für das tatsächliche Gehen, und es ist nicht einfach, diesen Unterschied zu interpretieren: Man kann erstens meinen, daß die Versuchspersonen beim tatsächlichen Gehen *vorsichtiger* sind als bei der visuellen Einschätzung, zweitens, daß die visuelle Analyse aus größerer Entfernung die »Passung« nur näherungsweise wahrnimmt, drittens, daß die verbale Formulierung der Frage nicht exakt genug war, um die Versuchspersonen zur Vorstellung einer »normalen« Gehbedingung anzuregen. Diese Alternative bevorzugen Warren & Whang.

Nachdem wir gesehen haben, daß wichtige Informationen für das Alltagsverhalten von den Wahrnehmenden auf Grund der Erfahrungen mit der eigenen Körperausstattung, vor allem mit der eigenen Augenhöhe, sehr sicher wahrgenommen werden, müssen wir uns fragen, *was* wir da in bezug auf unsere Körperausstattung wahrnehmen und *wie* der Zusammenhang zwischen Wahrnehmung und Körperausstattung entsteht. Offensichtlich ist uns dieser Zusammenhang nicht vollständig in die Wiege gelegt worden, sonst wäre kaum vorstellbar, daß wir uns auch wechselnden Augenhöhen (z. B. beim Tragen unterschiedlich hoher Schuhe) anpassen können. Man muß annehmen, daß eine Form von *Lernen* stattfindet. Aber welche Art von Lernen?

In der Geschichte der Psychologie herrschte nach den bahnbrechenden Untersuchungen von Iwan Pawlow (1849-1936) lange Zeit die Ansicht vor, daß *alles* gelernt werden kann, wenn man nur die Reaktion, die gelernt werden soll, mit einer Belohnung verbindet. So kann man z. B. einem Tier im Zoo beibringen, bei der Fütterung öfter »Männchen« zu machen, indem man das Tier anfangs hungern läßt und es nur dann, wenn es beide Vorderpfoten hebt, durch Futter belohnt. In diesem Fall ist das »Männchen-Machen« eine biologisch angepaßte Reaktion, die künftig ausgelöst wird, wenn der Tierpfleger mit dem Futter kommt. Es gibt aber inzwischen erhebliche Zweifel daran, daß ein Tier wirklich *alles* lernen kann, was es potentiell ausführen könnte: zumindest haben mehrere Laboruntersuchungen gezeigt, daß es Reaktionen gibt, die sehr leicht gelernt werden können, und andere, die nicht so leicht gelernt werden können. Beispielsweise können Hunde sehr gut lernen, auf einen Pfiff loszulaufen oder anzuhalten; aber sie haben große Schwierigkeiten, nur dann zu reagieren, wenn der Pfiff von einem bestimmten Menschen oder von einem bestimmten Ort stammt. Im ersten Fall enthält der Pfiff eine klare Affordanz zum Stehenbleiben; im zweiten Fall ist die Information des Pfiffes abhängig von einer Zusatzinformation, die aber nicht selbst spezifisch für die geforderte Handlung ist – der pfeifende Mensch und der bestimmte Ort kann jeweils auch andere Informationen bieten. Die Gesamtinformation bietet keine hinreichende Affordanz. Ein weiteres Beispiel: wenn eine Labor-Ratte lernen soll, zur Vermeidung eines Elektroschocks mindestens 15 cm zu laufen, dann wird sie das in einem optisch völlig unstrukturierten Käfig nicht können – sie wird diese Verhaltensweise erst dann sicher ausüben können, wenn im Käfig Streifen oder andere Marken angebracht sind, die dem Tier Informationen über Entfernungen (und Schutz vor Schlägen) bieten (Bolles 1978).

Die Schlußfolgerung, die wir aus diesen und anderen Beispielen ziehen können, besteht darin, daß die Vorstellung von der Beliebigkeit des zu erlernenden Zusammenhangs zwischen Reiz und Reaktion nicht haltbar ist: wenn wir eine bestimmte Handlung erlernen sollen, dann müssen wir im Reiz auch die Affordanz für die zu erlernende Handlung entdecken. Das ist es, was wahrgenommen werden muß. Da die verschiedenen Lebewesen biologisch unterschiedlich ausgestattet sind, sind die in derselben Reizsituation entdeckbaren Affordanzen auch verschieden. Für unsere Diskussion zum Lernen von Handlungsaffordanzen auf Grund körperbezogener visueller Information bedeutet dies, daß wir sicher nicht lernen können, die Höhe von Treppenstufen, Sitzflächen oder Häusern, die Breite von Türrahmen, Schreibtischen oder Autos exakt in Zentimetern einzuschätzen; aber wir können lernen, unsere Handlungsmöglichkeiten gegenüber diesen Dingen zu sehen. Dies geschieht mit dem Beginn der aktiven Exploration und Manipulation im Säuglingsalter und endet wahrscheinlich nie: wir erlernen den Zusammenhang zwischen sichtbaren Strukturen der Körperoberflächen einerseits und nicht sichtbaren Eigenschaften dieser Körper (z. B. Rollbarkeit, Begehbarkeit, Erreichbarkeit) durch Manipulation und Ausprobieren; wenn wir feststellen, daß bestimmte sichtbare Strukturen an verschiedenen Körpern immer dieselben Manipulationsmöglichkeiten bieten, können wir verallgemeinern und eine höhere Form der Invarianz entdecken. Sind solche invarianten Beziehungen zwischen visuell erkennbaren Eigenschaften und Handlungsmöglichkeiten etabliert, brauchen wir viele Dinge nicht mehr anzufassen oder andere Handlungsmöglichkeiten an ihnen auszuprobieren: wir können ihre Eigenschaften in bezug auf unsere Körperausstattung nun sehen.

Nach diesem theoretischen Zwischenspiel können wir unseren Beispiel-Menschen durch die Tür und in die Küche treten lassen. Die auf diesem Wege auftretenden Wahrnehmungsphänomene (Aufdecken und Verdecken von Kanten, Flußfeldern usw.) sind uns inzwischen bekannt. Deshalb wollen wir uns nun dem Teekochen zuwenden, denn hierbei können wir die erstaunliche Koordination zwischen Wahrnehmungs- und Handlungssystem etwas genauer betrachten.

6.3 Koordination zwischen Wahrnehmung und Handlung

Wenn unser Beispiel-Mensch in der Küche angekommen ist, um Tee zu machen, wird er zunächst einige vorbereitende Handlungen ausführen müssen: u. a. den Wassertopf, die Teekanne, Teetasse und Teeblätter aus dem Küchenschrank holen, Wasser in den Topf füllen, den Topf erhitzen usw. Diese und damit verbundene Handlungen geschehen scheinbar völlig automatisch – wir alle wissen aus Erfahrung, daß wir dabei weiter über den Inhalt unserer gerade unterbrochenen Lektüre nachdenken können, ohne uns die Finger zu verbrühen oder den Wassertopf auf halber Strecke zwischen Schrank und Wasserhahn zu Boden gehen zu lassen. Das Zusammenspiel zwischen Wahrnehmung und Handlung ist hierbei so perfekt, daß wir manchmal glauben, wir könnten diese Handlungen auch blind ausführen – aber schon ein kurzer Versuch mit geschlossenen Augen belehrt uns darüber, wie wichtig die visuelle Wahrnehmung für die Steuerung unserer Körper- und Handbewegungen ist.

Wir wollen uns einmal die Art der Bewegungen anschauen, die unser Beispiel-Mensch ausführt, wenn er z. B. den Wassertopf aus einem Unterschrank seiner Kücheneinrichtung holt. Dazu werden wir uns dann die entsprechenden Wahrnehmungsbedingungen vergegenwärtigen. Er wird zuerst auf den Schrank zugehen und noch während des Gehens den Oberkörper senken und einen Arm ausstrecken, um die Schranktür zu öffnen. Dieser Ablauf geschieht so kontinuierlich und »vorausgeplant«, daß der Mensch nicht einmal zurücktreten muß, um die Schranktür an seinem Körper vorbei öffnen zu können: er öffnet während der Annäherung die Tür so rechtzeitig, daß sie noch vor dem möglichen Kollisionszeitpunkt offen genug ist, um seinen Körper vorbeizulassen. Etwa zu dieser Zeit wird unser Beispiel-Mensch den anderen Arm heben, um in den Schrank hineingreifen und den Topf herausnehmen zu können.

Die Gleichzeitigkeit und Kontinuität der verschiedenen Bewegungen ist besonders faszinierend für Leute, die sich mit den Bewegungen von Industrie-Robotern beschäftigt haben, aber dies soll hier nicht behandelt werden. Statt dessen wollen wir fragen, was der Mensch *sieht*, während er die Hand zum Griff seines Unterschrankes ausstreckt. Aus dem Kapitel 6.2 wissen wir, daß wir es beim Zugehen auf Objekte mit Flußfeldern zu tun haben, deren Komponenten zentrifugal (von innen nach außen) »wachsen«. Aber wie wird die Armbewegung gesteuert? Zunächst kann man feststellen, daß wir zum Steuern der Bewegung den Arm nicht genau anzusehen brauchen: auch unser Beispiel-Mensch wird den Griff der Schranktür fixieren. Dies können wir aus einer Reihe früherer Untersuchungen schließen.

Es ist schon seit einigen Jahrzehnten bekannt, daß Versuchspersonen, die im Dunkeln ihren Zeigefinger auf einen schwachen Lichtpunkt setzen sollen, zunächst sehr zielstrebig Arme und Hand in die richtige Richtung führen, dann aber Schwierigkeiten haben, den Punkt genau zu treffen. Der typische Fehler liegt hier bei etwa 2 Grad Sehwinkel. (Zur Erinnerung: Die Zäpfchen, die fast ausschließlich im fovealen Bereich liegen, brauchen sehr viel Licht). Paillard (1980) hat zudem festgestellt, daß sich Versuchspersonen, deren Sehfeld bei normaler Beleuchtung durch eine Spezialbrille auf einen sehr engen Bereich um die Fovea eingeschränkt wurde, nicht an eine künstliche Sehachsen-Verschiebung (mit Hilfe von Prismengläsern) anpassen konnten – wenn sie mit dem Finger auf die gesehenen Gegenstände zeigen sollten, machten sie große Fehler. Andere Versuchspersonen, die nur die Sehfeld-Peripherie (ohne Fovea) zur Verfügung hatten, konnten sich an dieselbe Sehachsen-Verschiebung anpassen, solange sie ihren eigenen Arm in ihrem peripheren Blickfeld kontinuierlich verfolgen konnten. Paillard schloß aus diesen Beobachtungen, daß an der normalen Auge-Hand-Koordination *zwei* Steuerungsprozesse beteiligt sind, die integriert arbeiten: der eine Prozeß steuert die Richtung der Hand relativ zur Sehachse und benutzt vor allem Information aus der Peripherie des Sehfeldes. Der andere Prozeß steuert die genaue Zielposition der Hand und der Finger; er benutzt vor allem Information aus dem fovelaen Bereich, in welchem Finger und Umgebung gleichzeitig abgebildet sind.

Wenn unser Beispiel-Mensch den Griff der Schranktür fixiert, nutzt er also zwei Informationen gleichzeitig: solange sein Arm den Griff noch nicht erreicht hat, kann er die *Armbewegungen* in der Peripherie seines Sehfeldes verfolgen, und wenn die Hand in das Zentrum des Sehfeldes kommt, kann die Fein-Justierung der *Handbewegung* von dort aus erfolgen. Wir wissen zwar, daß die Abbildungsschärfe außerhalb des Sehfeldzentrums sehr gering ist, das ist aber bei der Steuerung grobmotorischer Bewegungen nicht hinderlich. Außerdem sind die peripheren Netzhaut-Rezeptoren (meist Stäbchen) vielfach mit Nervenzellen verbunden, die sensibel auf Bewegungen reagieren, somit wird der Nachteil der relativen Unschärfe zum Teil durch den Vorteil einer Spezialisierung auf Bewegungserkennung ausgeglichen. Da der Übergang zwischen Sehfeld-Peripherie und -Zentrum ganz allmählich erfolgt, ist anzunehmen, daß auch der Übergang zwischen der Wirkung der visuell kontrollierten Armsteuerung und der visuell kontrollierten Fingersteuerung ganz allmählich (sozusagen »Hand in Hand«) verläuft.

Die Frage ist nun, *welche visuelle Information* unser Beispiel-Mensch im fovealen Bereich nutzt, wenn die Hand in die Nähe des Griffes kommt. Wir haben im Kapitel 6.2 gesehen, daß die Annäherung eines Menschen an einen Gegenstand (oder umgekehrt die Annäherung eines Objektes an den Menschen) durch die Vergrößerungsrate der Objekte auf der Netzhaut wahrgenommen werden kann. Aus dieser Vergrößerungsrate kann auch die Zeit bis zur Kollision abgeleitet werden. Jetzt sind wir aber in einer anderen Lage: Nicht der Körper bewegt sich zum Türgriff, sondern nur die Hand – es gibt folglich keine optische Vergrößerung des Griffes auf der Netzhaut – eher umgekehrt eine Verkleinerung der Hand, die wir vom Körper weg auf den Griff hin bewegen. Dennoch kollidiert die Hand nicht mit dem Griff, sondern öffnet sich in der Vorwärtsbewegung, schließt sich zur rechten Zeit und zieht. Das Auge scheint *zeitliche* Information zu entdecken, d. h. Information über die Zeit, die bei der ausgeführten Bewegung der Hand bis zum Kontakt mit dem Objekt bleibt.

Die Beobachtung, daß sich die Hand schon während der Vorwärtsbewegung öffnet, kann man nicht nur bei statischen Objekten machen, sondern auch bei bewegten, z. B. Bällen. In beiden Fällen zeigt sich, daß sich die Hand dann öffnet, wenn die Geschwindigkeit der Armbewegung nachläßt. Die Öffnung besteht vorwiegend in einer Drehbewegung (abhängig von der Lage des Objektes) und einem Auseinanderdrücken von Daumen und Finger, vor allem des Zeigefingers. Der Zeitpunkt und das Ausmaß des Auseinanderdrückens von Daumen und Fingern sind abhängig von der Größe des Objektes und der Geschwindigkeit des Greifens: Je schneller die Annäherung zwischen Hand und Objekt und je größer das Objekt, um so eher wird die Hand geöffnet und um so weiter wird sie geöffnet. Zeit- und Größen-Information können dem Netzhautbild entnommen werden: die eine aus der relativen Bewegungsgeschwindigkeit der Hand in Richtung auf das Objekt, die andere aus der relativen Größe des Objekts im Vergleich zur Hand.

Haben die Finger das Objekt erreicht, dann wird die Hand noch etwas weiter in dieselbe Richtung bewegt, bis das Objekt sicher umschlossen werden kann. In der Regel setzt die Schließbewegung schon etwas vor dem Ende der Transportbewegung der Hand ein. Zu Beginn der Schließbewegung werden in der Regel zuerst die Finger gekrümmt, dann erst der Daumen. Auch hierbei werden offensichtlich visuelle zeitliche Informationen über die Relativgeschwindigkeit der Hand (vor allem des Daumens) zum Objekt genutzt, zumindest solange noch mehr als etwa 200 Millisekunden bis zum Berühren des Objektes bleiben. Das Ergreifen selbst (und auch das Öffnen der Schranktür in unserem Beispiel) kann allein auf Grund eines motorischen Programms und auf Grund motorischer Information erfolgen: die Druckrezeptoren von Finger und Daumen geben Information darüber, ob die Finger das Objekt schon berühren, wie fest das Objekt umschlossen wird und ob das Objekt in der Hand fest sitzt oder zu rutschen droht, und die Muskelrezeptoren geben Information über Art und Ausmaß der Ziehbewegung. Die visuelle Wahrnehmung kann sich dabei schon anderen Aufgaben zuwenden: sie betrachtet das Innere des Schrankes.

Nehmen wir an, daß dieser Schrank eine Fülle von Haushaltwaren enthält: unterschiedlich große Töpfe, Pfannen, Kannen, Deckel, Schüsseln usw. Diese Dinge sind nicht säuberlich nebeneinander aufgereiht, sondern z. T. aufeinander gestapelt, z. T. hintereinander angeordnet. Die Aufgabe, die sich unserem Beispiel-Menschen stellt, besteht darin, aus dieser Fülle diejenigen Teile herauszunehmen, die er braucht, z. B. einen Topf zum Kochen von Wasser in seiner üblichen Trinkmenge (technisch gesprochen: etwa ein halber Liter) und eine kleine Kanne zum Aufbrühen des Teesuds. Falls unser Beispiel-Mensch nicht sowieso immer nur »den kleinen schwarzen Emaille-Topf« und »die kleine braune Kanne von Oma« nimmt, sondern tatsächlich das für die vorgesehenen Zwecke optimale Gerät sucht, besteht die visuelle Aufgabe darin, den Gefäßen jeweils »anzusehen«, ob die vorgesehene Menge hineinpaßt, und außerdem muß er herausfinden, wo diese Gefäße »versteckt« sind.

Fangen wir mit der ersten Aufgabe an und machen es unserem Beispiel-Menschen zunächst leicht: ein Topf steht unverdeckt vor seinen Augen im Schrank; er muß entscheiden, ob seine übliche Trinkmenge hineinpaßt oder nicht. Dazu braucht er eine Vorstellung vom *Volumen*, das seine übliche Trinkmenge einnimmt. Er braucht nicht zu wissen, daß er etwa einen halben Liter trinkt, sondern es reicht z. B. die Vorstellung »drei große Tassen«. Unser Beobachter soll entscheiden, ob diese Menge in den vor ihm stehenden Topf paßt, und er kann das auch – aber wie?

Ganz sicher erfordert diese Entscheidung eine Erfahrung mit Gefäßen und Flüssigkeiten, denn Kinder verschätzen sich dabei oft, aber *nach* diesem Lernprozeß sind Erwachsene in der Lage, einem üblichen Gefäß »anzusehen«, ob eine übliche Menge Flüssigkeit hineingeht. Die Wiederholung von »üblich« macht schon auf das Problem aufmerksam: die wenigsten Menschen haben eine Vorstellung davon, welches Volumen ein Kubikzentimeter Gas oder 3000 Liter Öl einnehmen; wir haben aber recht konkrete Vorstellungen vom Volumen eines Tropfens, Teelöffels, Eßlöffels, einer Tasse, handelsüblicher Konservendosen und vielleicht auch Maßgefäßen für einen Liter Wasser. Die Vorstellungen haben wir beim Ansehen tropfender Wasserhähne und beim Hantieren mit Löffeln, Tassen, Büchsen usw. erworben. Und in diesem Lernprozeß gelang es auch, eine Vorstellung von der Höhe des Wasserspiegels bestimmter Volumina in verschiedenen Gefäßen zu entwickeln. Haben wir am Ende bloß gelernt, uns den ungefähren Flüssigkeitsstand in verschiedenen Gefäßen zu merken? Oder haben wir gelernt, die Bodenfläche eines Gefäßes zu schätzen und blitzschnell auszurechnen, wie hoch der Flüssigkeitsstand bei dieser Fläche sein muß, damit wir die richtige Wassermenge bekommen?

Auch wenn nicht ganz auszuschließen ist, daß wir gelernt haben, uns Flüssigkeitsstände für eine bestimmte Untermenge in verschiedenen Gefäßen zu merken und ansonsten intuitiv ein bißchen hochzurechnen, gibt es doch eine Alternativ-Idee in Form einer Metapher aus der ökologischen Wahrnehmungsforschung. Sie stammt von Sverker Runeson (1977) und ist unter dem Schlagwort »smart mechanism« berühmt geworden: Aus der technischen Welt kennen wir eine Reihe von Beispielen, wie komplexe Größen (wie z. B. die Fläche von Tintenklecksen, die Geschwindigkeit eines Fahrzeugs) zu messen sind, ohne dabei die den komplexen Größen mathematisch zugrunde liegenden »einfachen« Größen zu kennen.

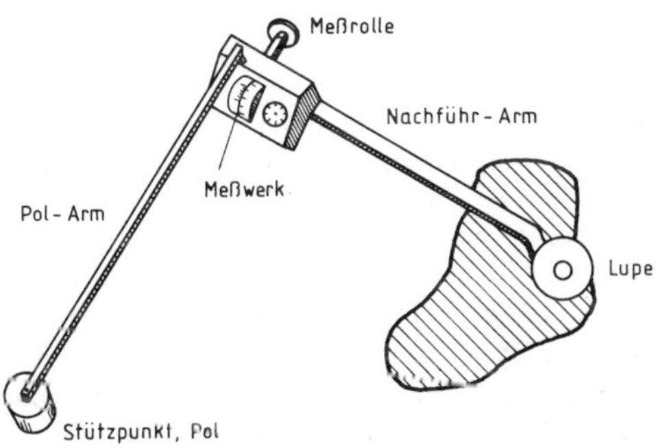

Abb. 6-6: Ein Polarplanimeter mißt die Fläche als Variable »höherer Ordnung«, aber nicht die Grundkomponenten

Beispielsweise gibt es schon seit über einhundert Jahren *Planimeter*, mit denen man durch Nachfahren der Begrenzungslinien einer Fläche deren Inhalt bestimmen kann, ohne die mathematischen Grundkomponenten (Höhe und Breite bei einem Rechteck) zu kennen.

Abb. 6-6 zeigt das Modell eines Polarplanimeters, dessen Funktionsweise im wesentlichen darin besteht, Teilkomponenten des Weges, den der Nachführ-Arm beim Umfahren der Fläche zurücklegt, in einen Vektor zu übersetzen, dessen Länge dem Flächen-Integral entspricht. Das Planimeter eignet sich überhaupt nicht zum Messen einer einfachen Länge, es eignet sich nur zum Messen von Flächen. Das mathematische Modell, das zur Konstruktion dieses cleveren Mechanismus geführt hat, mag ziemlich kompliziert aussehen (auch wenn es »nur« einen Cosinussatz anwendet), das ist aber für unsere Diskussion ziemlich unerheblich: das Polarplanimeter ist nur ein Beispiel dafür, daß Geräte existieren, die eine Variable »höherer Ordnung« (hier Fläche) messen, ohne deren mathematische Grundkomponenten angeben zu können. Runeson (1977) meint, daß unser visuelles System ebenfalls über eine Reihe von »smart mechanisms« verfügt, und die Bestimmung des Volumens von Gefäßen gehört dazu – wenn auch nicht in Kubikzentimeter- oder Liter-Einheiten. Es ist unwahrscheinlich, daß unser visuelles System überhaupt in »Einheiten« wahrnimmt; es nimmt im Falle des Gefäßes allenfalls die Affordanz der »Füllbarkeit mit einer bestimmten Menge« wahr.

Wie das geschieht, ist bislang recht unklar. James Gibson (1966) hat vorgeschlagen, daß die Wahrnehmung so ähnlich wie ein Radioempfänger funktionieren könnte: ein Radio empfängt Amplituden- oder frequenzmodulierte elektromagnetische Wellen, wobei ein Empfänger-Schaltkreis so abgestimmt wird, daß er aus der Fülle der gleichzeitig vorhandenen Wellen nur eine einzige trennscharf empfängt. Die Empfänger-Abstimmmung sorgt dafür, daß der elektrische Schaltkreis mit einer und nur einer Sende-Frequenz in *Resonanz* kommt. Im Falle der Wahrnehmung kann man davon ausgehen, daß es eine Reihe von Informationen gibt, für die unser Wahrnehmungssystem von Geburt an »abgestimmt« ist (wie z. B. für Schwerkraft oder für die Entdeckung von Ereignissen durch Auge und Ohr), während andere Informationen erst auf Grund von Lernprozessen (vor allem Explorationen und Manipulationen) entdeckt werden können (z. B. die Invarianzen eines Objektes).

Um einen Fall von »Resonanz« auf Grund erlernter Zusammenhänge zwischen visuell wahrnehmbaren Eigenschaften des Objektes und den Handlungsmöglichkeiten gegenüber diesem mag es sich auch im Fall unseres Wassertopfes handeln: wir haben durch jahrelanges Hantieren mit Töpfen und verschiedenen Flüssigkeitsmengen einen Zusammenhang zwischen den dabei optisch wahrnehmbaren Informationen (z. B. Oberflächenbeschaffenheit, Umfang, Höhe) und den Handlungsergebnissen (z. B. beim Tragen, Füllen, Kochen) erlernt: es hat sich eine stabile Kopplung zwischen visueller Information und Handlungsergebnissen etabliert. Am Ende dieses Lernprozesses brauchen wir nur noch die visuelle Information, um Handlungsergebnisse vorherzusagen, und dabei sind keine Schlußfolgerungen oder innere Verrechnungsprozesse mehr nötig, sondern die Information über die möglichen Handlungsergebnisse ist direkt mit der visuellen Information gekoppelt. Wenn wir ein bestimmtes Handlungsergebnis erreichen (hier eine bestimmte Wassermenge erhitzen) wollen, dann wird unser Wahrnehmungssystem im Sinne der Gibsonschen Analogie »abgestimmt«, um mit jenen optischen Eigenschaften »in Resonanz« zu treten, die (durch Lernprozesse) mit den Handlungsmöglichkeiten gekoppelt sind.

Nehmen wir an, daß unser Beispiel-Mensch den passenden Topf leicht findet, weil er unverdeckt in der ersten Reihe steht. Aber wie entdeckt er die kleine Kanne, die mitten unter anderen Gefäßen, halb verdeckt von anderen Gegenständen steht? Hierfür sind zumindest zwei Leistungen erforderlich: erstens die Auswahl eines Wahrnehmungsobjektes aus einer Fülle anderer gleichzeitig im Wahrnehmungsfeld vorhandener Objekte, zweitens die Identifikation des gesuchten Objektes trotz teilweiser Verdeckung durch andere Objekte.

Die *Auswahl eines Wahrnehmungsobjektes* aus mehreren gleichzeitig vorhandenen Objekten wird in der Psychologie meist unter dem Stichwort »selektive Aufmerksamkeit« behandelt, und dort wird vielfach der Eindruck erweckt, als sei es ein Mangel, daß der Mensch so wenige Dinge gleichzeitig wahrnehmen und »verarbeiten« könne. Dagegen haben Allport (1980) und Neumann (1985) die Auffassung vertreten, daß die Selektivität der Wahrnehmung eine außerordentlich nützliche Angelegenheit ist: sie macht uns in einer Welt voller »Angebote« handlungsfähig. So auch in unserem Fall: unser Beispiel-Mensch ist zwar in der Lage, die verschiedenen Haushaltsgeräte in seinem Küchenschrank wahrzunehmen, und sicher sieht er sie auch beim Umherblicken, aber er nimmt sie nur teilweise bewußt auf und kann hinterher sicher keine vollständige Inhaltsangabe seines Küchenschrankes liefern. Er sucht eine bestimmte Kanne, die ihm gestattet, eine bestimmte Teemenge im

Wasser ziehen zu lassen, folglich beachtet er nur Gefäße, die aus geeignetem Material bestehen und in geeigneter Größe vorhanden sind.

Die Möglichkeit der Selektion wirft ein ganz spezifisches Licht auf die ökologische Affordanztheorie: wir können ein und demselben strukturierten Licht unterschiedliche Affordanzen entnehmen; wir können sehen, daß wir mit dem Topf Wasser kochen können, ebenso können wir sehen, daß wir mit dem Topf Geräusche machen können. Nach der ökologischen Theorie ist der Inhalt der Affordanzen nicht abhängig von Bedürfnissen und Intentionen, sondern allein vom Licht und der Körperausstattung der Wahrnehmenden. Aber *welche* Affordanz im Augenblick entdeckt und damit handlungswirksam wird, hängt vom Handlungsziel ab – und damit von kognitiven und motivationalen Prozessen. Michaels & Carello (1981, S. 70) bezeichnen die Wahrnehmungsselektion als »Kontrolle über die Entdeckung« oder »gerichtete Wahrnehmung« – damit wollen sie ausdrücken, daß es weniger darum geht, vorhandene Informationen zu unterdrücken, sondern eher darum, die gewünschten Entdeckungen zu machen.

Allerdings gibt es auch Selektionsprozesse in der Wahrnehmung, die automatisch ablaufen und kaum von unseren Motiven beeinflußt werden können: wir alle wissen, daß wir uns einem plötzlichen lauten Knall, einem Blitz oder einer überraschenden Bewegung nicht entziehen können. Solche und andere Umweltinformationen erregen unsere Aufmerksamkeit, weil sie entweder Rezeptoren besonders stark erregen (z. B. laute und grelle Situationen) oder »vorprogrammierte« höhere neuronale Strukturen aktivieren (z. B. Bewegungsdetektoren). Man kann sich vorstellen, daß unser Wahrnehmungssystem solche Situationen bevorzugt selegiert, weil sie biologisch wichtige Information liefern.

In unserem Beispiel handelt es sich um einen vom Handlungsziel gesteuerten Selektionsprozeß: es soll eine bestimmte kleine Kanne gefunden werden. Das wäre überhaupt kein Problem, wenn diese Kanne ebenso frei und unverdeckt in der vordersten Reihe stünde wie der Topf, aber wir wollen annehmen, daß die kleine Kanne halb verdeckt in der zweiten Reihe steht. Die zu erbringende Wahrnehmungsleistung besteht darin, die Kanne trotz ihrer Teilverdeckung durch ein anderes Objekt richtig zu identifizieren. Nach dem, was wir über Texturbrüche schon wissen, dürfte es kein Problem sein, wahrzunehmen, daß es sich hier um *zwei* Dinge handelt, von denen das eine das andere verdeckt – nicht etwa um *ein* Ding. Und da wir sowieso nie *alle* Seiten eines Objekts auf einmal sehen können (es sei denn, wir sehen es in einem besonderen Spiegel), haben wir eigentlich fast immer das Problem, immer nur eine Teilinformation der Objekte wahrnehmen zu können. Und diese Teilinformation kann von Fall zu Fall wechseln, so können wir unsere kleine Kanne mal von vorne, mal von links, mal von rechts, mal von oben usw. sehen, und haben doch keine Schwierigkeit, sie immer als unsere kleine Kanne zu identifizieren. Also können wir vermuten, daß wir auch im Fall der teilweisen Verdeckung Erfolg haben werden – aber warum? Kaplan & Kaplan (1983) haben darauf aufmerksam gemacht, daß die verschiedenen Komponenten unserer einzelnen Wahrnehmungsobjekte in der Regel immer zusammen auftreten: Farbe, Größe, Oberflächentextur, Proportionen usw. bilden eine Einheit – wir haben gelernt, daß diese Merkmale zusammengehören. Wenn Merkmale immer zusammen auftreten, dann reichen auch wenige von ihnen aus, um das Erkennen des *ganzen* Objekts zu gestatten, allerdings müssen diese Merkmale *spezifisch* für das Objekt sein. (Wenn alle meine Kannen schwarz wären, wäre dieses Farbmerkmal nicht spezifisch für die kleine Kanne, die ich suche).

Wir können also davon ausgehen, daß unser Beispiel-Mensch in der Lage ist, auch die teilweise verdeckte Kanne zu erkennen. Ein Problem könnte aber noch darin bestehen, daß er in seinem Küchenschrank viele »Angebote« gleichzeitig erhält: er sieht u. a. diverse Pfannen, Töpfe und Kannen, die er im Augenblick nicht sucht. Aber sieht er sie wirklich? Oder huscht sein Blick nur an ihnen vorüber, ohne sie bewußt aufzunehmen? – Wir wissen aus unserer eigenen Erfahrung, daß verschiedene Menschen in derselben komplexen Situation unterschiedliche Informationen aufnehmen können, und es gibt inzwischen auch zahlreiche Experimente, in denen die Bedingungen untersucht wurden, die zur bewußten Aufnahme von Information führen.

Beispielsweise haben Goldstein & Fink (1981) ihren Versuchspersonen jeweils zwei klar erkennbare Strichzeichnungen (eine mit roten, die andere mit grünen Strichen) gleichzeitig gezeigt und sie aufgefordert, nur auf eines der beiden Bilder (z. B. nur auf das rote) zu achten. Nachdem die Versuchspersonen eine ganze Reihe sehr unterschiedlicher Bildpaare gesehen hatten, wurden ihnen verschiedene Bilder einzeln (d. h. ohne Überlagerung durch ein anderes Bild) gezeigt, und sie sollten angeben, ob sie dieses Bild gerade vorher gesehen hatten. Es stellte sich heraus, daß die Versuchspersonen im Durchschnitt 75% der bewußt beachteten Bilder wiedererkannten, aber nur 25% der nicht bewußt beachteten.

Übrigens gab es in diesem Versuch noch systematische Variationen der Größe des zu betrachtenden Bildes und der zur Verfügung stehenden Zeit. Aber in allen Fällen zeigte sich, daß selektive Wahrnehmung immer stattfindet, auch dann, wenn sämtliche Information im fovealen Bereich abgebildet wird und hinreichend viel Betrachtungszeit zur Verfügung steht. Es scheint nicht möglich zu sein, bewußt *alle* vorhandene Information wahrzunehmen, jedoch sehr gut möglich, fast nur das bewußt wahrzunehmen und zu erinnern, das man aufnehmen *will*.

Aber zurück zu unserem eigentlichen Thema, der Koordination von Wahrnehmung und Handlung. Nachdem unser Beispiel-Mensch nun glücklich auch noch die kleine Kanne zum Aufbrühen des Tees gefunden hat, kann er sie herausnehmen und auf den Küchentisch stellen, dann wird er endlich den Topf nehmen, damit zum Wasserhahn gehen, um ihn mit Wasser zu füllen. Erstmals wird er hier beidhändig arbeiten müssen, und seine beiden Hände haben unterschiedliche Aufgaben: die eine muß den Topf unter den Wasserhahn führen und ihn dort in Position halten, die andere muß den Wasserhahn aufdrehen, die Wassermenge so regulieren, daß es nicht allzusehr spritzt, und schließlich den Hahn wieder zudrehen, wenn die richtige Wassermenge in den Topf gelaufen ist.

Die geforderte Gleichzeitigkeit der beidhändigen Tätigkeit fordert vermutlich auch eine Gleichzeitigkeit der visuellen Tätigkeitssteuerung. Wie wir aus unserer eigenen Erfahrung wissen, bereitet diese »Doppeltätigkeit« von Wahrnehmungs- und Handlungssystem in der Praxis gar keine Schwierigkeit, wohl aber in der Theorie: sofern die Wahrnehmung unsere Handlungen *kontinuierlich* steuert und gleichzeitig *selektiv* im Hinblick auf *ein* Handlungsziel, müßte es Probleme beim gleichzeitigen Halten und Wasseraufdrehen geben.

Diese Probleme treten nicht auf, wenn wir erstens bedenken, daß unsere Wahrnehmung die Tätigkeit *vorausschauend* kontrolliert, d. h. schon einige Millisekunden vor notwendigen Handlungen den Organismus vorbereitet, so daß Kontinuität nicht automatisch »Gleichzeitigkeit« heißen muß. Zweitens können wir uns auf die relative Autonomie und Koordination ganzer Muskelgruppen bei der Bewegungssteuerung verlassen – diese interne Koordination umfaßt z. T. mehrere Gelenke (z. B. beim Halten des Wassertopfes die Daumen-, Finger- und Handgelenks-Positionen). Diese Autonomie bedeutet keineswegs, daß motorische Programme unbeeinflußt von äußeren Umständen ablaufen, es findet immer auch eine Anpassung an die äußeren Bedingungen der Handlung statt: z. B. wird je nachdem, ob der benötigte Wasserhahn rechts oder links von mir liegt, weiter vorn oder hinten angebracht ist, das motorische Programm zum Aufdrehen des Wasserhahns anders aussehen, und die Rahmenbedingungen liefert die visuelle Information. Die visuelle Information ist weiterhin notwendig für die *koordinierte Steuerung* aller Teilbewegungen – mit anderen Worten: die Wahrnehmung muß für die hierarchische Ordnung der mehr oder weniger autonomen Teilbewegungen sorgen (Turvey & Kugler 1984), was bei unserem Beispiel sicher nicht so aufwendig ist, daß das Topfhalten und Wassermengen-Steuern nicht jeweils auch für einige Millisekunden aussetzen könnte. Die geforderte Kontinuität der Handlungssteuerung bedeutet nicht »lückenlose Überwachung«, sondern Lenkung der innerhalb des motorischen Programms variablen Teilbewegungen bei kritischen Zeitpunkten. Drittens liegen die motorischen Komponenten beider Teilhandlungen im visuellen Feld relativ eng beieinander und dienen sehr offenkundig demselben Ziel, so daß es sich kaum um eine »Doppeltätigkeit« handelt, sondern um eine einzige, leicht integrierbare kombinierte Handlung – anders wäre die Situation, wenn ich gleichzeitig einen Topf unter den Wasserhahn halten und die Teeblätter vom Regal holen wollte.

Nachdem wir gesehen haben, daß unser Beispiel-Mensch mit Hilfe der visuellen Wahrnehmung den Wassertopf richtig unter den Wasserhahn halten und Wasser einlaufen lassen kann, müssen wir annehmen, daß er auch rechtzeitig den Wasserhahn wieder zudrehen und das Wasser aufsetzen kann. Die dabei auftretenden Probleme sind prinzipiell nicht anders als beim Wasser-Einfüllen: motorische Teilprogramme laufen zwar autonom ab, müssen aber je nach Ausgangslage (z. B. Stellung des Körpers, Gewicht der Gefäße usw.) durch visuelle Informationen gelenkt werden. Diese visuellen Informationen werden durch Information von den Muskeln (besonders beim Greifen und Halten) und durch auditive Information (z. B. Geräusche beim Aufsetzen von Gefäßen, Füllen von Behältern) stark unterstützt.

Es gibt jedoch beim Wasserkochen eine Situation, die – zwar nicht für den Handelnden, wohl aber den Wissenschaftler – neue Probleme schafft: unser Beispiel-Mensch erwärmt das Wasser und entscheidet nach einer gewissen Zeit, daß das *Wasser kocht*. Woher weiß er das? Kann er das sehen, hören, riechen, oder hat er das Gefühl, nun sei genügend Zeit für die Erwärmung verstrichen? Im konkreten Fall sind alle erwähnten Komponenten beteiligt, aber wir wollen sehen, wieweit die visuelle Wahrnehmung Information über die Veränderung vom kalten zum kochenden Wasser liefert. Die Wahrnehmung von Veränderungen wird in der Wahrnehmungspsychologie unter dem Stichwort »Ereigniswahrnehmung« (englisch »event perception«) behandelt.

6.4 Ereigniswahrnehmung

In unserem Beispiel finden wir folgende Situation vor: das Wasser befindet sich im Topf auf dem Herd und wird aufgeheizt. Zunächst ist das Wasser klar und scheinbar bewegungslos; im Verlaufe der Erwärmung steigen Luftbläschen vom Topfboden an die Wasseroberfläche, dadurch wird das Wasser vorübergehend weniger durchsichtig; das Wasser gerät in Bewegung, es bilden sich charakteristische Buckel an der Oberfläche, der Wasserpegel steigt, Dampf steigt auf. Das Wasser macht eine spezifische Veränderung durch, die auch visuell wahrgenommen werden kann.

In unseren bisherigen Beispielen haben schon viele Veränderungen auf unserer Netzhaut stattgefunden, ohne daß wir den Eindruck hatten, daß sich die Dinge der Außenwelt selbst verändern – wir haben uns nur selbst bewegt und mit Töpfen und Kannen hantiert; jetzt verändert sich etwas in unserer Umwelt, und diese Veränderung hat den Charakter eines *Ereignisses*: es findet keine Bewegung im Sinne einer Verschiebung eines Gegenstands oder seiner Abbildung statt, sondern eine Veränderung des Gegenstands selbst. Die Veränderung von kaltem zu kochendem Wasser ist ein Ereignis, das für uns deshalb hohe Bedeutung hat, weil es die Affordanz des Wassers innerhalb eines recht kurzen Zeitraums qualitativ verändert – wir werden uns jetzt hüten, die Hand ins Wasser zu tauchen oder das heiße Wasser zu trinken.

Die Bedeutung, die Ereignisse für unsere Wahrnehmung haben, läßt sich kaum überschätzen – wohl aber an vielen Beispielen demonstrieren – wir brauchen uns nur einmal still hinzusetzen und bewußt zu registrieren, was alles unsere Aufmerksamkeit auch dann erregt, wenn wir es eigentlich *nicht* wollen. Während ich hier sitze und tippe, bemerke ich, daß nebenan der Wasserhahn tropft, daß draußen ein Auto vorbeifährt, daß ein Hund bellt, und wenn ich hochschaue, gleitet mein Blick über die Zimmereinrichtung nach draußen, wo etwas Wald und Schnee zu sehen ist, und wo bleibt mein Blick hängen? An einem Mann, der über das Schneefeld geht. Ich schreibe diesen Satz weiter und blicke doch zwischendurch hoch, um ihn zu verfolgen – meine Neugier gibt sich erst dann zufrieden, als er aus meinem Blickfeld verschwunden ist. Zumindest auditiv registriere ich fortwährend Ereignisse, und in einer visuellen Szene beschäftigen uns die Dinge, die sich bewegen, oft stärker als die ruhenden Dinge.

6.4.1 Reizbeschreibungen bei Ereignissen

Üblicherweise nennen wir eine *plötzliche* Änderung ein Ereignis – wir meinen damit den *abrupten* Übergang eines Zustands A (der evtl. schon eine Weile anhält) in einen anderen Zustand B (der evtl. ebenfalls eine Weile anhält). Beispielsweise haben wir festgestellt, daß es in unserem Arbeitszimmer zu dunkel zum Lesen ist und schalten nun eine Lampe an. Die charakterisierende physische Reizdimension ist die sehr kurze *Zeit*, die der Zustandswechsel braucht. Grafisch stellt man diese abrupte Änderung meist so dar, daß man eine Zeitdimension als horizontale Linie aufträgt und eine Zustandsdimension als vertikale. Beim Beispiel des Licht-Einschaltens ändert sich im Verlaufe der Zeit das Niveau der Zustandsdimension Licht fast übergangslos von einer Höhe auf eine andere (erstes Symbol in Abb. 6-7). Wir kennen noch ganz andere plötzliche Ereignisse, beispielsweise einen Blitz, den oft dazugehörigen Donner, das plötzliche Aussetzen eines Dauergeräuschs usw. In diesen Fällen ändert sich das Niveau der Zustandsdimension nur für kurze Zeit (Symbole 2-4 in Abb. 6-7).

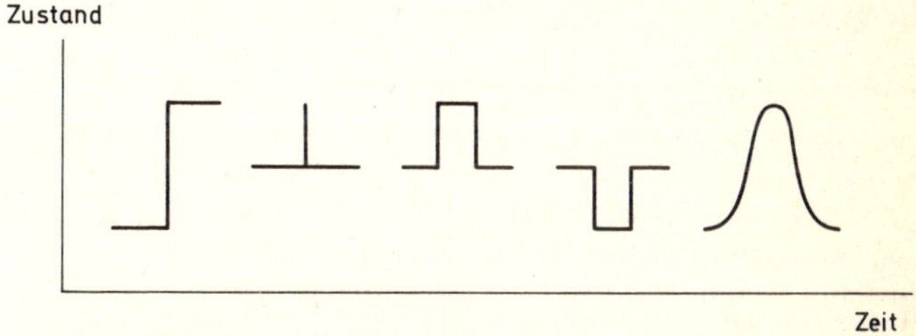

Abb. 6-7: Aperiodische Zustandsänderungen

All diese Beispiele beschreiben in der Sprache der Physik sogenannte *aperiodische plötzliche Ereignisse*; aperiodisch nennt man sie deshalb, weil sie unregelmäßig auftreten (im Gegensatz zu periodisch auftretenden), »plötzlich« deshalb, weil die Zustandsänderung praktisch übergangslos geschieht (im Gegensatz zu einer kontinuierlichen Zustandsänderung). Sowohl die Unterscheidung zwischen periodischen und aperiodischen Ereignissen als auch die zwischen plötzlichen und kontinuierlichen Ereignissen ist jedoch teilweise willkürlich, sie hängt weitgehend von der zeitlichen »Korngröße« ab, mit der man die Ereignisse betrachtet. So kann man z. B. den Stundenschlag einer Uhr als periodisch auftretendes Geräusch bezeichnen, weil es eben regelmäßig jede Stunde auftritt

– betrachtet man jedoch einen kürzeren Zeitabschnitt, so ist der in diesen Abschnitt fallende Stundenschlag ein aperiodisches Ereignis. Ein schlagartig auftretendes Geräusch kann man in der Sprache der Physik meist auch als kontinuierlich sich ändernd beschreiben, wenn man nur die zeitliche Auflösung sehr fein macht. Umgekehrt geschieht der Übergang von kaltem zu kochendem Wasser innerhalb von Minuten und wird deshalb meist als kontinuierlich betrachtet; ändert man aber den Zeitmaßstab auf Stunden-Einheiten, geschieht derselbe Übergang relativ plötzlich.

Die bisher dargestellten Ereignisse waren aperiodisch insofern, als wir davon ausgegangen sind, daß sie innerhalb eines Betrachtungszeitraums nur einmal vorkamen. *Periodisch* auftretende Reize werden selten als Kette von Einzelereignissen wahrgenommen, sondern eher als *ein* Ereignis. Als Beispiele für periodische Zustandsänderungen kann man sich eine ständig blinkende Glühlampe, das fortlaufende »Tatü-Tata« einer Feuerwehrhupe oder anderes vorstellen. Vielfach findet man auch Mischungen aus den hier vorgestellten einfachen Beschreibungen: beispielsweise kann man den Übergang vom kalten zum kochenden Wasser als langsam und aperiodisch im Sinne einer Veränderung von einem stabilen Temperaturniveau auf ein anderes beschreiben, aber das minutenlange Blubbern und Wirbeln des Wassers während des Siedens als periodische Wasserbewegung. Das Ereignis »Wasserkochen« umfaßt also periodische und aperiodische Komponenten, die gleichzeitig wirken, zudem sind während des Ereignisses verschiedene Bewegungen gleichzeitig zu sehen: Luftbläschen steigen vom Topfboden an die Wasseroberfläche, diese Luftbläschen lösen sich dort auf, Dampf steigt von der Wasseroberfläche in die Luft und löst sich dort auf, an der Wasseroberfläche zeigen sich quirlige Auf- und Abbewegungen von blasenartigen Wasser-Teilflächen.

Strenggenommen handelt es sich um zwei verschiedene Klassen von Ereignissen: einerseits um *Bewegungen* (Blasen, Dampf, Wasseroberfläche), andererseits um *Zustandsänderungen* (Blasen und Dampf lösen sich in Luft auf). Wir können nun fragen, *wie* wir Bewegungen und Zustandsänderungen wahrnehmen können.

6.4.2. Wie nehmen wir Bewegungen wahr?

Zunächst kann man feststellen, daß zur Wahrnehmung einer Bewegung nicht notwendigerweise eine reale Bewegung in der Außenwelt stattfinden muß. Beispielsweise kennen wir alle sog. »Lauflichter«: wenn zwei oder mehr nebeneinander befindliche

Lampen nacheinander ein- und wieder ausgeschaltet werden, haben wir oft den Eindruck, daß das Licht von einer Lampe zur anderen »springt« (das nennt man stroboskopische Bewegung). Oder wenn in einer windigen Nacht die Wolken am Mond vorbeiziehen, scheint sich der Mond zu bewegen (das nennt man induzierte Bewegung).

Das Beispiel der induzierten Bewegung, bei der die reale Bewegung eines größeren Umfeldes eine Scheinbewegung der kleineren Figur induziert, weist schon darauf hin, daß bei der Bewegungswahrnehmung Umfeld-Effekte von großer Bedeutung sind, und dies trifft auch für die Wahrnehmung realer Bewegungen zu: wir sehen Bewegung immer *in Relation* zu einem Umfeld, und die Geschwindigkeit der wahrgenommenen Bewegung eines Objektes hängt von der wahrgenommenen Geschwindigkeit des Umfeldes ab. Wenn Objekt und Umfeld sich mit gleicher Geschwindigkeit in dieselbe Richtung bewegen, scheint das Objekt auf dem Umfeld stillzustehen, bewegen sich Umfeld und Objekt in entgegengesetzte Richtung, scheint uns die Bewegung des Objektes schneller als im Falle eines ruhenden Umfeldes. Wenn das Objekt sich mit konstanter physischer Geschwindigkeit in die Nähe der Grenzen des Umfeldes bewegt, wird es dort scheinbar schneller.

Wir können also annehmen, daß unser Wasser kochender Beispiel-Mensch die Bewegung der Luftbläschen und die Bewegung des Dampfes unterschiedlich wahrnimmt: der feststehende Topfboden bildet das Umfeld für die aufsteigenden Luftbläschen, und wenn die Bläschen mit konstanter physischer Geschwindigkeit aufsteigen, wird man dennoch zunächst eine Beschleunigung der Luftbläschen beim Lösen vom Boden sehen, dann ein etwas langsameres konstantes Aufsteigen bis in die Nähe der Wasseroberfläche, und bei dieser Annäherung wird die wahrgenommene Geschwindigkeit wieder größer. Dagegen wird der aufsteigende Dampf teilweise auf dem Hintergrund des feststehenden Topfes, teilweise vor der schnellen Auf- und Abbewegung des Wassers gesehen, solange er sich in der Nähe des Topfes befindet – die Bewegung des Dampfes ist zwar ohnehin physikalisch langsamer als die der Luftbläschen, aber sie würde auch dann langsamer erscheinen, wenn sie physikalisch gleich schnell wäre, weil sie relativ zum schnellen Umfeld der Wasseroberfläche gesehen wird.

Sie werden fragen, *warum* sich die Bewegung eines Objektes scheinbar beschleunigt, wenn sie sich in der Nähe einer Grenze befindet. Offenbar sind an diesem Wahrnehmungsergebnis zwei verschiedene Prozesse beteiligt: erstens die Relativierung der wahrgenommenen Geschwindigkeit durch benachbarte (hier feststehende) Bildelemente, und dieser Effekt ist um so größer, je näher die Elemente beeinander sind, zweitens eine Eigenschaft, die Runeson (1974) als Unterschied zwischen »natürlichen« und »künstlichen« Bewegungen herausgearbeitet hat:

Wenn man einen Lichtpunkt mit konstanter Geschwindigkeit (und ohne Anstoßen an Grenzen) über einen Fernsehbildschirm laufen läßt, dann wird diese konstante Geschwindigkeit als variabel angesehen: zuerst als beschleunigt, dann als konstant. Läßt man einen Lichtpunkt dagegen erst langsam, dann beschleunigt laufen, dann wird dies als »natürliche« und konstante Bewegung gesehen. Beim Übergang zum Stillstand geschieht etwas Analoges: »natürliche« Bewegungen halten nicht abrupt an, sondern kommen erst nach einer Verzögerung zum Stillstand.

Bei der visuellen Wahrnehmung von Bewegungen spielt offenbar die Erfahrung eine Rolle, die wir mit realen Objekten gemacht haben: wenn sie aus dem Stand heraus gegen die von der Erdanziehung beeinflußte Trägheit beschleunigt werden müssen, dann gehen sie nicht abrupt vom Stillstand in eine konstante Bewegung über, sondern erst nach einer allmählichen Beschleunigungsphase, und Bewegungen, die dieser Regel *nicht* folgen, erscheinen uns *unnatürlich*.

Zu den eindrucksvollsten Untersuchungen der Ereigniswahrnehmung gehören Analysen *biologischer* Bewegungen: u. a. hat Johansson (1973) an den wichtigsten Körpergelenken eines Menschen Lichtpunkte befestigt (z. B. an der Schulter, am Ellbogen, am Handgelenk, an Hüfte, Knie und Fußknöchel), diesen Menschen laufen lassen und ihn dabei so gefilmt, daß von ihm keine Umrisse oder Konturen zu sehen waren, sondern nur die Lichtpunkte (siehe Abb. 6-8). Ähnliche Aufnahmen wurden auch mit anderen Lebewesen gemacht. Alle Untersuchungspersonen, die diesen Film sahen, konnten genau angeben, um welches Lebewesen es sich handelte, ob die Person langsam oder schnell ging, ob sie rannte, tanzte oder sprang.

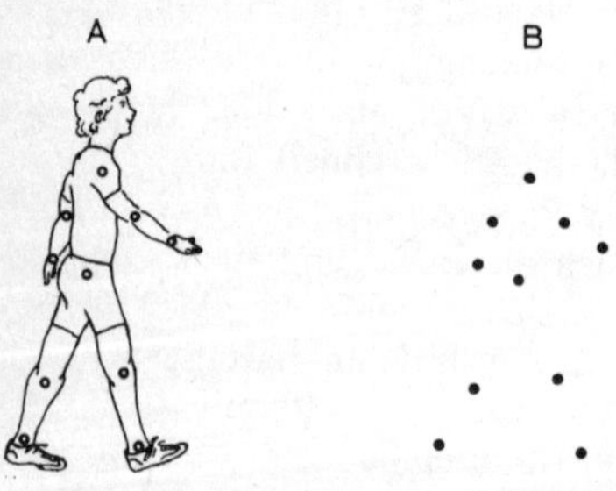

Abb. 6-8: Umrißzeichnung (A) einer gehenden Person. B zeigt die Konfiguration der Gelenke zu einem bestimmten Zeitpunkt

Wie kann es geschehen, daß 10 sich bewegende Punkte einen so lebendigen Eindruck realer Bewegungen vermitteln? Johansson meint, daß sicher die Erfahrung mit Bewegungen von Menschen und Tieren eine Rolle dabei spielt – allerdings haben wir in der Regel keine Erfahrung mit bewegten Lichtpunkten. Er nimmt an, daß automatische visuelle Gruppierungsprozesse ebenfalls eine große Rolle spielen: die Lichtpunkte bewegen sich regelhaft zueinander. Die jeweiligen Strecken zwischen den an den Gelenken befestigten Lichtpunkten bleiben konstant, und die Bewegung der unteren Lichtpunkte ist immer auch abhängig von der Bewegung der oberen Lichtpunkte: die Fuß- und Handgelenke schwingen (ähnlich Pendeln) um die Knie- bzw. Ellbogengelenke, diese wiederum schwingen um Schulter- bzw. Hüftgelenke. Dagegen bleibt die Höhe der Schultern und der Hüfte beim Laufen und Tanzen etwa konstant; beim Springen wird die ganze Gruppe der Lichtpunkte (Gelenke) in der Vertikalen verschoben. Solche regelhaften Beziehungen treten bei biologischen Bewegungen unabhängig von der Größe und Oberflächenbeschaffenheit (Fell, Kleidung) der Körper auf, und unser visuelles Wahrnehmungssystem hat gelernt, daß solche (abstrakten) Regeln spezifisch für biologische Bewegungen sind. Es nimmt die Regeln wahr und entnimmt ihnen die Information über das mit diesen Regeln verknüpfte bewegte Objekt.

Aber schnell zurück zu unserem Wasser kochenden Beispiel-Menschen: nachdem er nun an der Wasserbewegung gesehen hat, daß es kocht, kann er Tee aufbrühen und mit seiner Teetasse zum Schreibtisch zurückkehren. Dabei treten zunächst keine Wahrnehmungsprobleme auf, die wir nicht schon auf seinem Hinweg behandelt haben – bis auf eins: wenn er seine Tasse auf den Schreibtisch stellen will, unterschätzt er die Breite des für seine Tasse zur Verfügung stehenden Platzes. Obwohl der Platz zwischen zwei Schreibtischutensilien nach physikalischen Maßstäben ausreichen würde, um die Tasse abzustellen, rückt unser Mensch die Utensilien noch etwas auseinander, um mehr Platz zu schaffen, weil er sieht, daß dieser Platz nicht reicht.

6.5 Wahrnehmungstäuschungen

Also entspricht die visuelle Wahrnehmung doch nicht immer den physikalischen Tatsachen? Um diese Frage beantworten zu können, müssen wir erst klären, welche physikalischen Tatsachen gemeint sind: der »reine« Platz im Sinne der Tassenbreite oder der Platz, den unser Mensch braucht, um die Tasse sicher abstellen und zum Trinken wieder aufnehmen zu können, ohne zu kleckern oder etwas umzustoßen? Wenn wir die Funktion der Wahrnehmung vor allem darin sehen, Handlungen zu steuern, dann dürfte wohl die erste Täuschung auftreten, nicht aber die zweite, zumindest müßten »Fehleinschätzungen« immer so ausfallen, daß sie auf der für das Handeln »sicheren« Seite liegen: in unserem Beispiel dürfte der Platz nicht *über*schätzt werden, eher *unter*schätzt.

Leider sind Wahrnehmungstäuschungen selten im Zusammenhang mit Handlungen systematisch untersucht worden – in der Regel dürfen die Untersuchungspersonen nur abstrakte Strichzeichnungen ohne erkennbare Bodentextur auf weißem Papier beurteilen. In dieser Situation stellen sich eine Reihe sog. »geometrisch-optischer Täuschungen« ein, z. B. die berühmte *Müller-Lyer-Täuschung*, die darin besteht, daß man die Länge von Strichen mit *außen* liegenden Pfeilspitzen *überschätzt* gegenüber derselben Länge mit innen liegenden Pfeilspitzen (vgl. Abb. 6-9 a), oder die *Ponzo-Täuschung*, die darin besteht, daß man eine Gerade, die dichter an einem aufeinander zu laufenden Strich-Paar liegt, für größer hält als eine gleich lange Gerade, die weiter entfernt ist (vgl. Abb. 6-9 b).

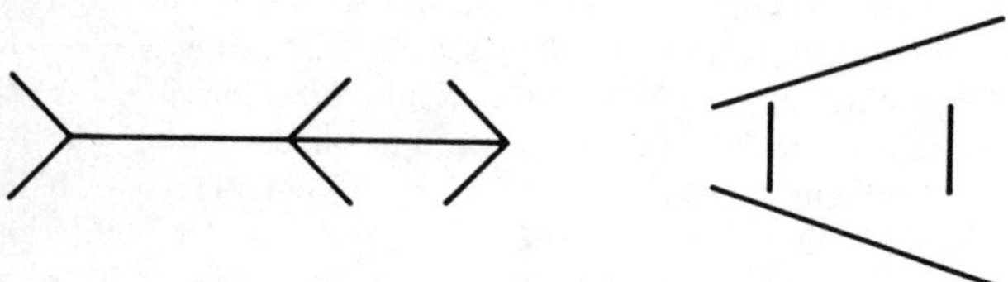

a b

Abb. 6-9: Müller-Lyer-Täuschung (a) und Ponzo-Täuschung (b)

Diese Art von Wahrnehmungstäuschung hat James Gibson (1966) als Untersuchungsmethode zur Erforschung der Wahrnehmung kritisiert, weil sie das Ergebnis widersprüchlicher oder unvollständiger Information für den Wahrnehmenden ist (vgl. auch Kap. 1). So werden die Teile a und b der Abbildung 6-9 vielfach dreidimensional gesehen; die Pfeilspitzen bei der Müller-Lyer-Täuschung werden dann als Teile unterschiedlich großer Objekte interpretiert, während die schräg aufeinander zu laufenden Geraden der Ponzo-Täuschung als perspektivische Linien (z. B. Eisenbahnschienen) gesehen werden und sich die dreidimensionale

Interpretation auch auf die beiden senkrechten Striche erstreckt. Es gibt aber darüber hinaus Fehleinschätzungen hinsichtlich der metrischen Eigenschaften von Objekten, welche auch in der realen dreidimensionalen Welt vorkommen – z. B. die »Vertikalen-Horizontalen-Täuschung« oder die »Mondtäuschung«. Wir können vermuten, daß unser Beispiel-Mensch beim Einschätzen des Platzbedarfs für seine Teetasse einer Art Vertikalen-Horizontalen-Täuschung unterlag.

Die Vertikalen-Horizontalen-Täuschung (oder auch kurz »Vertikalentäuschung« genannt) besteht in einer systematischen *Überschätzung vertikaler* bzw. *Unterschätzung horizontaler* Linien. Mit anderen Worten: von zwei Strichen bzw. Objekten, die physisch in der horizontalen und in der vertikalen Orientierung gleich lang sind, wird die Vertikale als länger eingeschätzt, bzw. die Horizontale als kürzer. Dieses Phänomen wird schon seit etwa 150 Jahren untersucht, ohne daß es bis heute eine vollständig befriedigende Erklärung dafür gäbe. Zunächst machte man die Asymmetrie der Augäpfel dafür verantwortlich, dann sprach man von »Raumwerten« der Netzhaut, wobei Distanzen zwischen Punkten im oberen Sehfeld größere räumliche Entfernung zugeschrieben wurden als denselben Distanzen im unteren Sehfeld, dann entwickelte Künnapas (1957) eine Sehfeld-Begrenzungstheorie, wonach vertikal erstreckte Gegenstände oder Linien unbewußt immer mit der zwar unscharfen, aber stets gegenwärtigen oberen Begrenzung unseres Sehfeldes verglichen werden, und er konnte in einem Experiment zeigen, daß dieser Faktor für etwa 30% des Ausmaßes der Vertikalen-Überschätzung verantwortlich ist. Andererseits zeigt sich die Täuschung auch im haptischen Bereich, so daß eine allein visuelle Erklärung unangemessen scheint. Im Rahmen der ökologischen Wahrnehmungsforschung müßte man vermuten, daß dieses Phänomen mit dem *Handlungsraum* zusammenhängt, der (ebenso wie der Sehraum) eine elliptische Form hat: horizontal erstreckte Objekte sind leichter erreich- und manipulierbar als vertikal erstreckte von gleicher Größe.

Unterstützt wird diese Vermutung durch ein Experiment, in dem reale Gegenstände (Bäume, Häuser, Mauersteine, Parkuhren, Nägel usw.) jeweils aus einer solchen Entfernung betrachtet wurden, daß ihre retinale Abbildung halbwegs konstant war. Dann sollten die Beobachter angeben, wo wohl die Spitze des Objektes liegen würde, wenn man es um 90 Grad drehen und auf die Erde legen würde. Auch hier zeigte sich im allgemeinen eine deutliche Überschätzung, jedoch war sie abhängig von der Größe der Objekte und ihrer Lage relativ zum Boden sowie vom Geschlecht der

Beurteiler: die größeren Objekte wurden stärker überschätzt; zwei Objekte, deren Fußpunkte nicht auf dem Erdboden lagen, wurden unterschätzt. Der nach der Objektgröße stärkste Effekt ging vom Geschlecht der Beobachter/innen aus: Frauen zeigten wesentlich stärkere Überschätzungen der Vertikalen. Zwar haben die Autoren (Chapanis & Mankin 1967) die Körpergröße der Untersuchungspersonen nicht berücksichtigt, jedoch kann man davon ausgehen, daß Frauen üblicherweise etwas kleiner sind als Männer, folglich auch über einen etwas kleineren Handlungsraum und etwas geringere Körperkräfte verfügen. Unter dieser Perspektive bekommt die Vertikalentäuschung einen funktionalen Sinn: Es ist für kleinere und körperlich schwächere Personen *sicherer*, vertikal erstreckte Objekte, deren »Umkippen« in die Horizontale durch die Instruktion betont wird, für größer zu halten als für längere und stärkere Personen.

Auch die sogenannte *Mondtäuschung* ist sicher jedem Leser bekannt: wenn der Mond tief am Horizont steht, wirkt er wesentlich größer als dann, wenn er hoch am Himmel steht. Dieses Eindrucks kann man sich auch dann nicht erwehren, wenn man weiß, daß der Mond seine Größe nicht ändert, bzw. wenn man Fotos macht und sich durch Ausmessen von der physisch konstanten Größe des Mondes in beiden Situationen überzeugt. Hierzu gibt es bereits ebenfalls sehr viele Untersuchungen, jedoch scheint eine funktionale Erklärung wie im Fall der Vertikalentäuschung nicht möglich – wer will den Mond schon anfassen? Es zeigt sich allerdings, daß für den enormen Überschätzungseffekt vor allem der Einfluß der *Bodentextur* verantwortlich ist: wenn der Mond im Zenit steht, ist für das menschliche Auge keine Bodentextur sichtbar.

Diese Textur, die uns im Normalfall des Sehens Größen- und Entfernungsinformation liefert, kommt erst dann zusammen mit dem Mond ins Bild, wenn er am (bzw. über dem) Horizont steht. Das Bezugssystem für seine Größenbeurteilung ist jetzt aber die Größe der am Horizont abgebildeten Objekte, und die sehen im Verhältnis zu ihm relativ klein aus, bzw. wirkt er sehr groß im Verhältnis zu ihnen. Systematische Untersuchungen mit der Lage des Mondes im Verhältnis zum Boden und zur Art der Bodentextur (Kaufman & Rock 1962) erbrachten eine eindeutige Stützung für die *Bodentheorie* der visuellen Wahrnehmung, nach der Größen- und Entfernungssehen im dreidimensionalen Raum vor allem von der Bodentextur abhängen, welche in der unteren Hälfte des Sehfeldes sichtbar ist.

6.6 Emotionale und soziale Einflüsse auf die Wahrnehmung

Im bisherigen Text sind wir davon ausgegangen, daß Wahrnehmungsphänomene für alle Menschen gleich sind, so daß man nicht zwischen verschiedenen Gruppen von Menschen oder gar unterschiedlichen Zuständen eines einzelnen Menschen zu unterscheiden braucht. Dies kann als Grundaussage der sog. Allgemeinen Psychologie auch stehen bleiben, jedoch haben wir auch schon in diesem Text Unterschiede zwischen Menschen gesehen – so etwa die Altersabhängigkeit der Reaktion auf die »visuelle Klippe« (s. Kap. 3) und die Beinlängen-Abhängigkeit der Wahrnehmung von Treppenstufen (s. Kap. 6.2). In diesen Fällen handelt es sich um Abhängigkeiten der Wahrnehmung von *biologischen* Zuständen, nicht um individualpsychologische, situative oder soziale Faktoren. Aber auch diese können in die gesetzmäßigen Beziehungen zwischen physikalischen und psychischen Zuständen eingreifen.

Im Jahre 1947 erschien eine Arbeit von Bruner & Goodman, die plausibel machte, daß emotionale bzw. soziale Bewertungen Urteile über wahrnehmbare Aspekte von Objekten beeinflussen. Die Autoren ließen 10 Kinder aus wohlhabenden Familien und 10 aus ärmeren Familien die Größe verschiedener Münzen schätzen, und eine gemischte Gruppe von 10 Kindern schätzte zur Kontrolle die Größe von vergleichbar großen Pappscheiben ein. Es stellte sich heraus, daß erstens kleinere Objekte für etwas kleiner und größere Objekte für etwas größer gehalten werden, als sie physikalisch sind (diese Abweichung beträgt bis zu 5 Prozent), zweitens, daß generell Münzen für größer gehalten werden als Pappscheiben (die Überschätzung beträgt im Durchschnitt 25 Prozent) und daß drittens Kinder aus ärmeren Familien die Münzen noch mehr überschätzen (bis 52%) als Kinder aus reicheren Familien (bis 22%). Dabei war die Überschätzung der Münzen generell größer, wenn die Münzen aus dem Gedächtnis geschätzt werden sollten, als wenn sie real vorlagen.

Ohne zu fragen, ob ähnliche Ergebnisse auch in einem Handlungskontext erzielt werden könnten (z. B. beim Einwerfen von Münzen in Automaten, beim »Eintauschen« gegen unterschiedlich hoch bewertete Objekte usw.), werden die Befunde in der Regel so interpretiert, daß die Einschätzung der Größe eines Objektes wohl seiner tatsächlichen physikalischen Größe folgt, aber außerdem mit zunehmendem (gesellschaftlich definiertem) *Wert* positiv verzerrend beeinflußt wird. Der Wert eines Objektes hängt stark von seiner Verfügbarkeit ab: kleinere Geldbeträge sind für alle Menschen leichter verfügbar als größere, und für wohlhabende Menschen ist Geld generell leichter verfügbar als für arme Menschen. Folglich sind gleiche Geldbeträge für arme Menschen mehr wert als für wohlhabende. Man kann dies auch anders beschreiben und sagen, daß die Größe von Objekten auch durch das *Bedürfnis* des Wahrnehmenden nach dem Objekt mitbestimmt wird.

Aus dieser Untersuchung, die in der Folgezeit vielfach wiederholt und variiert wurde (in Deutschland z. B. von Holzkamp & Perlwitz 1966), entwickelte sich eine Forschungstradition, die sich mit Einflüssen der *Bewertung* von Objekten oder Personen auf deren Wahrnehmung und Beurteilung beschäftigt. Die ursprüngliche Auffassung von Bruner & Goodman, es handle sich bei der Größenschätzung um eine *absolute* »Vergrößerung« der Schätzung mit zunehmendem Wert des Objektes, mußte jedoch revidiert werden zugunsten der Annahme einer *relativen Akzentuierung*: erstens kann die tatsächliche Größe von Objekten auch *unter*schätzt werden, wenn sie negative Werte symbolisiert, zweitens sind die Größen-Urteile *innerhalb* einer Klasse ähnlich bewerteter Objekte ähnlicher als es ihren physischen Unterschieden entspricht, und *zwischen* zwei in der Größe ähnlichen (aber unterschiedlich bewerteten) Klassen von Objekten sind die Größen-Urteile drastisch verschieden (Tajfel & Wilkes 1963). Wir haben hier eine Parallele zur *kategorialen* Wahrnehmung: physikalische Unterschiede innerhalb einer bestimmten Klasse werden vernachlässigt, aber zwischen den Klassen betont (vgl. auch Kap. 7.6).

Emotionale Bewertungen können auch Einfluß auf die *Entdeckbarkeit* von Wörtern und Objekten haben: wenn man in einem Experiment einzelne »positive« oder »negative« Wörter so kurzzeitig zeigt, daß diese Wörter gerade eben erkannt werden können, stellt sich oft heraus, daß die Versuchspersonen die positiven Wörter schneller vorlesen als die negativen. Allerdings spielt dabei die Häufigkeit, mit der die Wörter verwendet werden, eine große Rolle: positive Wörter werden in unserer Sprache häufiger benutzt als negative, und generell werden häufiger vorkommende Wörter schneller erkannt als selten vorkommende. Vergleicht man nur solche positiven und negativen Wörter, die in der Umgangssprache häufig benutzt werden, dann zeigen sich keine Unterschiede im Erkennen und Benennen. Benutzt man sinnlose Silben, deren negative oder neutrale Bedeutung Versuchspersonen im Experiment lernen, dann sind die Erkennenszeiten für negative Silben tatsächlich länger als für neutrale. Dieser Unterschied gilt aber nur, sofern aus dem Erkennen oder Nicht-Erkennen keine Konsequenzen für die Wahrnehmenden folgen: wenn Versuchspersonen eine Bestrafung dadurch vermeiden können, daß sie die Wörter schneller erkennen und vorlesen, verschwindet der Unterschied zwischen negativen und neutralen Wörtern (Reece 1954). Auch dieses Ergebnis zeigt, daß Wahrnehmen und Handeln in engem Zusammenhang betrachtet werden müssen.

Noch deutlicher wird dieser Zusammenhang, wenn wir emotionale Einflüsse auf die Wahrnehmung von *Objekten* betrachten: Wir wissen aus unserer Alltagserfahrung, daß wir beim Herumlaufen in der Welt sehr viele Dinge nicht bewußt wahrnehmen. So können wir auf unserem täglichen Weg zur Arbeit an Litfaßsäulen und Briefkästen vorbeilaufen und würden es nicht einmal bemerken, wenn sie plötzlich abgebaut wären. Wenn wir sie aber zum Handeln brauchen, werden wir sie sofort sehen (bzw. ihr Fehlen sofort bemerken). Wenn wir einen Brief einstecken wollen, entgeht uns auch in sonst unbekanntem Gelände kaum ein Briefkasten. Allerdings ist auch hier zu sagen, daß das *Aussehen* des Briefkastens wichtiger ist als der Einfluß des spezifischen Handlungsbedürfnisses: wenn der Kasten grau und von seinem Hintergrund schwer zu unterscheiden ist, werden wir ihn auch dann schwerer als einen gelben oder roten Kasten entdecken, wenn wir ihn dringend brauchen.

Der Einfluß emotionaler und sozialer Faktoren ist bei der Wahrnehmung von *Personen* zunächst allein von der Sozialpsychologie untersucht worden – allerdings war die Untersuchungstechnik lange Jahre dem Problem nicht angemessen: man hat nicht Personen selbst betrachten lassen, sondern nur Listen mit Eigenschaftswörtern zur Beschreibung von Personen benutzt und untersucht, wieweit diese Beschreibungen Einfluß auf die Verarbeitung weiterer (meist verbaler) Informationen über diese Menschen hat. Nach den Untersuchungsergebnissen solcher Studien hängt die »Wahrnehmung« (eher Beurteilung) von Personen stark von situativen und Gedächtnisfaktoren im Wahrnehmenden selbst ab (vgl. z. B. Warr & Knapper 1968). Spätere, eher kognitionspsychologisch orientierte Untersuchungen (z. B. Gati & Tversky 1984, Hastie et al. 1980) haben u. a. gezeigt, daß verbale Information über Menschen systematisch andere Auswirkungen auf die Personenwahrnehmung hat als das Zeigen von Dias oder Filmen bzw. die direkte Konfrontation mit anderen Menschen.

Im Rahmen des ökologischen Ansatzes der sozialen Wahrnehmung werden die hier genannten Untersuchungsansätze kritisiert, weil die Wahrnehmungsleistungen niemals in einem Handlungskontext stehen – die Schätzungen müssen unabhängig von der üblichen Funktion der Wahrnehmung bei der Handlungssteuerung abgegeben werden. In den eigenen Arbeiten beschäftigt man sich mit »einfacheren« Wahrnehmungsleistungen an realen oder gefilmten Menschen, z. B. mit der Wahrnehmung der Information, die in menschlichen Gesichtern, Bewegungen, Gesten und Stimmen enthalten ist: Dies ist nicht einfach eine Neuauflage der historischen »Ausdruckspsychologie«, die z. B. die Übermittlung von Emotionen durch (statische) Gesichtszüge untersucht, sondern jetzt wird gefragt, welche vielfältigen Informationen an handelnden Menschen zu entdecken sind und welche Handlungsmöglichkeiten ein Betrachter diesen wahrnehmbaren Menschen gegenüber hat. Eine Einführung in diesen Themenkreis bieten McArthur & Baron (1983).

Beispielsweise kann man die Geschlechtszugehörigkeit eines Menschen allein auf Grund seiner Bewegungen sehr genau angeben – auch dann, wenn die zu beobachtenden Menschen das jeweils andere Geschlecht »spielen« (z. B. Runeson & Frykholm 1986); man erkennt Menschen an ihren Gesichtern auch dann wieder, wenn sie um Jahrzehnte gealtert sind (vgl. Shaw & Pittenger 1977), und die Stimmung eines Menschen kann man auch unabhängig von seinem Alter ziemlich genau an seinem Gang erkennen (Montepare & McArthur 1988). Bei diesen und anderen Untersuchungen wurde jeweils gezeigt, daß ganz bestimmte invariante physikalische Bedingungen (z. B. die Art des Anhebens der Füße und die Relation der Fußbewegung zur Bewegung des Knöchels) Informationen über Eigenarten des sich bewegenden Menschen bieten. Die Forschung steht hier allerdings noch ziemlich am Anfang.

7. Grundlegende Leistungen des Hörsystems

Im ersten Kapitel dieses Buches wurde dargestellt, daß der banale Satz, der Mensch habe sich für das Leben auf der Erde entwickelt und bewege sich dort, für unsere Wahrnehmung ganz entscheidende Konsequenzen hat. Wir müssen vor allem Information aufnehmen und verarbeiten, die *auf* der Erde entsteht und für unser Handeln hier wichtig ist – das gilt für die visuelle Information, die wir im 6. Kap. behandelt haben, ebenso wie für die *auditive Information*, die nun zu besprechen ist.

Die Informationen, die unser Gehör aufnehmen kann, sind *physikalisch* als schnell wechselnder Luftdruck zu bezeichnen. Wenn dieser Wechsel zwischen 20mal und 20 000mal in der Sekunde vonstatten geht, spricht man von Schallwellen. Wenn diese Wellen mit einer Intensität zwischen 10^{-13} und 100 Watt pro Quadratmeter unser Ohr treffen und mindestens 10 bis 20 Tausendstelsekunden lang sind, können wir sie in der Regel wahrnehmen – dabei gibt es Einschränkungen, die später dargestellt werden.

Die *psychologisch* wichtigen Informationen, die unser Gehör den Schallwellen entnehmen kann, betreffen vor allem den *Ort* der Schallentstehung, Veränderungen in der *Zeit* und die *Identifikation der Quelle* bzw. die Bedeutung des Schalls. Dabei greift zwar eine Vielzahl von Codier- und Analyse-Prozessen auf dem Wege vom Außenohr zum Gehirn ineinander, jedoch kann man durch eingehende Analysen der Schall- und Verhaltensbedingungen auch einen sehr deutlichen Zusammenhang zwischen physikalischen Schallereignissen und Wahrnehmungsergebnissen zeigen.

Obwohl ein reales Geräusch aus vielen *gleichzeitig* wirkenden physikalischen Komponenten besteht (z. B. aus verschiedenen Tonfrequenzen unterschiedlicher Intensität, Abstrahlrichtung und Zeitstruktur), wollen wir hier die verschiedenen Komponenten *nacheinander* behandeln.

7.1 Wahrnehmung der Lautstärke

Wir wissen alle, daß wir dasselbe Geräusch in sehr unterschiedlichen Situationen als unterschiedlich laut wahrnehmen. Beispielsweise kann uns nachts das Ticken eines alten Weckers beinahe den Schlaf rauben, während wir es tagsüber aus der üblichen Geräuschkulisse gar nicht heraushören können und den Wecker direkt ans Ohr halten müssen, um das Ticken wahrzunehmen. Anderseits finden wir leises Pfeifen auffälliger als ebenso leises Brummen, Geräusche vor uns hören wir besser als Geräusche hinter uns, und unseren eigenen Namen hören wir auch in einer lauten Umgebung besser als fremde Namen.

Wie diese Beispiele andeuten, ist die wahrgenommene Lautstärke (die man auch *Lautheit* nennt) abhängig von mindestens sechs Faktoren: der physikalischen *Schallenergie* der Schallquelle, der *Frequenzzusammensetzung* (Klangfarbe), der *Entfernung* des Ohres von der Schallquelle, der *Richtung* der Schallquelle in bezug auf unser Ohr, dem *Umgebungsgeräusch* und der *Bedeutung* des Schalls für uns.

Jeder Schall braucht eine *Mindestlautstärke*, damit wir ihn wahrnehmen können; diese ist in der Regel von der Frequenzzusammensetzung des Geräuschs abhängig. Betrachten wir einmal den technisch einfachen Fall eines Sinustons von 2000 Schwingungen pro Sekunde (2000 Hertz, abgekürzt 2000 Hz oder 2 KHz), der in einem reflexionsarmen (»schalltoten«) Raum von einem Kopfhörer abgestrahlt wird. Ein *Sinuston* ist ein Ton, der nur eine einzige Frequenz hat – während übliche Geräusche aus vielen Frequenzen gleichzeitig bestehen. Für diesen 2000-Hertz-Ton ist unsere Hörempfindlichkeit sehr groß, während Töne, die deutlich höher oder tiefer liegen, eine weitaus größere Energie benötigen, um vom Menschen wahrgenommen zu werden.

In der Abbildung 7-1 ist in der untersten Kurve der Zusammenhang zwischen Mindestenergie und Wahrnehmbarkeit von Sinustönen (Minimum Audible Field) in Abhängigkeit von ihrer Frequenz dargestellt. Man nennt diese *unterste Kurve* auch »absolute Hörschwelle«. Diese Kurve gilt für jugendliche männliche Hörer – mit zunehmenden Alter wird das Gehör (besonders bei Männern in unserer Industriegesellschaft) immer weniger empfindlich.

Die Kurven in Abb. 7-1 beschreiben den Zusammenhang zwischen der physikalischen Energie und den Urteilen von menschlichen Hörern, daß die Töne »gleich laut« sind. Alle Kurven sind *Kurven gleicher Lautheit*, das bedeutet, daß alle Töne, die auf einer

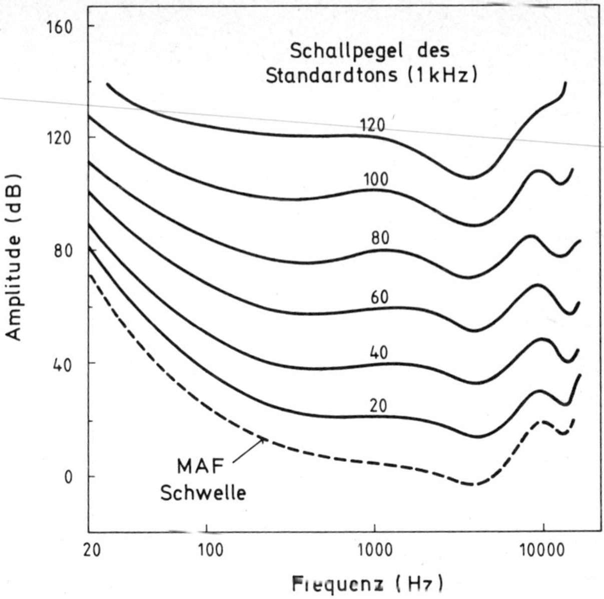

Abb. 7-1: Die Hörschwelle und Kurven gleicher Lautheit

Linie liegen, von menschlichen Hörern als gleich laut beurteilt werden – man braucht also beispielsweise für einen Ton mit der Frequenz von 1 KHz wesentlich weniger Energie als für einen (subjektiv) gleich lauten Ton mit einer Frequenz von 100 Hz oder 10 000 Hz. Auffällig ist, daß die unteren Kurven ziemlich »wellig« aussehen und ein deutliches Minimum bei etwa 2000 Hz haben, während die darüberliegenden Kurven mit zunehmender physikalischer Energie immer flacher werden. Die Lautheit von Geräuschen wird also mit zunehmender physikalischer Lautstärke immer weniger frequenzabhängig – sie ist bei Lautstärken in der Nähe der Schmerzgrenze nahezu linear.

Die physikalische Maßeinheit für Lautstärke (die Ordinate in Abb. 7-1) wird meist in *Dezibel* (dB) angegeben. Das ist eine relative und logarithmische Größe, die das Verhältnis eines gemessenen physikalischen Schalldrucks zu einem willkürlich festgelegten Schalldruck angibt. Bei dem willkürlich festgelegten Bezugspunkt handelt es sich oft um jenen Schalldruck, der an der durchschnittlichen »absoluten Hörschwelle« für 1000 Hz herrscht. Null Dezibel (0 dB) kennzeichnen also diese »Schwelle«, während 40 dB jenen Geräuschpegel beschreibt, der an unserem Ohr bei normalen Gesprächen herrscht; etwa 90 dB hat ein schwerer Lastwagen in 7 Meter Entfernung. Typische dB-Werte für Spitzenpegel in einem Meter Abstand von der Schallquelle sind in der Tab. 7.1 wiedergegeben. Bei diesen dB-Werten wurde »gehörrichtig« (in dB(A)) gemessen, d. h. die sehr hohen und sehr tiefen Tonfrequenzen erhalten weniger Gewicht als die mittleren.

Standlauf von Düsenflugzeugen	105-130
Preßlufthammer	90-105
LKW im Stadtverkehr	70-90
PKW im Stadtverkehr	65-85
Schreibmaschine	55-65
»Zimmerlautstärke« von Rundfunk und Fernsehen	50-60
normales Gespräch	40-55
üblicher Hintergrundschall im Hause	30-42

Quelle: Umweltbundesamt

Tab. 7.1: Typische Schallpegel in db(A), 1 Meter Abstand

Die logarithmische dB-Skala ist recht unhandlich, hat sich aber international durchgesetzt. Man muß beachten, daß 80 dB nicht doppelt so laut sind wie 40 dB, sondern daß 50 dB etwa doppelt so laut sind wie 40 dB, und wenn zwei identische Schallquellen gleichzeitig aktiv sind, darf man ihre Schallpegel nicht einfach addieren – die Gesamtlautstärke erhöht sich nur um 3 dB gegenüber den Einzellautstärken.

In den vorigen Absätzen stehen die Begriffe »Schwelle« bzw. »absolute *Hörschwelle*« immer in Anführungszeichen, um kenntlich zu machen, daß es sich hier um nicht ganz korrekte Bezeichnungen handelt. Gemeint ist mit dieser Bezeichnung jener Schallpegel, der bei einem Menschen notwendig ist, um ihn sagen zu lassen, daß er einen Sinuston gerade eben hört. Das Problem dieser Begriffe liegt im Wort »Schwelle«, das sich aus der inzwischen als unhaltbar erwiesenen Vorstellung ableitet, es gäbe eine Intensität, unterhalb derer ein Mensch *gar nichts* hört und oberhalb derer er *den Testton* hört. Heute wissen wir, daß wir immer irgendetwas hören (und sei es nur das Rauschen unseres Blutes), jedoch je nach Situation unterschiedliche *Entscheidungskriterien* dafür anlegen, ob wir außer dem »Grundrauschen« noch etwas anderes hören, und ob dieses andere der Testton ist oder nicht. Deshalb ist die »Hörschwelle« keine feststehende Größe, sondern abhängig von der üblichen Adaptation an den Umgebungspegel und von der Bereitwilligkeit des Menschen, sich für oder gegen das

Urteil »ich höre den Ton« zu entscheiden. Ein Mensch, der eine Schwerhörigkeitsrente beantragt, wird sich erst dann für das positive Hör-Urteil entscheiden, wenn er den Ton ganz sicher hört (also bei höheren Pegeln), während ein Mensch, der sein Gehör als besonders leistungsfähig einschätzt, schon bei niedrigeren Pegeln »ja« sagt.

Auch bei der sog. »objektiven Audiometrie«, die mit Hilfe der elektrischen Potentiale, die sich an der Schädeloberfläche eines Hörers in Abhängigkeit von der Art der Informationsverarbeitung bilden, eine Entscheidung über die Empfindlichkeit des Gehörs treffen will, stellt sich das Problem – jetzt aber auf der Seite des Mediziners bzw. Computer-Programmierers, der entscheiden muß, ob die zittrige Kurve des Hirnpotentials für oder gegen die auditive Informationsverarbeitung spricht. Die »Hörschwelle« ist also keine objektiv feststellbare Grenze, unterhalb derer gar keine Hörwahrnehmung erfolgt, sondern eher eine willkürliche Ja/Nein-Entscheidung über einen an sich kontinuierlichen Übergang zwischen »Gar nicht Hören« bis »Sehr laut Hören«.

Die Feststellung, etwas nicht/wenig/mittel/ziemlich/sehr laut zu hören, hängt natürlich systematisch mit der physikalischen Lautstärke zusammen: unter sonst gleichen Umständen ist die Lautheit um so größer, je höher die physikalische Lautstärke ist. Dabei besteht zwischen der physikalischen Lautstärke-Dimension und der psychologischen Lautheitsdimension allerdings keine 1:1-Beziehung, sondern im allgemeinen eine sog. Potenz-Funktion: die Lautheit verdoppelt sich, wenn die Lautstärke um etwa 10 dB zunimmt. Beispielsweise wird ein Geräusch von 70 dB Lautstärke als halb so laut wahrgenommen wie dasselbe Geräusch mit 80 dB Lautstärke. Allerdings sind die individuellen Unterschiede zwischen verschiedenen Hörern bei der Lautheitsbeurteilung sehr groß.

Der Hinweis auf die »sonst gleichen Umstände« ist gerade bei der Lautheitsbeurteilung sehr wichtig. Wir haben ja in den Kurven gleicher Lautheit schon gesehen, daß die Lautheit stark *frequenzabhängig* ist, so daß sehr hohe und sehr tiefe Töne (z. B. 10 KHz oder 100 Hz) bei physikalisch gleicher Lautstärke sehr viel weniger laut erscheinen als ein mittelhoher Ton (z. B. 1 KHz). Wichtig ist außerdem die *Entfernung* der Schallquelle vom Ohr (Lautstärke und Lautheit halbieren sich mit dem Quadrat der Entfernung), die *Richtung* des Schall-Einfalls (frontal eintreffende Schalle sind lauter als von hinten kommende, d. h. man mußte immer die Lautstärke *in* der Ohrmuschel kennen), weiterhin die *Dauer* des Signals (bei Schallimpulsen mit Dauern unterhalb von 200 msec sinkt die

Lautheit mit abnehmender Dauer), und schließlich die Lautstärke sowie die Frequenzzusammensetzung des *Umgebungsgeräuschs*. Mit dem letztgenannten Faktor wollen wir uns etwas näher befassen.

Wir wissen aus unserer Alltagserfahrung, daß laute Geräusche im allgemeinen die leiseren *verdecken* (man sagt auch »maskieren«): wenn beispielsweise ein Flugzeug über unser Haus brummt, können wir die Nachrichten im Radio nicht mehr verstehen. Wir wollen hier nicht den Ärger diskutieren, den dieser unwiederbringliche Informationsverlust in uns auslöst, wohl aber darüber, unter welchen Umständen solche Verdeckung eintreten kann. Dabei benutzen wir wieder technisch leicht kontrollierbare Informationen:

Wenn wir ein Breitbandrauschen (das ist ein Geräusch mit annähernd gleicher physikalischer Energie bei allen hörbaren Frequenzen) als Dauergeräusch mit einer bestimmten Lautstärke hören und einen Sinuston mit 1 KHz Frequenz in seiner Lautstärke so einstellen, daß wir ihn gerade eben hören, werden wir feststellen, daß der Ton etwa 20 dB mehr Lautstärke als das Rauschen haben muß, um gehört zu werden. Wählen wir einen höheren Sinuston, muß seine Lautstärke noch etwas höher sein, d. h. das Rauschen verdeckt hochfrequente Töne stärker als niederfrequente. Dieser frequenzabhängige Verdeckungseffekt gibt wichtige Aufschlüsse über die Art der gegenseitigen Beeinflussung von Tönen, die uns gleich noch stärker beschäftigen wird. Ansonsten ist der Verdeckungseffekt des Rauschens oberhalb von 400 Hz Prüffrequenz direkt abhängig von der Lautstärke des Rauschens: erhöht man z. B. die Lautstärke des Rauschens um 10 dB, steigt auch die »Hörschwelle« für den Testton um 10 dB. (Man braucht für die Verdeckung aber nicht immer breitbandige Geräusche, denn zum Verdeckungseffekt trägt nur ein schmales Frequenzband um den Testton herum bei). Modernere Schallmeßverfahren, wie etwa das Sone-Verfahren nach Zwicker (1985), berücksichtigen u. a. die Verdeckungseigenschaften der Frequenzanteile von Geräuschen.

Die Feststellung, daß sich gleichzeitig vorhandene Tonfrequenzen in einem Geräusch gegenseitig verdecken – und zwar in Abhängigkeit vom *Frequenzabstand* der Prüftöne, hat zu dem wichtigen Konzept der *kritischen Frequenzbänder* geführt: wenn die hörbaren Frequenzkomponenten eines Geräusches im Frequenzbereich *weit auseinander* liegen, verdecken sie sich *nicht* gegenseitig; sobald sie aber nahe beieinanderliegen, verdecken sie sich gegenseitig, was dazu führt, daß das Geräusch bei gleicher physikalischer Intensität *leiser* klingt als bei weit auseinander liegenden Frequenzkomponenten. Derjenige Abstand zwischen den beteiligten Tonfrequenzen, von dem ab das Geräusch lauter wird, wird *kritisches Frequenzband* genannt, und die Breite dieses Frequenzbandes hängt vom Frequenzbereich ab, den man gerade hört: im Tieftonbereich (bis 500 Hz) beträgt die kritische Bandbreite etwa 100 Hz, im höheren Frequenzbereich steigt die Bandbreite an (auf etwa 2000 Hz bei 10 000 Hz Mittenfrequenz). Anders ausgedrückt: wenn wir einen Ton von 200 Hz und einen anderen von 250 Hz gleichzeitig hören, klingt dieses Geräusch leiser als wenn wir einen Ton von 200 und einen von 350 Hz gleichzeitig hören; im ersten Fall liegen die beiden Töne *innerhalb* des kritischen Bandes, im zweiten Fall außerhalb. Dagegen müssen die beteiligten Töne im Hochtonbereich sehr viel weiter auseinander liegen, damit sie sich nicht gegenseitig verdecken.

Nachdem wir die *physikalischen* Faktoren genannt haben, die zur Lautheit beitragen (Lautstärke, Frequenzzusammensetzung, Entfernung, Einfallsrichtung und Dauer des Signals sowie Lautstärke und Frequenzzusammensetzung des Umgebungsgeräuschs), wollen wir uns kurz mit dem wichtigsten *psychologischen* Faktor der Lautheit beschäftigen, der Bedeutung des Schalls:

Das Wort vom »Ammenschlaf« ist zwar heute ungebräuchlich, kennzeichnet aber eine Situation, die alle Eltern von Kleinkindern kennen: die Eltern schlafen durchaus fest und überhören alle Geräusche, die für sie *bedeutungslos* sind – wenn aber das Kind im Nachbarzimmer irgendwelche Laute von sich gibt, werden sie wach und hören genau hin. Auch am Tag scheint die Stimme des eigenen Kindes lauter zu klingen als die anderer Kinder. Wenn der eigene Name in einem Durcheinander von Stimmen auftaucht, erkennt man ihn sofort, während man andere, gleich laut gesprochene Informationen »gar nicht« hört. Hier ist zwar die Lautheit untrennbar mit der Aufmerksamkeit verknüpft, jedoch gibt es auch einige Untersuchungsergebnisse, die plausibel machen, daß Geräusche, die für uns bedeutungslos (»unthematisch«) sind, leiser erscheinen als (»thematische«) Geräusche mit Bedeutung für uns (Sader 1966).

7.2 Wahrnehmung unterschiedlicher Tonhöhen

Wir haben bereits festgestellt, daß jedes natürliche Geräusch eine Vielzahl gleichzeitg wirkender Tonfrequenzen enthält. Je größer der Anteil *hochfrequenter* Schwingungen in diesem Geräusch ist (z. B. bei Kinderstimmen, knisterndem Papier oder Düsenflugzeugen), um so »heller« klingt das Geräusch; je größer der Anteil *tieffrequenter* Schwingungen, um so »dunkler« klingt das Geräusch (z. B. bei Männerstimmen und LKW-Motoren). Verwendet man künstliche (d. h. im Labor hergestellte) Geräusche, so kann man dafür sorgen, daß nur eine einzige Frequenz im Geräusch enthalten ist, und dann wird es möglich, mit Hilfe solcher »Sinustöne« den Zusammenhang zwischen Schwingungsfrequenz und Tonhöhe zu untersuchen.

Bei solchen Untersuchungen mit einzeln dargebotenen Tönen stellte man fest, daß die wahrgenommene Tonhöhe eine stark nichtlineare Funktion der Tonfrequenz ist: bei Tönen unterhalb von etwa 500 Hz verdoppelt sich die wahrgenommene Tonhöhe bei Verdoppelung der Frequenz, aber oberhalb von etwa 500 Hz braucht man etwa das Vierfache der Frequenz, um einen doppelt so hohen Ton wahrzunehmen. Aus dieser nichtlinearen Beziehung zwischen Tonhöhe und Frequenz hat man die sog. Mel-Skala entwickelt. Sehr viel gebräuchlicher ist jedoch die musikalische Tonleiter, bei der eine feste (näherungsweise logarithmische) Beziehung zwischen Frequenz und Tonhöhe besteht: jede Verdopplung der Frequenz führt zu einer Erhöhung des Tons um eine Oktave. Allerdings muß man dazu sagen, daß erstens Tonhöhen-Untersuchungen nur im Bereich zwischen 30 Hz und 5000 Hz durchführbar sind, weil die Versuchspersonen nur in diesem Bereich in der Lage sind, Tonhöhen überzufällig zu unterscheiden, zweitens sind die Streuungen der Antworten auch innerhalb dieses Bereiches beträchtlich. Vermutlich liegt diese Beschränkung daran, daß wir musikalische Erfahrungen nur in diesem Frequenzbereich haben: auch die höchsten und tiefsten Grundtöne unserer Musikinstrumente überschreiten diesen Bereich fast nie.

Nachdem wir uns mit der absoluten Empfindlichkeit für einzelne Töne unterschiedlicher Frequenz beschäftigt haben, müssen wir uns der Tonhöhenwahrnehmung bei Auftreten mehrerer Töne zuwenden und uns um die *Unterscheidungsfähigkeit* für Töne kümmern: Zu den großen Ärgernissen unserer akustischen Alltagswelt gehören neben zu lauten Maschinen oder Lautsprechern auch »falsche« oder jaulende Töne: Wenn jemand beim Singen oder beim Spielen eines Musikinstruments den Ton nicht richtig trifft oder wenn man Musik auf einem Bandgerät abspielt, dessen Geschwindigkeit schwankt, reagieren die meisten Zuhörer außerordentlich sensibel. Spielt man *nacheinander* einen Ton von 1000 Hz und einen von 1002 Hz, so reicht dieser Unterschied von 2

Hertz aus, um einen Unterschied zwischen den Tönen zu entdekken. Geschulte Musiker hören sogar noch kleinere Tonunterschiede. Noch besser wird die Unterscheidungsfähigkeit für unterschiedliche Tonhöhen, wenn man zwei Töne *gleichzeitig* hört: die dann entstehenden periodischen Lautstärke-Änderungen (Schwebungen) bei Ungleichheit der Tonhöhen sind deutliche Signale, die Musiker zum Stimmen ihrer Instrumente benutzen.

Die Unterschiedsschwelle für nacheinander gespielte Töne, die wir eben bei 1000 Hz mit etwa 2 Hz angegeben haben, ist abhängig vom Frequenzbereich der geprüften Töne: bei sehr tiefen Tönen (unterhalb von 500 Hz) beträgt die Unterschiedsschwelle zwischen 0,5 und 1 Hz, bei 2000 Hz etwa 4 Hz, bei 8 KHz etwa 100 Hz. Bei grober Betrachtung folgt die Unterschiedsschwelle etwa einer Exponentialfunktion der Ausgangsfrequenz (vgl. Abb. 7-2). Die Abhängigkeit der Unterschiedsschwelle vom Frequenzbereich bestätigt die im Konzept der »kritischen Frequenzbänder« enthaltene Vorstellung, daß die Breite des Bandes sich gegenseitig hemmender Frequenzanalysatoren nicht konstant ist, sondern mit zunehmender Frequenz immer breiter wird.

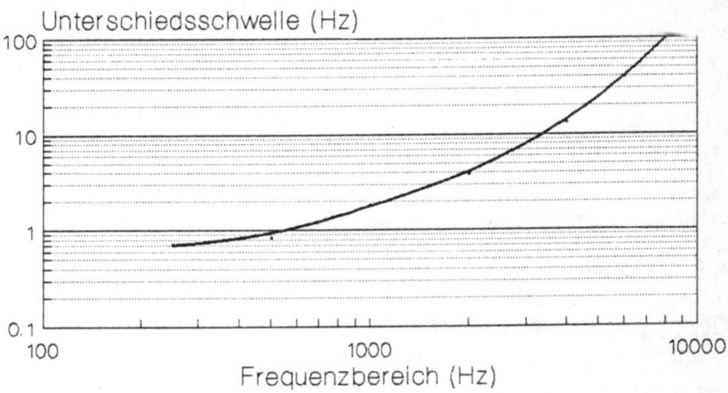

Abb. 7-2: Tonhöhenunterschiede bei Einzeltönen

Es gibt ein Phänomen, das für die schon im dritten Kapitel angedeuteten Erklärungen der Tonhöhen-Wahrnehmung außerordentlich bedeutsam ist: wenn wir einen Klang (z. B. einen Drei-ton-Akkord) hören, dann haben wir immer den Eindruck, einen Grundton mit weiteren Tönen höherer Frequenz zu hören. Dieser (durchaus richtige) Eindruck bleibt aber auch dann erhalten, wenn wir auf elektronischem Wege den Grundton ausblenden. Ein anderes Beispiel: wenn wir einen Ton mit 1000 Hz und einen mit 1200 Hz geleichzeitig klingen lassen, hören wir zusätzlich zu den beiden genannten Tönen einen Grundton von 200 Hz (1200 minus 1000 Hz). Dieses Phänomen nennt man »fehlender Grundton« oder »fehlender Hauptbestandteil«. Wie kann es geschehen, daß wir Töne hören, die physikalisch gar nicht vorhanden sind?

Nach der Ortstheorie der Tonhöhenwahrnehmung hat jede physikalische Frequenz einen *Ort* der maximalen Erregung auf der Basilarmembran in der Schnecke des Ohrs (vgl. Abb. 3-3); außerdem arbeitet das Ohr nichtlinear und erzeugt selbst Differenzfrequenzen. Nach der Periodentheorie ist die neurale Erregung auf der Basilarmembran abhängig von der *zeitlichen* Verteilung der physikalischen Energie, und die hat in beiden eben genannten Beispielen einen gemeinsamen Nenner. Soweit stimmen die beiden Theorien überein, jedoch kommt jetzt der entscheidende Unterschied: nach der Ortstheorie ist die Basilarmembran tatsächlich örtlich im Bereich des Grundtons aktiviert; nach der Periodentheorie schwingt sie nur im Bereich der Obertöne, wird aber durch den gemeinsamen Nenner synchronisiert. Eine Entscheidung zugunsten der Periodentheorie liefern Experimente, in denen der Erregungsbereich des Grundtons auf der Basilarmembran durch lautes Rauschen ausgeschaltet wird: wenn man diesen Bereich maskiert, kann man den »fehlenden« Grundton immer noch hören. Erst dann, wenn auch der Obertonbereich durch Rauschen maskiert wird, kann man den Grundton nicht mehr hören.

7.3 Lokalisation von Schallquellen

Die Feststellung, *wo* ein Schall auftritt, ist für ein Lebewesen vor allem deshalb von wesentlicher Bedeutung, weil es sich bei der Schallquelle immer um etwas *Bewegtes* (im weitesten Sinne) handelt, und in der Regel sind es andere Lebewesen, die Geräusche verursachen. Zwar kommen heute auch aus mehr oder weniger stationären Lautspechern Geräusche, aber in der Millionen Jahre währenden Entwicklungsgeschichte der Menschheit entstanden Geräusche durch Wind, Wasserkraft oder Eigenbewegungen von Lebewesen. Diese Geräusche vermitteln Informationen über Bewegungen bzw. wirksame Kräfte. Es ist für ein Lebewesen natürlich von Vorteil, den Auftretensort dieser Kräfte auch dann zu erkennen, wenn visuelle Information nicht verfügbar ist (z. B. im Dunkeln oder außerhalb des Gesichtsfeldes).

Die meisten Untersuchungen zur Lokalisation von Schallquellen wurden in »schalltoten« Räumen mit feststehenden und künstlichen Schallquellen und in der Bewegung sowie mit in der Sicht stark eingeschränkten Versuchspersonen durchgeführt. Ein »schalltoter« Raum ist akustisch äußerst reflektionsarm: Wände, Decke und Fußboden »schlucken« Schall – dies ist für viele akustische Messungen günstig, jedoch entfällt so der für die auditive Wahrnehmung hilfreiche Anteil *reflektierten* Schalls. Als Schallquellen wurden meist Sinustöne aus Lautsprechern oder Kopfhörern verwendet; die Versuchspersonen saßen meist in einem Stuhl, der ihre Kopf- und Körperbewegungen einschränkte. Die unter diesen Bedingungen bestimmbaren Wahrnehmungsleistungen des Gehörs sind entsprechend kümmerlich.

Sollen stationäre Sinustöne ohne Sicht, ohne Kopfbewegungen und ohne reflektierende Fläche lokalisiert werden, dann können die Versuchspersonen nur sehr grob die Richtung der Schallquelle in der horizontalen Ebene angeben – es gelingt ihnen allenfalls, sicher zu sagen, ob der Schall von rechts oder links kommt; fehlerhaft sind vor allem die Angaben zur Entfernung und zur Höhe der Schallquelle, und häufig kommen auch Verwechslungen bei der Frage »vorn« oder »hinten« vor. Problematisch ist die Verwendung von Sinustönen oder schmalen Rauschbändern bei Lokalisationsexperimenten vor allem deshalb, weil es offenbar einen deutlichen Zusammenhang zwischen der Tonhöhe solcher Geräusche und der räumlichen Höhe gibt: höhere Tonfrequenzen werden auch im Raum höher lokalisiert als tiefere Töne, und wenn man eine Reihe aufsteigender oder absteigender Töne hört, scheinen die Entstehungsorte dieser Töne im Raum auf- bzw. abzusteigen (siehe Kap. 8.).

Etwas besser wird die Lokalisationsleistung, wenn in reflexionsarmen Räumen statt Sinustönen stationäre Klicks, Rauschbänder oder »natürliche« Geräusche verwendet werden. Solche Geräusche bestehen aus Frequenzgemischen, die in der Regel einen plötzlichen Anfang haben. Im plötzlichen Anfang eines komplexen Geräuschs sind viele hohe Tonfrequenzen enthalten, welche die Lokalisation erleichtern. Die Genauigkeit ist dann jedoch hinsichtlich der *Richtung* in der horizontalen Ebene deutlich besser als hinsichtlich der Höhe oder der Entfernung der Schallquelle: man erreicht eine Richtungsgenauigkeit von etwa 2 Grad vorn in der horizontalen Ebene und etwa 5 Grad in der vertikalen Ebene. Entfernungsangaben sind unter diesen Umständen sehr unsicher und hängen weitgehend davon ab, wie oft bzw. wie lange man das Geräusch im Versuch hört.

Eine weitere Verbesserung der Ortungsfähigkeit stellt sich ein, wenn das stationäre Geräusch länger als eine Sekunde zu hören ist und die Versuchspersonen ihren Kopf bewegen dürfen. Die Kopfbewegung findet ja auch unter natürlichen Bedingungen statt – offenbar wird der Kopf so ausgerichtet, daß die zwischen beiden Ohren bestehenden Intensitäts- und Laufzeitunterschiede bei seitlich von der Kopfmitte auftretenden Schallen minimiert wird. Die *horizontale* Lokalisation ist dann bis auf ein Grad genau, aber die vertikale und die Entfernungslokalisation von stationären Schallen werden in reflexionsfreien Räumen auch durch Kopfbewegungen nicht wesentlich besser.

Am besten können Schalle auditiv dann lokalisiert werden, wenn die Beobachter ihre beiden Ohren (mit Ohrmuscheln) zur Verfügung haben, den Kopf bewegen und die Augen offen halten dürfen, wenn die Schalle komplex sind (z. B. Sprache), wenn der Raum eine reflektierende Fläche enthält und wenn die Schallquelle sich bewegt. Man nimmt an, daß unter diesen Umständen mehrere Faktoren gleichzeitig die Lokalisation erleichtern:

1. Obwohl auch mit nur einem Ohr eine grobe Richtungsbestimmung von Schallen möglich ist, werden vor allem Intensitäts- und Zeitunterschiede zwischen beiden Ohren für die horizontale Lokalisation ausgenutzt. (Ein Geräusch, das seitlich von der Kopfrichtung auftritt, ist an dem entsprechenden Ohr sowohl lauter als auch schneller da als am anderen Ohr).
2. Die eigenen unverdeckten Ohrmuscheln bewirken mehrfache Reflexionen des Schalls. Dadurch entstehen vor allem bei solchen Geräuschen mehrere Echos, die nicht in Ohrhöhe, sondern weiter oben oder unten entstehen. Die Art der Ohrmuschel-Echos ist charakteristisch für die Richtung und Höhe des Schalls und kann entsprechend für die Lokalisation ausgenutzt werden. Die Wahrnehmung mit fremden bzw. veränderten Ohrmuscheln führt zu erheblichen Lokalisationsfehlern.
3. Wenn man die Augen geöffnet hat und strukturiertes Licht sieht, wird die Geräuschlokalisation auch dann erleichtert, wenn die Schallquelle selbst nicht zu sehen ist. Man nimmt an, daß bei der räumlichen Lokalisation immer auch bildhafte Raumvorstellungen benutzt werden, und die werden durch einen sichtbaren Raum erleichtert.
4. Komplexe Schalle (wie z. B. Sprache oder andere »natürliche« Geräusche) enthalten einerseits Frequenzgemische und zeitliche Änderungen, andererseits sind wir in der Regel besser mit ihnen vertraut als mit Sinustönen oder Rauschen. Wie groß der Beitrag jedes einzelnen Faktors vor allem für die vertikale und

die Entfernungslokalisation ist, kann zur Zeit nicht genau eingeschätzt werden.

5. Eine reflektierende Fläche (z. B. der Fußboden) ist sehr hilfreich für die Bestimmung der Entfernung und der Höhe einer Schallquelle, weil zusätzlich zum Direkt-Schall auch noch der (leicht verzögerte und in Abhängigkeit von der Reflektions-Oberfläche charakteristisch gedämpfte) Indirekt-Schall vom Ohr ausgewertet werden kann.
6. Eine bewegte Schallquelle bietet zusätzlich zu den Intensitäts- und Laufzeitunterschieden bei seitlich von der Kopfmitte vorhandenen Geräuschen zeitliche Informationen über die Änderungen im Raum, die vor allem für Entfernungs- und Richtungsbestimmungen ausgenutzt werden.

Wie sehr die Schall-Lokalisation ein *aktiver* Prozeß sein kann, zeigt die Beobachtung von Blinden: Blinde Menschen, die ohne Hilfe durch einen sehenden Menschen oder ein Tier auf der Straße laufen, benutzen in der Regel einen Stock, mit dem sie nicht nur per Tasten erkunden, ob der Untergrund ein Hindernis enthält, sondern auch auditive Information erzeugen. Der Schlag auf den Boden erzeugt Schwingungen im Stock, deren Schallwellen Informationen über die Härte des Bodens enthalten und deren Reflektionen an nahegelegenen Hindernissen Informationen über die Nähe und Größe von Hindernissen liefern. (Beispielsweise ist der Klang des Stockes um so heller, je härter der Boden ist, und die Echos sind um so lauter, je größer und näher ein Hindernis ist). Zusätzliche Informationen bieten die Echos von Schuhbewegungen auf dem Boden und lautem Sprechen. Es hat sich herausgestellt, daß auch Sehende lernen können, diese Informationen zu nutzen.

7.4 Wahrnehmung zeitlicher Verhältnisse

Ebenso wie das Auge keine Kamera ist, welche »objektiv« die Lichtverhältnisse vor ihr unabhängig von deren Bedeutung registriert, ist auch das Ohr kein »objektives« Tonaufnahmegerät. Dies zeigt sich besonders deutlich an den Akzenten, die das Ohr bei der Wahrnehmung zeitlicher Verhältnisse im Umgebungsschall setzt: weder werden kurze Pausen in längeren Geräuschsequenzen immer bemerkt, noch entspricht die wahrgenommene Reihenfolge zweier aufeinanderfolgender Geräusche immer den objektiven Gegebenheiten. Die Art der Änderungen, die das Ohr hier vornimmt, läßt darauf schließen, daß das auditive System das Erhalten bestimmter Informationen stützt:

Wenn die Lautstärke eines Tonsignals für etwa 2 bis 7 Millisekunden (msec) um etwa 3 dB schwankt, dann können die Menschen eine so kurzfristige Schwankung nicht entdecken: der Ton klingt, als hätte er eine konstante Lautstärke. Zwar hängt die Entdeckungsrate von der Art des wahrzunehmenden Geräuschs ab, jedoch kann man sagen, daß das menschliche Ohr im allgemeinen so kurzfristige Schwankungen ignoriert und über wenige Millisekunden integrierend und informationserhaltend arbeitet. Eine weitere Stütze dieser Interpretation kommt aus Untersuchungen, in denen das Geräusch kurzfristig ganz ausgeschaltet wurde: wenn man ein breitbandiges Geräusch bei mittlerer Lautstärke für 1 bis 3 msec ausschaltet, wird diese Unterbrechung nicht bemerkt.

Die informations-erhaltende Eigenschaft des Gehörs kann man besonders dann feststellen, wenn gesprochene Sprache kurzfristig gestört wird: läßt man Versuchspersonen einen sinnvollen, kontinuierlichen und störungsfreien Redefluß anhören und anschließend beurteilen, so sagen alle Hörer hinterher, daß sie die Sprache gut bis sehr gut verstanden haben. Ändert man die Tonbandaufnahme derselben Rede so, daß die Sprache 10- bis 15mal pro Sekunde unterbrochen wird und nur in der Hälfte der Darbietungszeit als Signal vorhanden ist, in der anderen Hälfte als Pause, dann klingt die Stimme sehr rauh, und die Versuchspersonen geben eine schlechte Sprachverständlichkeit an. Füllt man jedoch diese Pausen durch lautes Breitbandrauschen, dann klingt die Sprache nicht mehr rauh, sondern ziemlich natürlich, und auch die Sprachverständlichkeit steigt wieder. Den Unterschied zwischen der »gefüllten« und der »ungefüllten« Pause kann man so interpretieren, daß das Ohr ungefüllte Unterbrechungen bis zu einer bestimmten Unterbrechungszeit (etwa 3 msec) ignoriert, bei längeren Unterbrechungen aber die ungefüllte Pause als neues Ereignis registriert, während eine Anfüllung solcher längeren Pausen durch sinnloses Rauschen vergleichbarer Lautstärke das Wahrnehmungssystem einfach so weiterarbeiten läßt, als sei *kein* neues Ereignis eingetreten.

Eine weitere Eigenschaft des menschlichen Gehörs ist im Zusammenhang mit zeitlichen Aspekten der Geräusche wesentlich: da uns viele Schallwellen sowohl direkt treffen als auch indirekt (nach Reflexion an Boden und Wänden), entstehen an unseren Ohrmuscheln mehrere schnell aufeinanderfolgende Echos derselben Schallquelle. Inhaltlich (etwa zur Identifikation der Quelle) ausgewertet wird aber nur der zuerst ankommende Schall – das ist in der Regel der Direktschall. Man nennt diese Gehöreigenschaft den *Präzedenzeffekt* und bringt ihn meist in einen Zusammenhang mit der räumlichen Lokalisierung, weil für den wahrgenommenen Auftretensort zweier sehr kurz (1 bis 40 msec) hintereinander auftretender Schalle nur der physische Auftretensort des *ersten* Schalls bestimmend ist. Bei Abständen unter einer Millisekunde zwischen erstem und zweitem Schall wird der Auftretensort quasi als Kompromiß zwischen dem ersten und dem zweiten Schall wahrgenommen, und bei Abständen über 40 msec findet gar keine »Fusionierung« der Schalle statt – man nimmt zwei verschiedene Geräusche wahr.

Der Präzedenzeffekt spielt in unserem Geräuschalltag (ohne daß wir ihn bewußt erleben) eine erhebliche Rolle; wenn wir z. B. hinten rechts in einem 10 × 6 Meter großen Raum sitzen, in dem jemand vorn in der Mitte steht und spricht, dann erreicht uns der Direktschall nach einer Laufzeit von etwa 300 msec; der von der rechten Seitenwand reflektierte Schall erreicht uns etwa 30 msec später; der von der linken Seitenwand reflektierte etwa 90 msec später. Normalerweise schaut man den Sprecher an, wendet also den Kopf so, daß der Direktschall auf beide Ohren mit gleicher Stärke trifft, und unter dieser Bedingung ist die akustische Verständlichkeit im allgemeinen recht gut, weil der Indirektschall vom rechten Ohr mit dem Direktschall fusioniert wird. Der Indirektschall vom linken Ohr wird daber wegen seiner längeren Laufzeit nicht fusioniert und stört etwas. Wenn wir uns in derselben Situation das linke Ohr zuhalten, wird die Sprachverständlichkeit etwas verbessert; wenn wir uns das rechte Ohr zuhalten, klingt der Raum sehr hallig und der Sprecher ziemlich unverständlich. Am günstigsten ist die Sprachverständlichkeit, wenn wir den Kopf leicht nach rechts drehen, so daß das linke Ohr stärker vom Direktschall getroffen wird und das rechte stärker vom fusionierbaren Indirektschall. In der Tat kann man oft beobachten, daß Zuhörer unter ungünstigen Sichtverhältnissen (z. B. bei sehr groß gewachsenen »Vordermännern«) den Kopf nicht direkt auf den Sprecher richten, sondern zur nächstgelegenen Reflektionswand wenden.

So hilfreich der Präzedenzeffekt im Alltag unter »natürlichen« Beschallungs-Umständen ist, so fatal wirkt er sich unter manchen »künstlichen« Umständen aus. Z. B. ist es für Fahrer und Beifahrer eines Autos praktisch unmöglich, Stereo-Musik aus dem Autoradio räumlich zu hören – man sitzt immer so dicht an einem Lautsprecher, daß die Information aus dem anderen Lautsprecher durch den Präzedenzeffekt unterdrückt wird; folglich scheint der Klang nur aus dem nahegelegenen Lautsprecher zu kommen.

7.5 Erkennen von Objekten

Neben der Lokalisation von Geräusche emittierenden Objekten ist es für das Überleben und Handeln des Menschen auch wichtig zu erkennen, *welche* Geräuschquellen aktiv sind. Jeder Leser kennt aus der eigenen Erfahrung Beispiele dafür, wie gut uns das akustische Erkennen von Objekten gelingt: wir kennen das Geräusch, das eine menschliche Hand beim Klopfen an die Tür bewirkt und können es vom Kratzen der Hundepfoten unterscheiden – wir wissen, wenn unser Nachbar sägt und können das Geräusch vom Feilen oder Hämmern unterscheiden. Wenn wir uns einmal irren, dann finden nicht wahllose Verwechslungen statt, sondern wir verwechseln allenfalls Geräusche mit einer ähnlichen Zeitstruktur (wie z. B. Hämmern und Marschieren, Feilen und Kratzen). Wir verwechseln jedoch nicht Geräusche mit verschiedenen Zeitstrukturen (wie z. B. Hämmern und Feilen). Hierzu gibt es zwar erst wenige systematische Untersuchungen, jedoch läßt sich zeigen, daß die Menschen (ähnlich wie im optischen Bereich) *Invarianzen* der akustischen Energieverteilung *in der Zeit* zur Objekterkennung benutzen können.

Beispielsweise haben Warren & Verbrugge (1984) gezeigt, daß menschliche Hörer den Unterschied zwischen auf dem Boden tanzenden und auf dem Boden zerbrechenden Glasflaschen sofort erkennen können, und daß sie dabei neben der spektralen Verteilung des ersten Fall-Geräuschs vor allem die zeitliche Charakteristik der Energie-Verteilung *im Anschluß* an den ersten Fall zur Indentifikation benutzen.

Während das »Tanzen« einer auf den Boden fallenden (und nicht zerbrechenden) Glasflasche durch ein *einziges* gedämpftes quasi-periodisches Geräusch gekennzeichnet ist, handelt es sich beim Zerbrechen um ein lautes anfängliches Klirren, dem dann eine *multiple* Reihe gedämpfter quasi-periodischer Geräusche folgt. Dieser Unterschied ergibt sich unabhängig von der Höhe, aus der die Flaschen fallen, und unabhängig von der Größe der Flaschen. Die Versuchspersonen haben Tonaufnahmen solcher realen Ereignisse zu etwa 99% richtig identifiziert.

Da sich diese Ereignisse in mehr als einer Hinsicht voneinander unterscheiden, wäre die Frage zu prüfen, welche Ereignisdimension für die Identifikation besonders wichtig ist: die anfängliche *Lautheit* des Klirrens beim Zerbrechen, das obertonreiche *Frequenzspektrum* am *Anfang* des Zerbrechens, das obertonreiche Frequenzspektrum am *Ende* des Zerbrechens, die kürzere *Ge-*

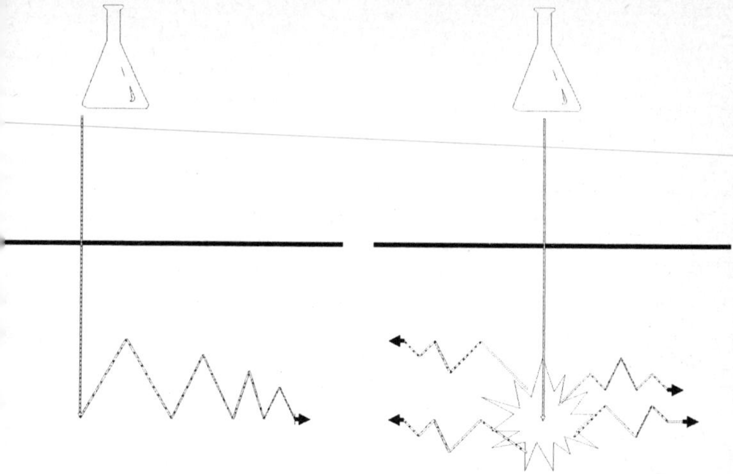

Abb. 7-3: Tanzende (links) und zerbrechende (rechts) Glasflasche

räuschdauer beim Zerbrechen, oder die *Gleichzeitigkeit* mehrerer quasi-periodischer Geräusche beim Zerbrechen?

Die Autoren haben nun eine Reihe »künstlicher« Geräusche produziert, bei denen die beteiligten Dimensionen systematisch variiert wurden; es stellte sich heraus, daß die Versuchspersonen »Tanzen« und »Zerbrechen« auch dann noch sicher unterscheiden können, wenn der Anfangsknall beim Zerbrechen ganz fehlt und die Obertoncharakteristik der beiden Geräuscharten einander angeglichen war. Der entscheidende Unterschied bei der Identifikation des »Zerbrechens« gegenüber dem Tanzen liegt in der *Zeitstruktur nach dem ersten Aufprall*: die Information, daß mehrere Glasteile auf den Boden aufschlagen, wird offenbar der asynchronen Zeitstruktur mehrerer überlagerter Geräusche entnommen; und diese Information ist entscheidend anders als die bei der regelmäßigen Aufeinanderfolge eines einzelnen Glasstücks, das auf dem Boden hüpft. Man kann annehmen, daß die Zeitstruktur in diesem Fall deshalb wichtiger als die Obertoncharakteristik der Geräusche ist, weil die Zeitstruktur *invarianter* ist als die Obertoncharakteristik: letztere mag sich mit der Materialstärke und Aufschlagshöhe verändern – die Zeitstruktur bleibt stabil.

7.6 Wahrnehmung von Sprache

Zu den komplexesten Leistungen unseres Gehörs zählt das Aufnehmen sprachlicher Informationen: Wir erkennen die Bedeutung eines Satzes relativ unabhängig davon, ob er von einem uns bekannten oder unbekannten Menschen gesprochen wird, ob er schnell oder langsam gesprochen wird, laut oder leise, durchs Telefon oder von Mensch zu Mensch, von einem Mann, einer Frau oder einem Kind – solange wir unsere eigene Sprache hören, können sich die Parameter Lautstärke, Sprechtempo und Obertoncharakteristik in weiten Bereichen ändern, ohne daß wir Verständigungsprobleme bekommen. Wir können hier schon einmal festhalten, daß es bei der Wahrnehmung gesprochener Sprache auch um die Entdeckung komplexer *Invarianten* geht, d. h. um Aspekte der akustischen Information, die trotz großer Variation in Sprechtempo, Lautstärke und Frequenzzusammensetzung konstant bleiben. In einer fremden Sprache haben wir keine so große Toleranz – vor allem macht uns hier höheres Sprachtempo oft zu schaffen. Dies weist darauf hin, daß der Aspekt des Sprachtempos unter den invarianten Sprachaspekten weniger stabil ist als z. B. der Aspekt der Lautstärke oder der der Obertoncharakteristik.

Aber die komplexe Invarianz, die uns zum Beispiel das von einer Frau gesprochene Wort »Heide« ebenso leicht verstehen läßt wie dasselbe Wort aus dem Munde eines Mannes, reicht nicht immer aus, um die Bedeutung dieses Wortes voll zu spezifizieren. Das Wort »Heide« kann ja entweder im christlich-religiösen Sinn oder im Sinne einer Landschaft verstanden werden. Die »richtige« Bedeutung muß sich aus dem Kontext ergeben, d. h. es muß schon Wissen auf der Seite der Hörer vorhanden sein. Dies macht deutlich, daß Sprache (ebenso wie Musik und Lärm) nicht allein in akustischen Begriffen zu beschreiben und zu verstehen ist. Zum Verstehen gesprochener (und geschriebener) Sprache gehört eine intelligente Instanz, die z. B. bei ähnlich oder identisch klingenden entscheidet, welche der möglichen Bedeutungen hier angesprochen wird, oder die im kontinuierlichen Fluß gesprochener Sprache entscheidet, wann ein Wort zu Ende ist und ein neues anfängt. Man nimmt an, daß diese intelligente Instanz *aktiv* die gehörten Satzteile nachbildet – ohne daß es sich um echtes »Nachsprechen« handelt; es reicht eine auditive Vorstellung vom Gehörten; und das aktive »Bemühen um Bedeutung« (Hörmann 1977) auf der Seite des Hörers gehört unbedingt dazu.

Aber welchen Prinzipien gehorcht die intelligente Aufnahme

des Sprachflusses durch unser Gehör? Zur Zeit herrscht in diesem Forschungszweig die Auffassung vor, daß der Hörer den kontinuierlichen Sprachfluß entweder auf der Ebene der Silben oder auf der Ebene der Phoneme gliedert – ähnlich wie das ein Sprecher tut. Beispielsweise besteht das Wort »Bitte« aus zwei Silben (bit/te) und vier Phonemen (dem Stop-Konsonanten »b« am Anfang, dem Vokal »i«, dem Stop-Konsonanten »tt« und dem kurzen Endvokal »e«). Die gesamte Sprache kann in eine Aufeinanderfolge von Phonemen gegliedert werden, und jedem Phonem entspricht ein charakteristisches Frequenzmuster, das in der Zeit abläuft. Das Frequenzmuster ist *nicht absolut* spezifiziert, sondern *relativ*, das heißt, das relative Energiemaximum liegt in einem bestimmten (Terz- oder Oktavabstand) zum nächsten Maximum, und dies wieder in einem bestimmten Abstand zum nächsten Maximum usw.

Auch wenn die Sprache so in Phoneme zerlegt werden kann und künstliche Sprachproduktion auf dieser Basis erfolgt, heißt das nicht unbedingt, daß diese Phoneme als diskrete Einheiten wahrgenommen werden; denkbar ist auch, daß wir beim Hören die Phoneme zu Silben oder ganzen Wörtern gruppieren und mit diesen Gruppen inhaltliche Bedeutungen assoziieren. Das Phänomen der *kategorialen Wahrnehmung* stützt diese Interpretation:

Während wir bei anderen auditiven Phänomenen, wie etwa der Tonhöhenwahrnehmung, sehr viel mehr Unterschiede zwischen ähnlichen Tönen entdecken können als wir absolute Tonhöhen identifizieren können, ist es im Fall bestimmter Phoneme (z. B. b,d,g) anders: die Hörer können in Experimenten mit einzeln und zusammenhängend dargebotenen Phonemen in der Regel nicht wesentlich mehr Phoneme unterscheiden als sie absolut bestimmen können; d. h. sie ignorieren feine akustische Änderungen und tun dies so lange, bis die Änderung an die absolute Grenze zwischen zwei Phonemen stößt – in diesem Augenblick schlägt die Wahrnehmung qualitativ um und erkennt ein anderes Phonem. Die kategoriale Wahrnehmung ist zwar kein rein sprachliches Phänomen (es tritt z. B. bei geschulten Musikern oft auch im Zusammenhang mit der Tonhöhen-Wahrnehmung auf), jedoch ist es für diesen Wahrnehmungsbereich besonders typisch.

Genauere Untersuchungen der Bedeutung der jeweiligen akustischen Information innerhalb der winzigen Zeitabschnitte innerhalb der Phoneme haben gezeigt, daß unser Gehör besonders sensibel auf spektrale *Änderungen* bei der Wahrnehmung von Sprache reagiert: schon in den ersten 26 Millisekunden des Anhörens der (englischen) Stop-Konsonanten »b«, »d« und »g« können die Hörer mit etwa 90% Genauigkeit den Konsonanten identifizieren, und die prinzipiellen Unterschiede zwischen ihnen beschreiben Blumstein & Stevens (1980) als »diffus fallend« bei »b«, »diffus ansteigend« bei »d« und »kompakt« bei »g«. Damit wird noch einmal unterstrichen, daß bei Wahrnehmung gesprochener Konsonanten *spektrale Änderungen* wesentliche Information enthalten – Sprachwahrnehmung im Sinne der Wahrnehmung von artikulatorischen Geräuschen kann somit als wichtiges Beispiel der Ereignis-Wahrnehmung gelten.

Aber Sprachwahrnehmung kann noch in einem weiteren Sinn als Wahrnehmung von Ereignissen angesehen werden: da Sprechen und Hören von Sprache Elemente von *Kommunikation* sind, bezeichnen sie auch Ereignisse – Bedeutungen werden signalisiert, Zustände im Hörer verändert. Damit ist weniger gemeint, daß Wörter »stellvertretend für Dinge« eingesetzt werden, sondern daß Sprechen ein soziales Ereignis ist, bei dem nicht so wichtig ist, worüber gesprochen wird, sondern daß überhaupt Menschen miteinander kommunizieren. Sprache wird damit zum Medium für zwischenmenschliche Begegnungen, und es kommt nicht so sehr auf den genauen Wortlaut des Gesprochenen, sondern auf den Tonfall (die Satzmelodie) an, der Information enthält – u. a. die Information über gegenseitige Wertschätzung, die Aufforderung zum Weitersprechen oder Innehalten (s. a. Verbrugge 1985).

Somit wird im Bereich der Sprachwahrnehmung deutlich, was vielleicht auch für andere Wahrnehmungsbereiche gilt: für die Aufnahme der *gesellschaftlich vereinbarten Bedeutung* von Zeichen ist eine »top-down«-Analyse (Zerlegung der Gesamtinformation in auditive Invarianten, Musterprüfung und aktive Neukonstruktion) ein plausibles Erklärungskonzept, jedoch scheint die Aufnahme *affektiver und handlungsregulatorischer Bedeutung* einer solchen Zerlegung nicht zu bedürfen – diese Informationsaufnahme geschieht sehr viel »direkter«.

7.7 Wahrnehmung von Musik

Das alte Sprichwort »Ein Ton macht noch keine Musik« hat sicher seine Berechtigung, aber wieviel mehr braucht man, um Musik zu machen? Die moderne Unterhaltungsmusik zeigt uns, daß man mit einem Minimum an klanglicher, rhythmischer und tonaler Variation auskommen kann, aber kennzeichnend bleibt die *Variation* der Komponenten *Tonhöhe, Klang* und *Rhythmus*, damit wir ein Geräusch als Musik bezeichnen. Der Rahmen, innerhalb dessen die Variationen erfolgen, ist stark kulturabhängig – beispielsweise herrscht in der westlichen Welt die Zwölftonleiter vor; andere Kulturen kommen mit fünf Tonschritten aus; westliche Rhythmen haben dagegen sehr viel einfachere Strukturen als z. B. nahöstliche: während bei uns in der Regel der einfache 4/4- oder 3/4-Rhythmus immerzu wiederholt wird, wechseln z. B. Balkan-Rhythmen oft zwischen 3/4-, 4/4-, 5/4- und 6/4-Takten.

Die Frage, was Musik genau ist, können wir hier nicht beantworten, aber wir können uns dem Thema insofern nähern, als wir einige Komponenten von Musik herausgreifen und den psychophysischen Zusammenhang untersuchen: welche Eigenschaften im physischen »Musikmaterial« führen zu welchen Wahrnehmungsergebnissen? Dabei beschränken wir uns auf die Komponenten »Abfolge von Tönen«, »Zusammenklang von Tönen« und »Rhythmus«.

7.7.1 Zur Abfolge von Tönen

Unter einer Abfolge von Tönen verstehen wir die Aufeinanderfolge einzeln gespielter Töne, die nach einer bestimmten Regel als zusammengehörig gespielt und als zusammengehörig wahrgenommen werden – im musikalischen Bereich nennt man das »Melodie«. Die Regel, nach der die Melodie konstruiert bzw. komponiert wurde, braucht nicht die genauen Tonhöhen und Zeitmaße der Töne festzulegen, sondern nur etwa die *Kontur* der Abfolge von Tönen: man kann eine Tonfolge in Dur (d. h. mit großer Terz) oder Moll (d. h. mit kleiner Terz) spielen oder auch einen anderen Ton leicht verändern – wir erkennen die Melodie wieder, solange die ungefähren Tonhöhen- und Zeitverhältnisse erhalten bleiben. Möglicherweise merken wir, daß die Melodie irgendwie anders ist, aber wir sind ziemlich tolerant gegenüber einigen Änderungen, und wenn eine bestimmte Tonfolge »nur« in einer anderen Tonlage (z. B. statt in C-Dur jetzt in D-Dur) oder in einem anderen Tempo gespielt wird, ist es für uns auf jeden Fall dieselbe Melodie. Eine Melodie ist *transponierbar*. Wir können aber in der Regel *keine rückwärts* gespielte Melodie wiedererkennen; die Reihenfolge der beteiligten Töne ist eine spezifische Komponente der Melodie.

Die Transponierbarkeit von Melodien ist von den Gestaltpsychologen als wichtiges Beispiel der Ganzheitlichkeit von Wahrnehmungsprozessen benutzt worden, und auch für die ökologische

Psychologie ist es ein klassisches Beispiel des Invarianz-Prinzips: wird eine Melodie von verschiedenen Instrumenten, in verschiedenen Tonlagen oder mit unterschiedlichem Tempo gespielt, dann bleibt die Tonfolge strukturell invariant: die *Relationen* der jeweiligen Grundtöne und die Relationen der Auftretenszeitpunkte bleiben konstant; wenn wir die Melodie mit Variationen (z. B. in der Terz oder Septime bzw. mit zeitlichen Verschiebungen) hören, bleibt die Tonfolge dennoch überwiegend gleich, und wenn die Veränderungen regelhaft sind (z. B. immer die kleine Terz statt der großen), dann haben wir ein Beispiel für Transformationsinvarianz. Kognitiv orientierte Psychologen bemühen zur Erklärung dieses Phänomens die Aktivierung eines »Schemas«, das die (abstrakte) Information über die Konstruktionsregel der Melodie enthält. In dieses Schema gehen frühere Erfahrungen mit Melodien ähnlicher Art ein, so daß auch Erwartungen hinsichtlich der weiteren Tonfolge die Wahrnehmung einer aktuellen Folge beeinflussen. Beispielsweise haben wir gelernt, daß die meisten Melodien auf dem Grundton enden; folglich erwarten wir ein solches Ende auch bei neuen Melodien.

Wann ist eine Veränderung der Melodie so stark, daß die alte Melodie nicht mehr erkannt wird? Genaue Angaben kann man hierzu nicht machen, sicher ist jedoch, daß eine Melodie dann »zerstört« bzw. nicht wiedererkannt wird, wenn die ursprüngliche Konstruktionsregel nicht mehr erkennbar ist bzw. wenn andere »Regeln« als früher vorherrschen. Wir haben ja schon im Kapitel 5 gesehen, daß die Wahrnehmung bestimmte Umweltkomponenten aktiv als zusammengehörig gruppiert, vor allem nahe beieinanderliegende: wenn Töne in ihrer Höhe oder zeitlichen Aufeinanderfolge sehr eng benachbart sind, werden sie in der Regel als Gruppe (»stream«) gehört. Wenn nun die ursprüngliche Melodie mehrere Tonsprünge enthält (d. h. weit auseinander liegende Tonintervalle), so kann diese ursprüngliche Melodie nicht mehr wiedererkannt werden, sofern ein großer Tonsprung durch ein sehr kleines Intervall ersetzt wird: das kleine Intervall klingt wegen des »Gesetzes der Nähe« so natürlich, daß die ursprüngliche Konstruktionsregel in ihrer Wirkung verblaßt.

7.7.2 Zum Zusammenklang von Tönen

Unter diesem Begriff verstehen wir einerseits das gleichzeitige Ertönen mehrerer Einzeltöne andererseits die »Klangfarbe« von Musikinstrumenten. Wir beschäftigen uns zunächst mit dem ersten

Fall. Wenn man drei Töne auf einem Musikinstrument nach Zufall auswählt und zusammen darbietet, ist es sehr wahrscheinlich, daß der dabei entstehende Klang unmusikalisch und dissonant klingt. Wählt man aber Tonfrequenzen aus, die in einem ganzzahligen Verhältnis zueinander stehen (z. B. C,E,G = 4:5 für C/E, 5:6 für E/G und 2:3 für C/G), so wird sich Konsonanz ergeben: die Töne »passen« zueinander und »reiben« sich nicht. Dieses Phänomen, das Helmholtz schon vor über 120 Jahren beobachtete, kann darauf zurückgeführt werden, daß bei ungeradzahligen Frequenzverhältnissen Zwischentöne (Schwebungen und Differenztöne) entstehen, die *zusätzlich* zum Klang der gewählten Töne erklingen. Stehen die Frequenzen in ganzzahligen Verhältnissen, treten solche Zwischentöne nicht auf, und der Klang ist im musiktechnischen Sinne konsonant.

Eine andere Frage ist, ob ein Klang im musikästhetischen Sinne konsonant oder dissonant ist. Beispielsweise sind in Volksliedern einfache Dur-Akkorde (z. B. C,E,G als »Tonika-Akkord« oder F,A,C als »Subdominante«) und ein Septimen-Akkord (z. B. G,H,F) üblich. Als fremdartig, wenn nicht gar dissonant, werden hier Sext- oder gar Nonen-Akkorde (z. B. C,E,A oder C,G,D2) empfunden. Letztere sind im Bereich des Jazz und Blues üblich, und ein einfacher Dur-Akkord ohne Quarte, verminderte Quinte oder None gilt hier fast schon als Provokation! Das macht plausibel, daß unsere Hörgewohnheiten das Dissonanzerleben im musikästhetischen Sinne sehr stark beeinflussen.

Beschäftigen wir uns einmal mit unserer zweiten Frage: *was ist Klang*? Wir wissen alle, daß wir auch dann, wenn wir den Namen eines Instrumentes nicht kennen, den Klang einer Trompete von dem eines Klaviers oder einer Flöte sehr gut unterscheiden können. Wir wissen, daß der Klang eines großen Orchesters sich stark von dem einer kleinen Besetzung unterscheidet, daß ein LKW-Motor anders klingt als ein Moped, und wir wissen weiterhin, daß ein Badezimmer anders »klingt« als der Wohnraum. Die Breite dieser Beispiele mag deutlich machen, daß der Begriff »Klang« sehr verschiedene Dinge umfaßt.

Die Frequenzzusammensetzung stellt eine wesentliche Komponente des Klanges dar: ein Geräusch klingt »hell«, wenn es relativ viel Energie im oberen Frequenzbereich (oberhalb 2000 Hz) enthält; es klingt »dunkel«, wenn es mehr Energie im unteren Frequenzbereich enthält. Die einzelnen Musikinstrumente haben nicht nur unterschiedliche »typische« Tonbereiche, sondern auch charakteristische Energieverteilungen im Spektrum der abgestrahlten Töne, so daß derselbe Ton auf verschiedenen Musikinstrumenten sehr unterschiedlich klingt. Beispielsweise klingt der »Kammerton A« auf einem Kontrabaß tiefer bzw. dunkler als derselbe Kammerton auf einem Cello; hier wieder tiefer als auf einer Violine. Zur Frequenzzusammensetzung kommt im Fall der Musikinstrumente das Ein- und Ausklingverhalten als oft wichtigste Klangkomponente: eine Violine klingt auch deshalb anders als eine Gitarre oder ein Klavier, weil der Ton einer Violine »weicher« angespielt wird (d. h. langsamer seine maximale Intensität erreicht) als der von Gitarre oder Klavier; und im Vergleich zu diesen Instrumenten kann der Violinenton sehr viel länger gehalten werden. Weiterhin werden Streichinstrumente in der Regel mit »Tremolo« gespielt, d. h. mit bewußter Tonhöhenschwankung; ein solcher Ton klingt weicher als beispielsweise ein Klavier- oder Gitarrenton, der in seiner Höhe nicht so kontinuierlich verändert werden kann. Wir können festhalten, daß wir beim Erkennen von Instrumentenklängen eine Reihe von charakteristischen Invarianzen benutzen können, die vor allem durch die Art des Einsetzens der Töne, durch die Frequenzzusammensetzung beim Anhalten der Töne und durch die Art ihres Ausklingens gekennzeichnet sind.

Einen anderen Klangbegriff meinen wir, wenn wir große Orchester mit kleinen Besetzungen vergleichen und feststellen, daß ein großes Orchester »voller« und »dichter« klingt als beispielsweise ein Trio; hier spielt vor allem eine Rolle, daß in großen Orchestern viele (in ihrer Frequenzzusammensetzung) verschiedene Instrumente gleichzeitig erklingen – was für die »Durchsichtigkeit« des Klangs nicht immer von Vorteil ist. Weiterhin klingen verschiedene Orchester auch bei gleicher Instrumenten-Besetzung unterschiedlich, wenn die verschiedenen Instrumenten-Gruppen (z. B. Streicher oder Bläser) jeweils unterschiedlich laut vertreten sind. In der Biografie des Tanzmusikers Glenn Miller wird z. B. herausgestellt, daß sich der Klang seines Orchesters von anderen vor allem darin unterschied, daß das führende Melodieinstrument die Klarinette (und nicht wie sonst üblich die Trompete) war. Hinzu tritt dann oft noch die Verwendung charakteristischer Harmonien und Rhythmen, aber man kann (besonders in der Unterhaltungsmusik) verschiedene Orchester oft allein an der invarianten Stimmführung erkennen – dazu braucht man das individuelle Musikstück gar nicht zu kennen.

Wir denken an einen wiederum anderen Klangbegriff, wenn wir z. B. bemerken, daß leere Räume »halliger« klingen als möblierte bzw. große Hallen anders als kleine Stübchen. Hauptmerkmal dieser unterschiedlichen Raumklänge ist die sogenannte Nachhallzeit: damit meint man diejenige Zeit, die zwischen dem Ende einer Geräuschdarbietung und dem Ende der Wahrnehmbarkeit des Geräusches verstreicht: in großen Räumen mit nackten Wänden wird der Schall mehrfach stark reflektiert und erzeugt deutliche Echos; diese Echos sind um so länger, je größer die Abstände zwischen den reflektierenden Flächen sind. Hinzu kommt die Ausstattung der Räume: üblicherweise haben Wohnräume eine stark gedämpfte Akustik und wenig Hall, weil Teppiche und Polstermöbel sehr viel Schallenergie vernichten, während Badezimmer eher harte Wände haben und Schall gut reflektieren. Die Invarianz, die wir bei der Wahrnehmung des Raumklangs ausnutzen können, betrifft also vor allem die Menge und zeitliche Dauer kleiner Echos.

7.7.3 Zum Rhythmus

Rhythmisch kann man eine Darbietung von Geräuschen dann nennen, wenn wahrnehmbar unterschiedliche Geräuschkomponenten (z. B. Töne und Pausen oder unterschiedlich betonte Töne) in bestimmten regelmäßigen Zeitverhältnissen einander abwechseln. Die Hervorhebung bestimmter Töne (z. B. immer des ersten Tons im Takt) durch etwas höhere Lautstärke erleichtert die Gruppierung einer Tonfolge zu einem Muster (Melodie), wenn diese Hervorhebung innerhalb einer bestimmten Zeit (etwa 1 bis 5 sec) wieder auftritt. Regelhafte Betonungen innerhalb dieser Zeitspanne (die oft »akustisches Moment« genannt wird) sorgen offenbar dafür, daß ein »innerer Zeitgeber« mit den äußeren Ereignissen synchronisiert wird.

Die regelmäßig wiederkehrende Betonung bildet die Grundlage für die Wahrnehmung wichtiger struktureller und emotionaler Komponenten der Musik. Die »Regelmäßigkeit« braucht aber nicht maschinenhaft genau zu sein – im Gegenteil: kaum merkliche Variationen in den Zeitverhältnissen machen Musikdarbietungen besonders »lebendig«, und die Kunst der Interpreten klassischer Musik besteht zu einem großen Teil darin, zeitliche Akzente da zu setzen, wo Hörer sie nicht unbedingt erwarten, während die Präzision eines mechanischen Taktgebers eher langweilig wirkt. Außerdem können rhythmische Betonungen nach einiger Zeit auch weggelassen werden, ohne den rhythmischen Gesamteindruck zu zerstören – sofern nicht neue »Gegenrhythmen« aufgebaut werden, bleibt der von »außen« angeregte Rhythmus im Hörer noch längere Zeit wirksam.

Das Zeitverhalten tatsächlich ausgeübter Musik unterscheidet sich von dem per Komposition notierten zum Teil erheblich: während z. B. in einem 4/4-Takt eine halbe Note immer die Hälfte der Zeit einer ganzen einnehmen sollte, wird sie oft am Anfang des Taktes länger und am Ende des Taktes kürzer gespielt; im 3/4- oder 6/8-Takt erscheint die Musik »schwungvoller«, wenn der erste Taktschlag verkürzt wird und der zweite früher kommt.

Ganz erstaunlich ist die *Wirkung*, die deutliche Rhythmen auf die meisten Hörer ausüben: es ist nicht das Privileg von Jugendlichen, sich zu stampfender Tanzmusik mit dem ganzen Körper in Bewegung zu versetzen. Auch auf alle anderen Altersklassen wirken durchgehende Rhythmen außerordentlich bewegungsanregend, wenngleich die älteren Menschen in der westlichen Welt es (zumindest für ihr Alter) für unangemessen halten, rhythmische Körperbewegungen in der Öffentlichkeit zu zeigen. Auch beim Anhören rhythmisch strukturierter klassischer Musik breitet sich Bewegung mehr oder weniger merklich über den ganzen Körper aus, wobei die Finger in der Regel durch die schnelleren Akzente angeregt werden, Kopf und Füße dagegen durch die langsameren.

7.8 Lärm

Zum Abschluß dieses Kapitels möchte ich noch auf ein Thema eingehen, das viele Menschen im Alltag beschäftigt und auch von der Psychologie schon eingehend gewürdigt wurde, aber selten im Zusammenhang mit »Grundlagen der Psychologie« erwähnt wird: es geht um den akustischen Alltag, der neben vielen erwünschten Geräuschen auch viele unerwünschte enthält. Es ist vor allem die »Unerwünschtheit«, die ein Geräusch zu Lärm werden läßt. Um es noch überspitzter auszudrücken: während es im Fall von Sprache und Musik noch Geräusch-Merkmale gibt, die unabhängig vom Hörer eine Klassifikation (z. B. als Sprache) gestatten, ist dies bei Lärm ganz unmöglich. Prinzipiell kann jedes Geräusch Lärm sein, wenn es ein Hörer als unerwünscht beurteilt. Das schließt aber nicht aus, daß es auch Fälle gibt, in denen ein vom Hörer erwünschtes Geräusch schädliche Folgen für ihn hat: beispielsweise werden Menschen, die häufig über Kopfhörer oder Lautsprecher laut Musik hören, auf die Dauer schwerhörig.

Die Definition von Lärm als »unerwünschtem Schall« spezifiziert Lärm als ein *psychologisches Thema* – weniger als ein akustisches oder medizinisches, obwohl Lärm immer einen akustischen Anlaß haben muß und manchmal auch medizinisch feststellbare Auswirkungen hat (wie z. B. Schwerhörigkeit und Bluthochdruck). Aber die häufigsten Auswirkungen lauter Geräusche sind im psychologischen Bereich zu suchen – u. a. in Form von Störungen beabsichtigter Tätigkeiten und allgemeiner Belästigung.

Der *akustische Anlaß*, um den es beim Lärm geht, kann sehr verschieden sein: beginnend vom tropfenden Wasserhahn über die Stereoanlage des Nachbarn bis hin zum Tiefflugdonner der Luftwaffe. Das bedeutet, daß sowohl sehr leise als auch sehr laute Geräusche Lärm sein können. Aber im allgemeinen wird ein Geräusch um so eher als Lärm bezeichnet, je lauter es ist. Insofern bestehen zwar Wahrscheinlichkeitszusammenhänge zwischen Lautstärke und »Lärmigkeit«, jedoch keine 1:1-Beziehung; zusätzlich zur Lautstärke wirken noch andere akustische Faktoren (wie z. B. die Impulsartigkeit) und außer-akustische Faktoren der Geräuschquelle (z. B. die Bewertung der Quelle) sowie situative und personale Faktoren im Betroffenen. Auch wenn Psychologen es lieben, Beispiele von besonders leisem Lärm (wie das Ticken eines Weckers) zu diskutieren, so soll doch nicht vergessen werden, daß für die große Mehrheit der Industrienationen laute Geräusche am Arbeitsplatz und der Straßenverkehr die Hauptlärmquellen darstellen – hier sind sich die Betroffenen regelmäßig einig darin, daß sie diese Geräusche nicht haben wollen.

Unter den akustischen Faktoren, die neben der Lautstärke auf das Lärm-Urteil einwirken, sind vor allem die Verdeckungseffekte und die Impulsartigkeit des Geräusches zu nennen: wenn ein Geräusch durch seine Frequenzzusammensetzung erwünschte auditive Informationen (z. B. die Nachrichten im Radio) verdeckt, ist das sehr störend und unerwünscht, bei gleicher Energie wirkt folglich das verdeckende Geräusch unangenehmer. (Zur Erinnerung: bei gleicher Energie verdecken die tieferen Töne die höheren). Hinzu kommen die besonderen Wirkungen impulsartiger Geräusche: Wenn die Lautstärke eines Geräusches innerhalb sehr kurzer Zeit sehr schnell anwächst (wie z. B. bei Knallen oder Tieffluglärm), dann ist dies ein »biologisches« Signal, dem wir uns nicht entziehen können; unsere ganze Aufmerksamkeit richtet sich auf diese Geräuschquelle, deren akustische Gefährlichkeitsinformation unmittelbar aufgenommen wird.

Unter den nicht-akustischen Faktoren, die an der »Lärmigkeit« von Geräuschen beteiligt sind, ist vor allem die *Bewertung der Quelle* zu nennen: wenn wir wissen, daß ein Freund nebenan Klavier spielt, dann stört uns das weniger, als wenn ein Unbekannter oder gar Unbeliebter spielt. Dieser Effekt schlägt auch auf die Lärmigkeit der »öffentlichen« Lärmquellen (z. B. Straßen- und Schienenverkehr) durch: je ungefährlicher, nützlicher und zuverlässiger ein Transportmittel gilt, um so weniger Lärm macht es (bei gleicher Energie). Hinzu kommt ein Effekt, den wir noch im nächsten Kapitel behandeln werden: visuell große Lärmquellen wirken bei gleicher Energie lauter und lärmiger als kleine.

Dasselbe Geräusch kann von unterschiedlichen Personen unterschiedlich beurteilt werden (z. B. liebt der Nachbar »seine« Musik, wir nicht), aber auch derselbe Mensch kann dasselbe Geräusch in unterschiedlichen Situationen mal positiv, mal negativ bewerten (wenn wir z. B. unseren Nachbarn nachts mit »seiner« Musik wecken, wird er auch sauer). Unter den von der Quelle unabhängigen Faktoren ist es vor allem die *Situation*, in der uns ein Geräusch trifft, welche mitbestimmt, ob dieses Geräusch für uns Lärm ist oder nicht. Wenn wir uns z. B. einfach entspannen und auf der Couch dösen wollen, kann das leiseste Geräusch mit dieser Absicht interferieren; wenn wir uns stark auf die Arbeit konzentrieren müssen, kann es uns ebenso gehen – andererseits wissen wir, daß wir von manchen Tätigkeiten so »gefesselt« sind, daß wir viele Umweltgeräusche überhören. Im allgemeinen hängen »situative« Faktoren mit dem Tages- und Wochen-Rhythmus zusammen: Geräusche, die während der Nacht bzw. in der üblichen Einschlaf- oder Aufwachzeit auftreten, wecken uns auf oder hindern uns am Einschlafen. Geräusche, die werktags zu Zeiten auftreten, an denen wir selbst tätig sind, werden leichter überhört, es sei denn, daß sie (erwünschte) akustische Information verdecken. Abends auftretende Geräusche interferieren mit unserem Wunsch nach Ruhe und Entspannung; wir sind dann oft etwas leichter erregbar und reagieren auf Geräusche heftiger als tagsüber. An Sonn- und Feiertagen erheben wir ganz besondere Ansprüche auf Ruhe in unserer Umwelt.

Ein weiterer Faktor, der Wirkungsunterschiede zwischen verschiedenen Personen beim selben Geräusch erklären kann, ist die persönliche »Empfindlichkeit« der Betroffenen: die meisten Menschen haben Erfahrungen in der Frage gesammelt, wie gut sie sich gegen Lärm schützen können bzw. wie schlecht sie Lärmsituationen bewältigen können. (Hier gibt es große Unterschiede zwischen den Menschen: die einen finden nichts besonderes dabei, dem Nachbarn Bescheid zu sagen, wenn er zu laut ist; die anderen leiden lieber, bevor sie einen solchen Schritt unternehmen). Die Erfahrung mit der eigenen »Bewältigungskompetenz« beeinflußt die Wirkung von Geräuschen: je empfindlicher und je weniger bewältigungskompetent ich mich fühle, um so stärker wirkt das Geräusch als Lärm.

Was geschieht in uns, wenn wir ein lautes Geräusch hören? Zwar muß man sagen, daß die Antwort darauf vom Geräusch, von der Situation und von der Person des Hörers abhängig ist, aber im allgemeinen geschieht

- eine Aufmerksamkeitszuwendung zum Geräusch (und damit eine Aufmerksamkeitsabwendung von anderen Tätigkeiten), besonders bei impulsartigen Schallen,
- eine zentrale Erregung des Hirnstamms, die die Abwehrbereitschaft des Körpers (und eventuelle Fluchtvorbereitungen) fördert; damit verbunden muskuläre und arterielle Veränderungen,
- akustische Verdeckung von erwünschtem Schall durch den Störschall; bei länger anhaltendem Störschall kann es auch zu kurz- oder langfristigen Vertäubungen kommen,
- Anstrengungen zur Erkennung der Schallquelle,
- Anstrengungen zum Ausgleich erwarteter negativer Folgen des Geräuschs,
- Anstrengungen zur Bekämpfung des Geräusches selbst (sofern solche Bemühungen aussichtsreich erscheinen), sonst: Belästigung und Verärgerung.

Solche Prozesse scheinen auch dann abzulaufen, wenn die betroffenen Personen seit mehreren Jahren in lärmigen Situationen wohnen bzw. arbeiten. Das läßt darauf schließen, daß eine »Gewöhnung« an Lärm nicht stattfindet. Eine ungewollte Adaptation kann es aber insofern geben, als die Betroffenen (z. B. an lauten Arbeitsplätzen) allmählich schwerhörig werden. Ansonsten ließe sich eine Adaptation auch kaum mit der Weckfunktion des auditiven Systems vereinbaren.

Die genannten nicht gewöhnungsfähigen Alarmierungsreaktionen haben für die Betroffenen sehr unerwünschte kurzfristige und langfristige Konsequenzen: die kurzfristige Konsequenz der Alarmierungsreaktion besteht im Informationsverlust *während und kurz nach der Beschallung*, die langfristige in einem allgemeinen Gefühl der Unzufriedenheit mit der Umwelt und mit der Gesellschaft, die dieses Problem der ständigen ungewollten Alarmierung nicht abstellen kann oder will. Der Umstand, daß ein lautes Geräusch auch über den eigentlichen Zeitraum der Beschallung hinaus den Menschen erregt und von seiner intendierten Tätigkeit ablenkt, weist darauf hin, daß nicht nur das eigentliche Gehör eine gewisse Erholungszeit braucht, um nach lauten Schallereignissen zur normalen Hörfähigkeit zurückzufinden, sondern auch das Gesamtsystem Mensch.

Den Umstand, daß die Wirkungen von Lärm nicht immer erkennbar sind, weil eine Belastung des Menschen zunächst Ausgleichsbemühungen anregt, deutet die häufige Erwähnung des Wortes »Anstrengungen« in der obigen Wirkungsliste an: Es gibt zahlreiche Untersuchungen, in denen eine Wirkung von Lärm auf kognitive und andere Leistungen des Menschen gar nicht sichtbar wird – unter Umständen ist die Leistung unter Lärm sogar besser als in Ruhe. Schaut man genauer hin, kann man entdecken, daß die gleichbleibende oder gar verbesserte Leistung durch das aktive Bemühen der Untersuchungspersonen um eine Kompensation der erwarteten negativen Auswirkungen zustande kam, aber diese Anstrengung kostet Energie und kann nicht lange durchgehalten werden – unter Umständen stellen sich negative Auswirkungen des Lärms erst dann heraus, wenn die »eigentliche« Leistungsprüfung vorüber ist (Glass & Singer 1972).

8. Zusammenarbeit der Sinne

Wir haben uns in den letzten beiden Kapiteln mit den grundlegenden Leistungen des visuellen und des auditiven Wahrnehmungssystems beschäftigt und diese Systeme so behandelt, als seien sie völlig unabhängig voneinander – wir haben allenfalls den Zusammenhang zwischen Wahrnehmung und Handlung herausgestellt. Außerdem haben wir die Leistungsfähigkeit der Geruchs-, Geschmacks-, Tast- und Temperatur-Wahrnehmungssysteme völlig ignoriert. Dies geschah allein in der Absicht, grundlegende Prinzipien der Wahrnehmung möglichst einfach darzustellen.

Aber ein Blick auf das tatsächliche Verhalten der Menschen belehrt uns, daß Wahrnehmungssysteme nicht isoliert voneinander arbeiten: selbst im Schlaf sind fast alle Sinne aktiv – die Augen bilden hier die große Ausnahme, aber unser Gehör, unsere Nase sowie die Tast- und Temperatur-Systeme nehmen weiter Informationen auf. Dies geschieht nicht nacheinander, sondern gleichzeitig. Wir können nun fragen, ob und wie die prinzipiell gleichzeitig verfügbare Information der Sinnessysteme verarbeitet wird: dominiert jeweils ein System? Ergänzen sich die Systeme? Wird die Information auf einer höheren Ebene integriert? Erfassen die Systeme neben der spezifischen Information auch unspezifische?

Vom visuellen System wird behauptet, daß es wichtiger sei als alle anderen Wahrnehmungssysteme, weil es schneller ist und mehr und genauere Information aufnehmen kann als andere. Dieser Vergleich setzt voraus, daß die Informationen, die uns die verschiedenen Systeme liefern, qualitativ und quantitativ vergleichbar sind – und eben diese Voraussetzung ist nicht einfach gegeben. Die Gegenposition dazu behauptet, daß die verschiedenen Systeme jeweils überwiegend spezifische Informationen liefern und sich folglich in der Regel gar keine Konkurrenz machen können, sondern sich gegenseitig ergänzen müssen.

8.1 Theoretische Grundpositionen

In der Geschichte der Psychologie hat es schon viele Versuche gegeben, die Unterschiede bzw. Ähnlichkeiten der Sinne theoretisch zu fassen. Aristoteles hat in seinem Buch »Über die Seele« vor allem Argumente für die *Einheit der Sinne* aufgeführt und behauptet, es gäbe über die klassischen fünf Sinne hinaus einen »sensus communis«, d. h. eine psychische Instanz, die bestimmte Informationen aus den (untergeordneten) Einzel-Sinnen integriert. Zu diesen Informationen gehören »allgemeine Qualitäten«, die nicht spezifisch für ein bestimmtes Sinnesorgan sind: Bewegung, Ruhe, Anzahl, Form, Größe und Ganzheit. Während z. B. die Kleiderfarbe eines Menschen nur von unseren Augen adäquat erkannt werden kann, ist seine Bewegung, Anzahl, Form und Größe auch mit Hilfe des Tastens, Riechens und Hörens mehr oder weniger gut zu erfassen. Der »sensus communis« integriert die aus den spezialisierten Sinnessystemen stammenden Einzelinformationen auf einer höheren Ebene.

Weil eine solche Vorstellung auf empirischem Wege nicht gut prüfbar ist, sind (vor allem im 20. Jahrhundert) verschiedene Alternativen zur aristotelischen Vorstellung vorgeschlagen worden, die Marks (1978) »Doktrinen« nennt:

1. *Die Doktrin äquivalenter Information*: Es wird angenommen, daß uns unterschiedliche Sinne über dieselben Merkmale der Außenwelt informieren. Beispielsweise kann ich die Größe eines Autos und die Glätte des Lacks sowohl mit den Augen als auch mit den Fingerspitzen erfassen. Für James Gibson (1966) bietet z. B. ein Feuer Information für die Augen, die Nase, die Ohren und die Haut. »Das knisternde Geräusch, der rauchige Geruch, die abgestrahlte Wärme und der projizierte Tanz farbiger Flammen« (S. 54) bieten jeweils äquivalente Information über dasselbe Ereignis.

Allerdings handelt man sich mit dieser Position schwerwiegende erkenntnistheoretische Probleme ein: wie kann man z. B. die visuell wahrnehmbare Glätte mit der taktil wahrnehmbaren vergleichen? Es ist einleuchtend, daß die visuell bzw. taktil aufgenommenen Informationen etwas über die Oberflächenbeschaffenheit des Gegenstandes aussagen, aber sind es wirklich *dieselben* Gegenstandsmerkmale? Verleitet uns der Umstand, daß wir dasselbe Wort zur Bezeichnung der visuellen bzw. taktilen Wahrnehmung verwenden, nicht zu vorschnellen Schlüssen?

Zu fragen ist weiterhin, ob die postulierte Äquivalenz der Information so weit geht, daß man eine beliebige Information durch eine beliebige andere ersetzen kann: wenn wir z. B. nur das Feuer knistern hören oder nur den Qualm riechen, reicht diese Information jeweils aus, um Feuer wahrzunehmen? Bietet nicht die visuelle Wahrnehmung von Flammen die eindeutigere Information über Feuer? Andererseits: wie leicht »entlarven« wir einen elektrischen Kitsch-Kamin trotz der Wärme und der flackernden Rotglut durch die Regelmäßigkeit des Flackerns und das Fehlen von Knistergeräuschen und Qualm als »Kunstfeuer«! Das Beispiel Gibsons ist m. E. besser als Beispiel für *korrelierte* (nicht äquivalente) Information zu interpretieren.

2. *Die Doktrin analoger Qualitäten*: Obwohl die verschiedenen Sinnesmodalitäten augenscheinlich der Umwelt sehr spezifische Informationen entnehmen, vermitteln sie auch einige gemeinsame unspezifische Informationen. Unspezifisch sind diese Informationen etwa in dem Sinne, wie Aristoteles sie verstand, und das beste Beispiel ist die *Intensität* – weitere Beispiele sind Größe (Ausdehnung) und Dauer. Die Intensität einer Farbe kann ebenso erfahren werden wie die Intensität eines Geräuschs oder eines Aufpralls, die von Hitze, Kälte oder Schmerz. Der Umstand, daß solche analogen Erfahrungen gemacht werden können, ist von einigen Psychologen extensiv ausgenutzt worden, um intermodale Vergleiche anzustellen (z. B. zwischen Lautstärke und Helligkeit). Im Gegensatz zur Doktrin äquivalenter Information wird hier in der Regel nicht behauptet, daß die Information aus den verschiedenen Sinnessystemen identisch bzw. austauschbar ist, sondern nur, daß ein zwischen verschiedenen Sinnen vergleichbares Wahrnehmungsergebnis (z. B. Größe) durch unterschiedliche Umweltqualitäten erreicht werden kann.

3. *Die Doktrin korrespondierender psychophysischer Eigenschaften*: Es wird angenommen, daß die Art und Weise, wie Wahrnehmungssysteme arbeiten, vergleichbar ist und daß die Gesetzmäßigkeiten, die im Zusammenhang zwischen physischen Umweltmerkmalen und Wahrnehmungsergebnissen festgestellt werden, im Grunde bei allen Sinnessystemen herrschen. Beispielsweise steigt die Wahrnehmung der Intensität bei allen Sinnessystemen nicht linear mit der physischen Intensität der Umweltmerkmale an, sondern eher logarithmisch. Es ist seit langem erwiesen, daß verschiedene Wahrnehmungssysteme zumindest in den Grundfunktionen »Intensitätswahrnehmung« und »Unterschiedswahrnehmung« nach denselben psychophysischen Regeln funktionieren. Dies setzt voraus, daß auch die neurophysiologischen Mechanismen identisch oder zumindest ähnlich funktionieren, und

für das klassische Beispiel der Intensitätswahrnehmung kann man dies auch bejahen: je größer die physische Intensität des Reizes, um so größer ist die Feuerungsrate der einzelnen beteiligten Rezeptoren, und um so größer ist die Zahl der erregten Zellen – unabhängig davon, ob es sich um Helligkeit, Lautstärke, Druck oder Temperatur handelt.

Die in diesem Buch vertretene Position betrachtet die durch die verschiedenen Sinne aufgenommene *Information als korrespondierend* bzw. sich gegenseitig stützend im Hinblick auf das Erfassen der Welt: sie geht (ähnlich wie James Gibson 1966) davon aus, daß die Objekte und Ereignisse unserer Welt parallel Informationen auf sehr unterschiedlichen »Kanälen« enthalten, die von unseren verschiedenen Wahrnehmungsteilsystemen auch parallel aufgenommen werden können. Jedoch ist (im Gegensatz zur Auffassung Gibsons) die Information, die man durch die Teilsysteme aufnehmen kann, selten äquivalent, sie ist allenfalls analog und genau genommen korrespondierend: Beispielsweise ist es spezifisch für das Ereignis des »Weinflaschenöffnens«, daß das Auge den langsam hochkommenden Korken bemerkt und die plötzliche Trennung des Korkens vom Falschenhals; gleichzeitig hört man das Quietschen des Korkens am Flaschenhals und einen mehr oder weniger sanften Knall; die Arm- und Handmuskulatur, die eben noch auf der einen Seite die Flasche gehalten, auf der anderen Seite den Korkenzieher gegen den eigenen Muskeldruck gezogen hat, muß schnell den fehlenden Widerstand berücksichtigen, wenn der Korken nicht mehr im Flaschenhals klemmt; und plötzlich erfüllt Weingeruch die Luft. Sicherlich enthält das Ereignis »Weinflascheöffnen« noch weitere Merkmale, die wir mit unseren Sinnen nicht entdecken können, aber die Informationen, die uns zugänglich sind, spezifizieren als *Gesamtheit* das Ereignis für uns, wobei die Informationen in den Wahrnehmungs-Teilsystemen zeitlich korreliert sind und sich folglich Entsprechungen zwischen visuell, auditiv, muskulär und olfaktorisch (d. h. über den Riechnerv) wahrnehmbaren Informationen zu jedem einzelnen Zeitpunkt des Gesamtereignisses ergeben.

All diese Informationen »gehören« zum selben Ereignis, und es ist (wegen der Korrespondenz zwischen den Sinnen) vielleicht auch möglich, die letzten Handgriffe beim Flaschenöffnen zu tun, ohne auf die eigenen Hände zu schauen oder ohne Geräusche und Geruch (wegen Verdeckung durch andere Ereignisse) wahrzunehmen. Jedoch kann die Information eines Wahrnehmungsteilsystems selten die Information eines anderen Teilsystems ersetzen – solcher »Ersatz« ist vielleicht solange möglich, als das Ereignis

»planmäßig«, d. h. in der gewohnten typischen Form abläuft. Trotzdem ist die Information aus den verschiedenen Teilsystemen nicht äquivalent und schon gar nicht identisch: wie geschildert, werden wir über den Augenblick, in dem der Korken die Flasche verläßt, durch Auge, Ohr, Muskulatur und Geruch gleichzeitig informiert. Aber das Auge und die Muskulatur vermitteln außerdem Information über die Geschwindigkeit, mit der der Korken herauskommt – was das Ohr nicht kann; das Ohr vermittelt mit dem Knall zusätzlich zur Information über das Lösen des Korkens vom Flaschenhals Informationen über den Flüssigkeitsstand in der Flasche und über die Steifigkeit des Flaschenglases – was das Auge z. B. dann nicht kann, wenn die Flasche undurchsichtig ist. Und wenn man an die kritischen Augenblicke denkt, die eintreten, wenn der Korken abreißt oder der Korkenzieher nicht greift, dann wird um so mehr deutlich, daß die Teilsysteme nur teilweise analog sind: das visuelle Teilsystem kann als einziges über solche Gefahren so rechtzeitig informieren, daß Gegenmaßnahmen noch möglich sind, ohne Korken, Flasche oder Inhalt zu zerstören.

Ein weiteres Beispiel, das zudem die Ganzheitlichkeit einer Situationswahrnehmung durch alle Sinne betont, stammt von Kai von Fiandt (1966): Er bemerkt an einem Februarmorgen gegenüber seinem Freund, es sei »ein Vorgeschmack von Frühling in der Luft«, und er beschreibt (S. 200), daß dieser Ausdruck eine Vielzahl von Wahrnehmungskomponenten umfaßt, darunter 1. die Beleuchtungsbedingungen, 2. die Mildheit der Luft, erkennbar an der Hautoberfläche und dem Gefühl in den Atemwegen, 3. die Transparenz der hellen Farben in der Landschaft. Er betont aber die »ganzheitliche Musik« der Sinnesinhalte, die vom menschlichen Organismus aufgenommen und ebenso adäquat beantwortet wird wie von der Pflanze, die sich auf den nahenden Sommer durch das Anschwellen der Wurzeln und das Entstehen der Blätter vorbereitet.

Im Gegensatz zu den bisher geschilderten Konzepten der Informationsintegration oder Informations-Korrespondenz wurden und werden auch heute noch grundsätzlich konträre Positionen vertreten, die im Kern behaupten, daß die einzelnen Wahrnehmungssysteme nicht nur *spezifische* Energien zu ihrer Erregung brauchen, sondern auch spezifische Informationen vermitteln, die nicht zwischen den Sinnesmodalitäten vergleichbar sind. Eine solche Position vertritt vor allem Kubovy (1981, 1988): Einerseits stellt er fest, daß es durchaus einige Analogien zwischen dem auditiven und dem visuellen System gibt – beispielsweise kann man Objekte sowohl auditiv als auch visuell lokalisieren. Andererseits behauptet er, daß sich das Sehen zum Hören ähnlich verhält wie Raum zu Zeit: das Sehen ist inhärent räumlich, aber nicht inhärent zeitlich, während das Hören inhärent zeitlich, aber nicht räumlich ist. Man kann feststehende Objekte angucken: sie befinden sich immer irgendwo im Raum, aber sie brauchen sich in der Zeit nicht zu verändern, bzw. sie brauchen keine definitive zeitliche Erstrekkung, um wahrgenommen werden zu können. Dagegen braucht das Hören immer zeitlich erstreckte Signale, nicht aber unbedingt räumlich definierte. Aus diesen Grundpositionen entwickelt Kubovy eine Theorie unverzichtbarer Reizattribute für das Sehen und das Hören und weist den verschiedenen Sinnessystemen entsprechend unterschiedliche Funktionen zu.

Wir werden uns hier aber überwiegend mit Beispielen für die integrative Tätigkeit des Gesamtsystems der Wahrnehmung beschäftigen.

8.2 Empirische Belege für äquivalente oder analoge Informationen

Zur Stützung der Annahme, daß unterschiedliche Sinnessysteme äquivalente Informationen vermitteln, können hauptsächlich Untersuchungen herangezogen werden, in denen bestimmte Objekt-Eigenschaften gleichzeitig durch verschiedene Sinnesmodalitäten erfahren werden. So können wir z. B. die spezifischen Unterschiede zwischen den Oberflächen eines Pelzes, eines Aluminiumbleches und eines Baumwollstoffes sowohl visuell als auch taktil erfahren. Weiterhin können wir die Bewegung eines an uns unmittelbar vorbeifahrenden Lastwagens sowohl sehen als auch hören und taktil spüren, ebenso wie wir die »Rundheit« eines Balls sehen und taktil spüren können.

Es ist jedoch zu fragen, ob erstens die Wahl eines gemeinsamen Wortes (wie z. B. »Pelz« oder »Baumwollstoff«) ausreicht, um die Behauptung äquivalenter Information zu belegen, und ob die Qualität der von den verschiedenen Sinnessystemen erhaltenen Informationen tatsächlich äquivalent in dem Sinne ist, daß die *spezifische* Information (hier der »Rundheit« oder der »Bewegung«) aus den verschiedenen Sinnessystemen ohne Abstriche vergleichbar ist. Etwas leichter fällt die Interpretation äquivalenter Stimulus-Information, wenn man intermodale Untersuchungen heranzieht, in denen die von Aristoteles so genannten »*allgemeinen* Qualitäten« (z. B. Intensität oder Größe) durch verschiedene

Sinne erfaßt werden. Solche Untersuchungen haben schon eine sehr lange Geschichte: Wilhelm Wundt hat um 1860 damit begonnen, und in unserem Jahrhundert ist vor allem der Name S. S. Stevens mit diesem Thema verknüpft.

S. S. Stevens (1956) konnte erstens zeigen, daß Untersuchungspersonen bei sorgfältiger Instruktion in der Lage sind, die Intensität von Tönen oder von Licht bzw. die Länge von Strichen und die Geschwindigkeit einer Bewegung durch direkte Angabe von Zahlen (Größen) zu schätzen, wobei sich immer eine regelhafte logarithmische Beziehung zwischen der physikalischen Größe und der geschätzten Größe ergab. Zweitens konnte seine Arbeitsgruppe zeigen, daß die Versuchspersonen in der Lage sind, auch *intermodale Schätzungen* abzugeben – beispielsweise die Intensität (Lautstärke) eines Tones durch Einstellen der Intensität (Helligkeit) einer Lampe (J. C. Stevens & Marks 1965) zu schätzen.

Bei *Verfahren der direkten Größenschätzung* geben die Untersuchungspersonen willkürlich Zahlen an, die ihrem Eindruck der Größe, Helligkeit, Lautheit oder was immer beurteilt werden soll, entsprechen. Dabei wird ein Bezugspunkt vereinbart: wenn es z. B. um die Lautheit eines Geräusches geht, wird ein mittel-lautes Geräusch zuerst dargeboten, und die Größe dieser Intensität wird vom Untersuchungsleiter als Zahl (z. B. 1) angegeben. Alle folgenden Intensitäten werden in einer Zufallsreihe dargeboten, und die Untersuchungsperson gibt die geschätzte Intensität jedes Geräuschs in Relation zum mittel-lauten Geräusch an: erscheint es ihr doppelt so laut, so wird sie die Zahl 2 angeben, erscheint es ihr dreimal so laut, wird sie 3 wählen, erscheint es ihr halb so laut, wird sie 0,5 angeben usw. Allerdings wird in der Instruktion die Größe, um die es geht (z. B. Helligkeit oder Lautstärke), *intermodal* erklärt: »es wurde erklärt, daß das Wort Lautstärke sich auf das Ausmaß des Geräuschs bezieht, wie groß es erscheint ...« (S. S. Stevens 1975, S. 57). Dieses Verfahren ist sicher unvermeidbar, wenn man einen Begriff erklären will – es hat aber den Nachteil, daß die intermodale Äquivalenz der Stimulus-Information gewissermaßen schon per Instruktion bei der einfachen Größenschätzung hergestellt wird und sich dann schlecht auf Grund der analogen Ergebnisse in verschiedenen Sinnessystemen beweisen läßt.

Ein Beispiel für die Ähnlichkeit der Größenschätzung bei Helligkeit und Lautstärke bietet die Abbildung 8-1: trägt man sowohl die physikalischen als auch die psychologischen Intensitäten in logarithmischen Einheiten auf, ergibt sich jeweils etwa eine Gerade mit vergleichbarer Steigung.

Aus dieser Vergleichbarkeit des Zusammenhangs zwischen phy-

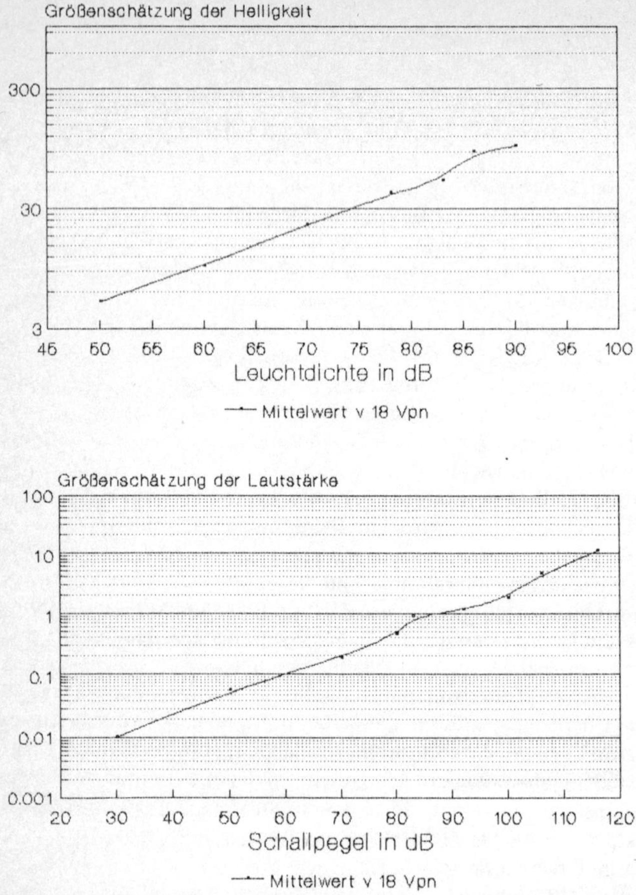

Abb. 8-1: Größenschätzung von Helligkeit und Lautstärke (nach S. S. Stevens 1975)

sikalischen und psychologischen Einheiten ergeben sich zunächst nur Argumente für die Annahme vergleichbarer psychophysischer Eigenschaften. Aber wenn man darüberhinaus zeigen kann, daß dieselbe psychologische Größe (z. B. »wahrgenommene Intensität«) in verschiedenen Sinnesmodalitäten hergestellt werden kann, kommt man »äquivalenten« oder »analogen« Sinnesinformationen schon näher. Dies haben S. S. Stevens und seine Mitarbeiter ab

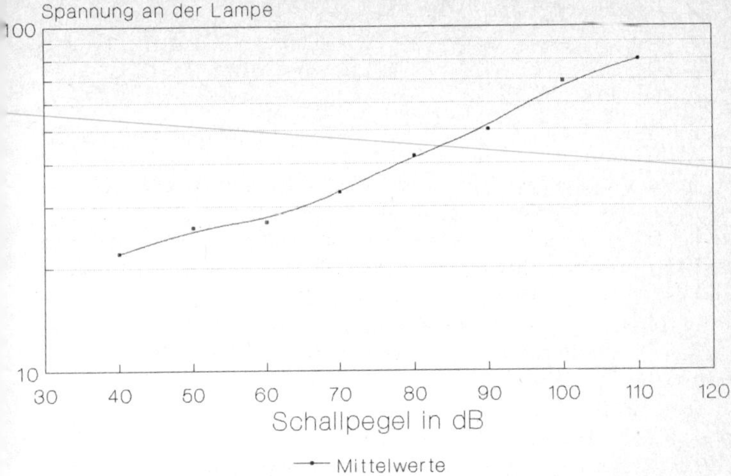

Abb. 8-2: Angleichung der Helligkeit an Lautstärke (nach S. S. Stevens 1975)

1956 vielfach durch Versuche zum sog. »cross modality matching« (dem Angleichen über verschiedene Sinnesmodalitäten) gezeigt: Beispielsweise bittet man Versuchspersonen, die Helligkeit einer Lampe durch Drehen an einem Knopf so einzustellen, daß sie genauso hell (intensiv) erscheint wie ein vorgegebenes Geräusch laut (intensiv) ist. Diese Prozedur führt man bei verschiedenen Lautstärken wiederholt durch, und als Ergebnis erhält man etwa dieselbe Gerade wie in Abb. 8-1, nur daß auf der einen Achse der vorgegebene Schallpegel und auf der anderen Seite die Helligkeit der Lampe (hier als elektrische Spannung an der Lampe) aufgetragen ist (siehe Abb. 8-2).

Ähnliche Angleichungsuntersuchungen wie die hier zitierten sind oft und mit den verschiedensten Variablen durchgeführt worden (z. B. mit Länge, Wärme, Gewicht, Druck, Vibration, Handgriff-Stärke usw.), und dabei hat sich immer eine überzufällig systematische Gerade als bestmögliche Beschreibung der Beziehung zwischen den untersuchten Größen gezeigt, sofern man auf beiden Seiten einen logarithmischen Maßstab wählt. Man kann also aus den Untersuchungsergebnissen schließen, daß es für Menschen möglich ist, bestimmte Aspekte der Umwelt in unterschiedlichen Sinnessystemen wahrzunehmen und sie von einem System in ein anderes zu übertragen.

Allerdings beschäftigen sich diese Untersuchungen fast ausnahmslos mit *unspezifischen* Wahrnehmungs-Größen, vor allem mit der Intensität, so daß es schwerfällt, in diesen Ergebnissen Argumente für eine Äquivalenz der Sinne zu finden. Bislang gibt es gute Argumente für eine Analogie zwischen den Sinnen – eventuell für die aristotelische Auffassung der Integration unspezifischer Information auf einer »höheren« Ebene.

Ein weiteres Problem belastet die Interpretation der Ergebnisse zum cross-modality matching als Beispiele für äquivalente Stimulus-Information: Man kann argwöhnen, daß die Versuchspersonen beim cross-modality matching zunächst eine numerische Größenschätzung für die vorgegebene physikalische Größe durchführen und dann diese numerische Größe in die andere Modalität übertragen. S. S. Stevens ist jedoch davon überzeugt, daß dieses Verfahren die Ausnahme bildet und die meisten Versuchspersonen die eine Größe direkt in die andere umsetzen.

Interpretiert man die vorgelegten Untersuchungen und oft zitierten Beispiele etwas vorsichtiger, geben sie kaum Unterstützung für die behauptete Äquivalenz der spezifischen Information aus verschiedenen Sinnen, allenfalls Unterstützung für die *Äquivalenz psychophysischer Beziehungen* zwischen Reizstärke und Wahrnehmungsergebnis in verschiedenen Sinnessystemen und für *analoge Informationen* hinsichtlich Größe bzw. Intensität in verschiedenen Wahrnehmungssystemen.

Hinzu kommt, daß es auch einige *Beispiele für nichtäquivalente Informationen* gibt: so ist seit langem bekannt, daß uns die zeitliche Dauer von Tönen länger erscheint als dieselbe Dauer beim Leuchten einer Lampe; weiterhin erscheinen kleine Objekte, die auf unserer Zunge liegen, wesentlich größer als wenn sie auf der Hand liegen. Während man für das letztgenannte Beispiel noch anführen kann, daß aber die *Relation* zwischen der Objekt-Größe und der Fläche der Zunge einerseits und der Fläche der Hand andererseits konstant bleibt, läßt sich für das erste Beispiel nur die Erklärung finden, daß die unterschiedlichen Wahrnehmungssysteme auch bei unspezifischen Sinnesgrößen nicht in jedem Fall äquivalente, allenfalls analoge (und in jedem Fall korrespondierende) Informationen liefern.

8.3 Empirische Belege für Interaktionen zwischen verschiedenen Wahrnehmungssystemen

Im vorigen Kapitel haben wir schon angedeutet, daß verschiedene Wahrnehmungsdimensionen sich *innerhalb* des auditiven Wahrnehmungssystems beeinflussen können. Wir wollen diese Behauptung zunächst hier ausführen und später auf Interaktionen *zwischen* verschiedenen Systemen erweitern:

Bei Untersuchungen zur auditiven Lokalisation von Schallquellen hat sich schon sehr früh herausgestellt, daß unterschiedlich hohe und tiefe Töne unterschiedlich hohe Positionen im Raum einnehmen können, wenn man die Schallquelle nicht sieht. Pratt (1930) hat sechs Versuchspersonen fünf unterschiedlich hohe Töne in einer Zufallsfolge aus unterschiedlich hoch im Raum angeordneten Lautsprechern vorgespielt. Die Versuchspersonen wußten zwar, daß die Lautsprecher unterschiedlich hoch angebracht waren, aber sie konnten sie nicht sehen, weil sie durch eine Leinwand verdeckt waren – statt dessen sahen sie eine zweieinhalb Meter hohe Skala mit 14 gleichmäßigen Teilungen. Die Versuchspersonen sollten auf dieser Skala angeben, aus welcher der 14 Positionen der jeweilige Ton kam. Pratt berichtet, daß die Hörer anfangs große Schwierigkeiten hatten, die Töne in ihrer räumlichen Höhe zu bestimmen, weil der Schall überall im Raum zu sein schien (es handelte sich um Sinustöne, nicht um natürliche Geräusche), aber nach einer kurzen Übungszeit gaben sie alle Urteile ab, die zwar in ihrer absoluten Höhe unterschiedlich waren, nicht aber hinsichtlich des Zusammenhangs zwischen Tonhöhe und Höhe im Raum: je höher die Tonfrequenz, um so höher wurde der Ton im Raum lokalisiert.

Ähnliche Ergebnisse werden auch von anderen Autoren berichtet: höhere Töne werden sowohl von Kindern als auch Erwachsenen höher im Raum lokalisiert als tiefere Töne, und dieser Effekt hängt weder von der Stellung der Ohrmuschel zur Schallquelle noch von der Art des Schalls ab. Das Ausmaß des Effekts sinkt aber beträchtlich, wenn andere räumliche Organisationsprinzipien (z. B. Gruppierung nach Ähnlichkeit, vgl. Kap. 7) hinzukommen (Bregman & Steiger 1980), und er verschwindet ganz, wenn die Schallquelle sichtbar ist.

Man kann also feststellen, daß eine auditive Teilleistung, die Höhen-Lokalisation, mit einer anderen Teilleistung, der Tonhöhen-Bestimmung, interagiert. Zwar handelt es sich bei der auditiven Höhen-Lokalisation um eine Leistung, deren Güte (zumindest im reflektionsfreien Raum) ohnehin nicht beeindruckend ist, aber immerhin scheint hier eine Funktion die andere zu stören. Wenn schon *innerhalb* derselben Sinnesmodalität solche Störungen auftreten, ist dann nicht zu erwarten, daß *zwischen* verschiedenen Modalitäten noch mehr Störungen auftreten?

Zunächst müssen wir fragen, ob das geschilderte Ergebnis vielleicht eine von diesen »Täuschungen« ist, die nur deshalb auftreten, weil die Wahrnehmungsbedingungen unzureichend sind – schließlich ist es ja unter gewöhnlichen Umständen sehr selten, daß wir eine Schallquelle auch bei größter Anstrengung nicht sehen können. Und es kommt ein Umstand hinzu, der zumindest mit den physiologischen Prozessen bei der Wahrnehmung nichts zu tun hat, durch die menschliche Sprache aber Einfluß auf die Wahrnehmung nehmen kann: alle bekannten Sprachen verwenden die Begriffe »hoch« und »tief« sowohl im räumlichen als auch im tonalen Sinn. Ohne daß wir hier die Frage nach Ursache und Wirkung klären können, müssen wir feststellen, daß diese *sprachliche Analogie* zwischen räumlicher und tonaler Höhe *nicht zufällig* ist. Man kann fragen, ob die hochtonhaltigen Geräusche in der Entwicklungsgeschichte des Menschen üblicherweise auch von »oben« kamen und tiefere von weiter unten – sicher fällt jedem Menschen ein, daß Vögel auf den Bäumen (helltönend) singen, während die meisten anderen Tiere (wenn überhaupt) tiefere Laute von sich geben und auf dem Erdboden leben, aber auf dem Erdboden gibt es hinsichtlich der Tonhöhe der Tierlaute so große Unterschiede, daß ein evolutionärer Vorteil durch diese räumlich-tonale Analogie nicht zu sehen ist.

Die Vermutung, daß die sprachliche Äquivalenz die ansonsten hinsichtlich der vertikalen Lokalisation recht unsicheren Versuchspersonen in den Untersuchungen »verleitet« haben, die Analogie zwischen Tonhöhe und Raumhöhe herzustellen, wird von den betreffenden Autoren grundsätzlich verneint. Für die meisten Versuchspersonen sei diese Analogie auch völlig überraschend – im Alltag würden sie davon nichts merken. Es handle sich also eher um eine »bildliche« Bezeichnung und nicht um eine Analogie, auch wenn diese Bildsprache in der literarischen Kunst sehr häufig angewendet wird.

Aber verlassen wir die Ebene der intramodalen Interaktion und betrachten wir die der wechselseitigen Beeinflussung zwischen *verschiedenen* Wahrnehmungssystemen. Zu den berühmtesten Beispielen intermodaler Interaktion gehört der häufige Wechsel in der Führungsrolle zwischen visuellem und auditivem System: wenn der Mensch schläft, hat er die Augen geschlossen und ist durch visuelle Stimulation kaum zu wecken, wohl aber durch auditive, und wenn er wach ist, wird seine visuelle Aufmerksamkeit durch plötzlich auftretende Geräusche in die Richtung der Geräuschquelle gelenkt – auch wenn sich diese Geräuschquelle hinter ihm befindet und er vor sich andere Dinge betrachtet. Befindet sich aber die Geräuschquelle *vor* ihm in unverstellter Sicht, dann wird er die Schallquelle dort lokalisieren, wo er eine *sieht*, auch wenn das Geräusch aus einer anderen Richtung kommt. Und wenn sich ein Mensch stark auf die Aufnahme visueller Information konzentriert (z. B. beim Lesen), dann kann es geschehen, daß er auditive Informationen einfach »überhört«.

Die *Lenkung des auditiven Systems* durch das visuelle ist besonders in alten Kinos und bei Mono-Fernsehsendungen bzw. -Fernsehgeräten zu beobachten: in der Frühzeit des Tonfilms wurde der Ton monophon (d. h. über nur *einen* Tonkanal) aufgenommen und über eine Lautsprechergruppe wiedergegeben, die sich in der Mitte der Leinwand befand. Wenn nun ein Schauspieler am rechten oder linken Rand der Leinwand den Mund öffnete und aus der Mitte der Leinwand seine Stimme erklang, lokalisierte jeder Zuschauer den Auftretensort des Geräusches im Mund des Schauspielers – also rechts oder links auf der Leinwand. Systematische Untersuchungen solcher Effekte haben gezeigt, daß die Geräuschquelle nur bei extremen Diskrepanzen zwischen auditiver und visueller Lokalisation an einem »Kompromißort« lokalisiert wird, der aber nicht genau der Mitte zwischen visuellem und auditivem Auftretensort entspricht, sondern etwas mehr in Richtung des visuell erfahrbaren Ortes liegt. Im allgemeinen wird der Ort der Schallquelle dort angegeben, wo eine plausible Quelle sichtbar ist.

Komplementär zum eben geschilderten Beispiel der Lenkung des auditiven Systems durch das visuelle gibt es Beispiele für die *Lenkung des visuellen Systems* durch das auditive: wenn plötzliche und unerwartete Geräusche auftreten, dann wenden wir unseren Kopf und unsere Augen sofort in die Richtung, aus der der Schall kommt – die visuelle Tätigkeit wird unterbrochen und auf die Quelle des akustischen Ereignisses gelenkt. Diese Funktion scheint angeboren zu sein: Beispielsweise dreht ein nur 3 Minuten altes Baby seine Augen mit 80-prozentiger Sicherheit in die Richtung desjenigen Ohres, an dem ein leises Geräusch gemacht wird. Ist das Geräusch aber sehr laut, kommt es vielfach zu motorischen Schreckreaktionen und zu Augenbewegungen in die entgegengesetzte Richtung. Da solche Augen-Ohr-Zusammenhänge schon bei der ersten Darbietung auftreten, können sie nicht gelernt sein. Die ersten Vermutungen, es handle sich hier um einfache reflektorische Prozesse, werden heute abgelöst durch etwas komplexere Vorstellungen, nachdem sich herausgestellt hat, daß Kleinstkinder auch dann, wenn sie Geräusche im Dunkeln hören, mit den Augen den Raum absuchen. Hinzu kommen neurophysiologische Daten, die eine Reaktion der *visuellen* Hirnrinde bei *akustischer* Reizung feststellen. Man nimmt heute an, daß es eine angeborene Koordination zwischen der auditiven und der visuellen Verarbeitung räumlicher Information in dem Sinne gibt, daß die auditive Stimulation ein visuelles Suchprogramm auslöst, um die möglichen Schallquellen visuell zu lokalisieren (Butterworth 1981).

Die geschilderten Beobachtungen an Neugeborenen haben eine Hypothese populär gemacht, die eine *»primitive Einheit«* aller Wahrnehmungsteilsysteme ohne Differenzierung zwischen den Modalitäten als Anfangspunkt einer ontogenetischen Entwicklung annimmt, welche mit zunehmender Erfahrung immer differenzierter wird. Mit anderen Worten: Es wird angenommen, daß ein Kind am Anfang der Wahrnehmungsentwicklung wohl schon Objekte und Ereignisse lokalisieren kann, aber es »weiß« nicht, ob es das Objekt mit den Augen oder mit den Ohren lokalisiert. Macht man nun eine Untersuchung, in der es einen *Konflikt zwischen visueller und auditiver Information* gibt, dann müßte das Baby nach der Hypothese der »primitiven Einheit« einen Kompromißort lokalisieren. Kann es aber zwischen den Modalitäten differenzieren, so wird es vermutlich eine Modalität bevorzugen oder einen Wahrnehmungskonflikt erkennen lassen. Die Ergebnisse einer Untersuchung von Castillo & Butterworth (1980), in der Neugeborene entweder einen Sinuston allein hörten oder den Ton in Kombination mit einem visuellen Signal, das entweder am Ort des Schalls oder in einer deutlichen Entfernung davon auftrat, lassen an der Hypothese der »primitiven Einheit« zweifeln, zumindest in der Form, daß das Baby nicht zwischen visueller und auditiver Information differenzieren könne: In der Situation, in der sich die Auftretensorte des Schalls und des sichtbaren Objekts widersprachen, zeigten die Babies deutliche Anzeichen von Konflikt und richteten ihre Augen überwiegend auf das sichtbare Objekt (s. Kap. 8.5).

Insgesamt weisen die hier geschilderten Untersuchungsergebnisse darauf hin, daß unsere Wahrnehmung zwar nicht absolut wahrheitsgetreu, aber prinzipiell einem Realitätsprinzip folgt: wenn in unserer Nähe ein Geräusch auftaucht, dann muß es eine reale Ursache haben – es muß ein Lebewesen oder Objekt geben, von dem dieses Geräusch ausgeht. Lebewesen und Objekte sind sichtbar, also muß eines dieser Dinge im Sehfeld rings um uns herum das Geräusch entstehen lassen. Und unter normalen Wahrnehmungsbedingungen wird die Quelle auch entdeckt, wobei sich Auge und Ohr gegenseitig stützen, eventuell analoge Informationen geben. Die Nicht-Übereinstimmung zwischen visueller und auditiver Information ist ein Sonderfall, für den unsere Wahrnehmungssysteme sich nicht entwickelt haben. Tritt ein solcher Fall auf, dominiert das visuelle System.

8.4 Wahrnehmungssysteme bilden Koalitionen

Wenn wir uns daran erinnern, *was und zu welchem Zweck* wir wahrnehmen, dann bekommt die Frage nach der Zusammenarbeit der Wahrnehmungssysteme einen anderen Sinn als den, äquivalente oder analoge Qualitäten der Umwelt als Maßstab für die Einheit der Systeme zu finden. Unsere Sinne vermitteln uns Informationen über die Welt und über uns in dieser Welt. Diese Informationen sind vielfältig und keineswegs auf so allgemeine Qualitäten wie »Größe«, »Intensität« oder »Helligkeit« beschränkt, sondern sehr spezifisch und umfassend.

Wenn wir z. B. auf der Straße gehen und ein Auto in unserer Nähe losfährt, dann muß unser Organismus wissen, ob eine Gefahr für uns besteht, in welche Richtung das Auto fährt, wie schnell es ist, ob es gerade auf einer Spur bleibt oder schleudert, ob wir Platz zum Ausweichen haben usw. Diese komplexen Informationen können einer Vielzahl von Komponenten der Situation entnommen werden, und einige dieser Komponenten sind im Licht enthalten, andere im Schall, wieder andere in der Luftzusammensetzung: die visuelle relative Geschwindigkeit und Bewegungsrichtung der Fahrzeugkanten in Bezug zur Oberflächenstruktur des Bodens informiert uns über die Geschwindigkeit und Bewegungsrichtung sicherlich genauer als die Änderung von Schallpegel und Frequenzzusammensetzung am rechten im Vergleich zum linken Ohr, andererseits informiert uns ein quietschender Reifen auditiv schneller über ein mögliches Schleudern des Fahrzeugs als der sichtbare Spurwechsel, ebenso wie die auditiv wahrnehmbare Drehzahländerung des Motors uns schneller über relative Zu- oder Abnahme der Fahrzeuggeschwindigkeit informiert als das Auge. Auch der Geruch von abgeriebenem Gummi, Benzin- oder Dieselabgasen gibt zusätzliche (wenn auch selten sehr spezifische) Informationen über die Nähe des Autos.

Wichtiger noch als die Aufzählung der Leistungsmerkmale unserer Sinne erscheint der Hinweis, daß das Auge selbstverständlich nur die Dinge entdecken kann, die sich *vor* ihm befinden, während das Ohr und die Nase auch Informationen über Objekte *hinter* oder *seitlich* von uns liefern können – Informationen, die den Organismus veranlassen können, sein leistungsfähigstes Wahrnehmungssystem auf das fragliche Objekt zu richten. Es ist für uns äußerst wichtig zu wissen, ob es hinter uns brennt oder sich jemand von hinten nähert. Wenn auch die Leistungsfähigkeit von Ohr und Nase nicht ausreicht, um genau den Ort des Feuers oder die

Geschwindigkeit der Annäherung hinter uns zu bestimmen – sie reicht, um das Gesamtsystem der Wahrnehmung zu alarmieren, den Körper (zumindest den Kopf und die Augen) zu drehen, eventuell das eigene Bewegungstempo zu steigern und die visuelle Aufmerksamkeit auf das Geschehen hinter uns zu lenken.

Die Leistungsfähigkeit der einzelnen Wahrnehmungs-Teilsysteme ist auch (zumindest im Wachzustand) immer *parallel* vorhanden, d. h. die Teilsysteme entnehmen der Umwelt *gleichzeitig* Information. Auch dann, wenn unsere Augen, die ja immer nur einen kleinen Ausschnitt aus der Welt scharf sehen können, sich Teilaspekten zuwenden bzw. in unserem Auto-Beispiel vom Auto abwenden, um Fluchtmöglichkeiten zu erkunden, auch dann können Ohren und Nase das Auto weiter »überwachen« und bei Vorliegen überlebenswichtiger Information eine Änderung der Handlungssteuerung veranlassen. Die elektrische Information von den Rezeptoren wird ja auf vielen parallelen Nervenbahnen gleichzeitig in verschiedene Teile unserer Großhirnrinde geleitet, und das Gehirn ist – im Gegensatz zu den meisten Computern – in der Lage, Millionen von Funktionen unabhängig voneinander und gleichzeitig auszuführen. Es wird angenommen, daß unser Gehirn modular organisiert ist, d. h. aufteilbar in Millionen unabhängiger Einheiten, die ein eigenes Gedächtnis haben und bei Vorliegen bestimmter neuronaler Information (von den Rezeptoren oder von anderen Hirnarealen) in Aktion treten (vgl. Allport 1980). Man spricht hier von parallel-distribuierten Prozessen und inzwischen sind Physiologen, Psychologen und Computer-Fachleute in dieser neuen Forschungsrichtung engagiert (vgl. z. B. Cowey 1985).

In diesem Sinne bilden die Wahrnehmungssysteme Koalitionen; sie steuern ihre spezifischen Leistungsfähigkeiten bei, um die Information über Objekte und Ereignisse der Außenwelt möglichst so realistisch und so umfassend zu erhalten, wie es für die Handlungssteuerung in Relation zu den Handlungsmöglichkeiten des Organismus notwendig ist. Damit wird nicht behauptet, daß die Wahrnehmungssysteme ein vollständiges Bild der Welt liefern können, aber es wird behauptet, daß das Bild, was sie von ihr liefern, realistisch in dem Sinne ist, daß eine regelhafte Entsprechung zwischen den Objekten und Veränderungen in der Außenwelt und den Veränderungen im Organismus existiert, wobei die Informationen, die der Welt entnommen werden, ausreichend sein müssen, um eine Basis für das Handeln des Organismus in dieser Welt zu bieten.

Mit anderen Worten: Die einzelnen Wahrnehmungssysteme (vor allem Auge, Ohr, Geruchs- und Temperatursinn) stehen in einem unmittelbaren Zusammenhang zum Bewegungsapparat des Organismus und bilden mit ihm zusammen ein integriertes Wahrnehmungssystem. Dabei scheinen die Augen besonders stark im Zusammenhang mit der Steuerung von Handbewegungen zu stehen und die Ohren besonders stark im Zusammenhang mit der Steuerung von Sprechbewegungen.

Ein Beispiel für den starken Zusammenhang zwischen Auge und Hand bringt Allport (1980), wobei gleichzeitig gezeigt wird, daß die der Umwelt entnommenen Informationen nicht immer die Ebene des Bewußtseins erreichen müssen: Einem Menschen mußte ein großer Teil der visuellen Großhirnrinde entfernt werden, und nun wird seine Sehfähigkeit mit Hilfe eines Perimeters geprüft. (Ein Perimeter ist ein Gerät zur Messung des Gesichtsfeldumfangs, ein Halbkreis von etwa anderthalb Meter Durchmesser, in dessen Mitte die Untersuchungsperson sitzt; und auf dem Halbkreis erscheinen optische Marken, wie z. B. Lichtpunkte, die die Untersuchungsperson erkennen soll). Der Kopf der Untersuchungsperson soll sich nicht bewegen, und die Augen sollen auf einen zentralen Punkt in der Mitte des Perimeters gerichtet bleiben. Erscheinen jetzt irgendwo am Rande des Halbkreises Lichtpunkte, so kann ein gesunder Mensch diese Punkte erkennen und benennen, solange sie weniger als etwa 90 Grad seitlich und 75 Grad in der Höhe vom Beobachtungspunkt abweichen. Der operierte Patient konnte diese verbalen Angaben weitgehend auch machen, jedoch stellte sich heraus, daß es ein bestimmtes Gebiet gab, in dem er blind zu sein schien: wenn der Lichtpunkt in diesem Feld lag, schien der Patient ihn nicht zu bemerken. Anschließend gab man ihm eine andere Aufgabe: er sollte nicht verbal reagieren, sondern auf den Punkt mit dem Finger zeigen; immer dann, wenn eine Klingel ertönte, sollte er den Arm ausstrecken und mit dem Finger in die Richtung zeigen, aus der das Licht kam – falls er sich nicht sicher war, sollte er wenigstens ungefähr die Richtung angeben. Es stellte sich heraus, daß der Patient auch in dem Feld, das sich bei der Benennungsmethode als »blind« herausgestellt hatte, perfekte Richtungsanzeigen durchführte, solange die Lichtpunkte nicht allzu klein waren. Das bedeutet, daß subkortikale (d. h. unterhalb der Hirnrinde gelegene) Verarbeitungsprinzipien zur Steuerung der Armbewegungen ausreichen: Man muß nicht jedes Objekt bewußt wahrnehmen, um spezifisch handeln zu können.

Ein Beispiel für den starken Zusammenhang zwischen Ohr und Sprechsteuerung bringt eine Untersuchung von McLeod (1977): Wenn man Untersuchungspersonen zwei Aufgaben stellt, die sie *gleichzeitig* ausführen sollen, kommt es häufig zu Interferenzen.

Wenn z. B. auf einem Bildschirm nur zwei nacheinander auftauchende Buchstaben verglichen werden sollen und mit zwei Fingern der rechten Hand angegeben werden soll, ob die Buchstaben »gleich« oder »verschieden« sind, so ist das für alle Personen kinderleicht, und die Reaktionsgeschwindigkeit ist sehr hoch. Soll man aber gleichzeitig mit der linken Hand so schnell wie möglich eine Taste drücken, sobald ein akustisches Signal zu hören ist, dann verlangsamt sich das Tempo bei der ersten Aufgabe, sobald das akustische Signal in die unmittelbare zeitliche Nähe zum zweiten gezeigten Buchstaben kommt. Diese Verlangsamung verschwindet aber ganz, wenn auf das akustische Signal nicht durch (manuellen) Tastendruck, sondern durch Sprechen eines Wortes (z. B. »bip«) reagiert werden soll: In diesem Fall kann die auditive Information (die ja aus einer anderen Quelle stammt als die visuelle) offenbar ohne Interferenz mit der visuellen Information adäquat und spezifisch beantwortet werden.

Die Teilsysteme der Wahrnehmung sind darauf spezialisiert, der Welt *unterschiedliche* Information zu entnehmen, jedoch können sie in eingeschränktem Umfang auch analoge Information (z. B. über Größe, Intensität, Geschwindigkeit usw.) liefern; die Gesamtinformation (ob analog oder nicht) wird integriert und ermöglicht *zusammen* das Erfassen der Welt. Die Einzelinformation aus einem oder zwei Teilkomponenten des Wahrnehmungssystems reicht aus, um Teilaspekte der Handlungssteuerung zu befriedigen. Beispielsweise reicht es für den Fall, daß ein Auto tatsächlich an uns vorbeifährt und uns nicht berührt, aus, die auditive Information über die Wegfahrt des Autos zu haben – wir brauchen es dafür nicht mehr zu sehen. Eine *vollständige* Wahrnehmung des *Ereignisses* Wegfahrt gelingt jedoch nur dann, wenn wir es gleichzeitig visuell, auditiv und olfaktorisch erfahren.

8.5 Zum Primat des Sehens

Es ist sicher kein Zufall, daß sich die meisten Forschungsarbeiten der Wahrnehmungspsychologie (und folglich auch die meisten Theorien und Lehrbücher) primär mit der visuellen Wahrnehmung beschäftigen, das Hören allenfalls am Rande berühren und die übrigen Sinne fast ganz vernachlässigen. Man kann für diesen Umstand viele Gründe anführen – beispielsweise ist es technisch wesentlich einfacher, mit visuellen Signalen zu arbeiten als mit akustischen oder gar olfaktorischen: Man kann einen Raum leichter verdunkeln als reflektionsarm machen; man kann ein visuelles Signal mit Bleistift und Papier herstellen, während man für Töne, Geräusche oder Düfte spezielle Geräte braucht. Es wird aber auch inhaltlich argumentiert und behauptet, daß die visuelle Wahrnehmung *wichtiger* sei als die auditive oder gar andere, weil die Menschen visuell *mehr* Informationen verarbeiten könnten als auditiv. Und außerdem könne man immer wieder beobachten, daß sich das auditive System eher nach der visuellen Information richtet als umgekehrt. Schließlich wird die Priorität des Sehens auch damit begründet, daß das Sehen immer objekthaft und plastisch ist, während das Hören eher flächenhaft sei.

Aus der bisherigen Darstellung der unterschiedlichen Funktionen von Hören und Sehen in diesem Buch folgt, daß solche Vergleiche eigentlich nicht sinnvoll sind, weil sie eine Voraussetzung haben, die man bezweifeln kann: die der Welt visuell und auditiv zu entnehmende Information müßte identisch oder zumindest äquivalent sein. Obwohl wir diese Voraussetzung außerhalb psychologischer Labors in der Regel nicht erfüllt sehen, wollen wir uns mit diesen Behauptungen auseinandersetzen, weil sie sehr häufig anzutreffen sind.

Eine adäquate Prüfung der erstgenannten Behauptung, das visuelle System könne mehr Information als das auditive aufnehmen, setzt voraus, daß man die aufgenommene Informationsmenge in verschiedenen Sinnesmodalitäten angemessen bestimmen und miteinander vergleichen kann. Die üblichen Techniken zur Kapazitätsprüfung (über die Menge wiedererkannter Informationen pro Zeit oder die Reaktionsgeschwindigkeit bei Unterschiedsprüfungen) sind nicht geeignet, weil auditive Informationen nur nacheinander dargeboten werden können (d. h. selbst schon je nach Informationsmenge unterschiedlich viel Zeit zur Präsentation brauchen) und bei Wiedererkennensleistungen eher das Gedächtnis als die Wahrnehmung geprüft wird. Insofern ist das Argument empirisch nicht prüfbar – was seine Richtigkeit jedoch nicht ausschließt.

Mit der Lenkung des auditiven Systems durch das visuelle haben wir uns in Kapitel 8.3 beschäftigt und dort betont, daß im Alltag der umgekehrte Fall häufiger eintritt: Es gehört gerade zu den Grundfunktionen des auditiven Teilsystems, die visuelle Aufmerksamkeit auf Objekte und Ereignisse zu lenken, die sich akustisch bemerkbar machen und nicht im momentanen Blickfeld sind. Wenn aber ein potentiell Geräusche produzierendes Objekt im Blickfeld ist, dann läßt sich das auditive System dazu »verleiten«, den Auftretensort des Geräusches eher nach den visuellen Informationen zu bestimmen. Auf der anderen Seite: zeigen nicht gerade die Synchronisationen fremdsprachiger Filme, daß sich unser Auge leicht »verleiten« läßt, eine Stimme mit einer visuell sichtbaren Person zu identifizieren, obwohl die Lippenstellungen oft dem Sprachgeräusch widersprechen? Allerdings läßt sich dagegen argumentieren, daß wir anderen Menschen etwas mehr in die Augen sehen und weniger auf den Mund.

Es gibt einige Fälle visueller Dominanz, die in der Literatur (vgl. Posner et al. 1976) als eindeutige Beweise für den Primat des Sehens verstanden werden: Wenn man z. B. eine Brille trägt, die gerade Linien krumm erscheinen läßt, dann fühlen die Hände (die man ebenfalls durch die Brille betrachtet) eine gekrümmte Linie, obwohl sie objektiv gerade ist (Gibson 1933). Man kann den Schluß ziehen, daß im Falle eines künstlich hergestellten Widerspruchs zwischen optischer und taktiler Information die optische dominiert. Wenn man in einem Experiment auf Licht und auf Schall unterschiedliche Tasten drücken soll, dann neigt man beim gleichzeitigen Auftauchen von Licht und Schall dazu, nur diejenige Taste zu drücken, die »Licht« bedeutet, und man ist sich in der Regel nicht bewußt, daß auch ein akustisches Signal vorhanden ist (Colavita 1974). In diesem Fall gibt es keinen Widerspruch zwischen auditiver und visueller Information, jedoch ist zu fragen, ob die Ohr-Hand-Koordination, die beim Tastendruck auf den akustischen Reiz verlangt wird, ebenso präzise ist wie die Auge-Hand-Koordination, die beim Tastendruck auf den visuellen Reiz notwendig ist. Mit anderen Worten: die hier als Dominanz des visuellen Systems interpretierten Ergebnisse zeigen vielleicht eher eine Überlegenheit der Auge-Hand-Koordination gegenüber der Ohr-Hand-Koordination.

Das Argument der größeren *Objekthaftigkeit* und *Räumlichkeit* der visuellen Wahrnehmung gegenüber der auditiven wurde von Erich von Hornbostel (1938) eingebracht: »Es gibt einen wirklichen Gegensatz zwischen Auge und Ohr. Kein Geräusch ist jemals so ein Objekt, wie es ein festes, sichtbares Ding ist« (S. 215, Übersetzung R. G.). Zwar enthält unser visueller Wahrnehmungsalltag neben festen Objekten auch viele »flüchtige« Ereignisse, die wir nicht so mit den Augen »festhalten« und »verfolgen« können wie ein Objekt, aber der auditive Wahrnehmungsalltag enthält *nur* »flüchtige« Ereignisse. Dies läßt es plausibel erscheinen, daß das Wahrnehmungs-Gesamtsystem häufiger mit dem Aufnehmen von visueller Information beschäftigt ist als mit dem Aufnehmen auditiver. Hinzu kommt die unmittelbare *Räumlichkeit* der visuell wahrgenommenen Welt, die weder im auditiven, noch im haptischen oder olfaktorischen Bereich so deutlich ist. Fraglos kann man auch auditiv und haptisch räumlich wahrnehmen, jedoch wird die überwältigende Räumlichkeit, die sichere Einordnung von »vorn, hinten, links, rechts, oben und unten«, die in der visuellen Information enthalten ist, durch andere Wahrnehmungssysteme nie erreicht. Dies ergibt sich erstens aus der größeren Reaktionsgeschwindigkeit, mit der Menschen Objekte im Raum visuell lokalisieren können, zweitens aus der enormen Sicherheit, mit der das geschieht: die Sicherheit und die Geschwindigkeit der auditiven Lokalisation ist deutlich geringer. Abgesehen davon führen viele Autoren auch noch die größere visuelle Lokalisations*genauigkeit* ins Feld, jedoch scheinen hier Untersuchungen, die das Ohr nicht von vornherein benachteiligen, noch zu fehlen (vgl. Kap. 7).

Einige Autoren meinen, daß die *Räumlichkeit* der nichtvisuellen Information deshalb weniger deutlich sei, weil sie sich erst im nachhinein durch gelernte Assoziationen mit dem Sehen entwikkelt habe. Diese Auffassung erinnert erstens sehr an die nicht beantwortbare Frage nach der kausalen Reihenfolge von Henne und Ei, zweitens scheint sie mir auch empirisch nicht begründbar, wenn man daran denkt, daß sich die verschiedenen Wahrnehmungsteilsysteme phylogenetisch immer in Abhängigkeit von der motorischen Kompetenz des Lebewesens *zusammen* entwickeln (vgl. Kap. 4).

Obwohl diese Aussage mit empirischen Mitteln kaum zu prüfen ist, kann man dennoch feststellen, daß das Räumlichkeitserleben bei auditiver Information weniger deutlich ist als bei visueller Information, obwohl das Gehör ja ebenso mit *zwei* äußeren Wahrnehmungsorganen ausgestattet ist wie das Gesicht. Die relativen Unterschiede zwischen rechtem und linkem Ohr enthalten ebenso viel räumliche Information wie die relativen Unterschiede zwischen rechtem und linkem Auge. Allerdings enthalten schon die Informationen von *einem* Auge mehr räumliche Anteile als die entsprechenden von einem Ohr: die relative Entfernung eines Objekts ist auch mit einem Auge durch relative Größe, Klarheit, Verdeckung durch andere Objekte, perspektivische Linien etc. zu entdecken, während bei einem Ohr nur die relative Lautheit und Frequenzzusammensetzung Entfernungshinweise geben. Insofern ist plausibel, daß unser Gehör tatsächlich weniger »plastische« Informationen vermittelt als unser Auge: letzteres hat viel mehr »Wege in die dritte Dimension« (Rock 1984) als das Gehör.

Es soll aber hier noch einmal betont werden, daß diese Diskussion um »wichtige« und »weniger wichtige« Sinne eigentlich unangemessen ist, weil sie die unterschiedlichen Funktionen der Wahrnehmungsteilsysteme und ihre Zusammenarbeit ignoriert: die Augen, die Ohren, die Nase, die Temperatur-, Druck-, Geschmacks- und anderen Sinne entnehmen der Außen- und Innenwelt des Menschen jeweils spezifische Informationen über deren Zustand. Alle Teilsysteme zusammen reichen nicht aus, um ein vollständiges und realitätsgetreues Bild von der Welt und unserer Position in ihr zu ermöglichen, aber sie reichen zusammen im allgemeinen aus, um die für unsere Handlungsmöglichkeiten und Handlungsnotwendigkeiten angemessenen und realistischen Informationen zu geben.

Die Formulierung »im allgemeinen« weist auf eine Einschränkung hin, die für die Entwicklung der Menschen im Verlaufe der letzten Jahrhunderte getroffen werden muß: im Zuge der Technisierung von Arbeit und Verkehr haben sich die Handlungsmöglichkeiten und -gewohnheiten des Menschen so rapide verändert, daß seine Wahrnehmungsmöglichkeiten in bestimmten Fällen nicht mehr ausreichen: Bei der Fahrt über die Meere und beim Fliegen muß man sich bestimmter Navigationsinstrumente bedienen, beim schnellen Autofahren können wir unsere eigene Geschwindigkeit nicht mehr den optischen Flußfeldern entnehmen, und wir wünschen uns einen »Radioaktivitäts-Sinn«, der uns vor verstrahlter Nahrung warnt. Außerdem wird befürchtet, daß wir deshalb mit unserer Natur so lieblos umgehen, weil wir sie in der Regel nicht mehr durchwandern, sondern nur noch durch den Fernseher oder die Windschutzscheibe wahrnehmen.

In der Funktion der Handlungssteuerung unterstützen sich die Wahrnehmungsteilsysteme untereinander, und die insgesamt (gleichzeitig aus den Teilsystemen) erhaltene Information wird integriert, was in der oft beschriebenen »Ganzheitlichkeit« der Wahrnehmung unter Alltagsbedingungen zum Ausdruck kommt. Den Ohren und der Nase kommt gegenüber den Augen insofern eine besondere Rolle zu, als die Augen nur einen sehr kleinen Teil der sichtbaren Welt genau überwachen können – insbesondere den unmittelbaren Handlungsraum vor (und unter) dem Körper. Hier helfen Ohren und Nase, auch den restlichen Raum zu überwachen, indem sie unabhängig von der Einfallsrichtung auditiver und olfaktorischer Information das motorische System zur Steuerung der Körperbewegungen bei Bedarf veranlassen, wenigstens die Augen, eventuell auch den Kopf, die Schultern und die Füße in Richtung alarmierender Ereignisse zu lenken. Insofern gehören Körperbewegungen ebenfalls unmittelbar zur Wahrnehmungstätigkeit; sie werden einerseits durch die Sinne gelenkt, andererseits ermöglichen sie spezifische Informationsaufnahmen: Wenn wir etwas nicht deutlich genug sehen, hören oder riechen können, wenden wir uns dem Ding zu oder gehen näher heran. Die oben behauptete Koalition zwischen den Wahrnehmungsteilsystemen umfaßt also strenggenommen auch den gesamten Bewegungsapparat.

Literaturverzeichnis

Weiterführende Literatur

Zu den besten Lehrbüchern der Wahrnehmungspsychologie gehört:

Goldstein, E. B. (1984[2]). *Sensation and Perception*. Belmont, Calif: Wadsworth Publishing Company.

Zwar schon etwas älter, aber dafür in deutscher Sprache und sehr zuverlässig ist

Murch, G. M. & Woodworth, G. L. (1978). *Wahrnehmung*. Stuttgart: Kohlhammer.

Wer es noch genauer wissen will, muß in Handbücher schauen. Sehr aktuell ist:

Boff, K. R., Kaufman, L. & Thomas, J. P. (Hrsg.) (1986). *Handbook of perception and human performance.* 2 Vols. New York: Wiley.

Umfassender, aber älter:

Carterette, E. C. & Friedman, M. P. (Hrsg.) (1974–1978). *Handbook of Perception*. 10 Vols. New York: Academic Press.

Zur Vertiefung in Spezialgebiete der Wahrnehmungspsychologie sind folgende Werke geeignet:

Bruhn, H., Oerter, R. & Rösing, H. (Hrsg.) (1985) *Musikpsychologie.* Ein Handbuch in Schlüsselbegriffen. München: Urban & Schwarzenberg.

Gibson, J. J. (1966). *The senses considered as perceptual systems.* Boston: Houghton Mifflin Company (Deutsch: Die Sinne und der Prozeß der Wahrnehmung. Bern: Huber, 1973).

Gibson, J. J. (1979). *The ecological approach to visual perception*. Boston: Houghton Mifflin (Deutsch: Wahrnehmung und Umwelt. Der ökologische Ansatz in der visuellen Wahrnehmung. München: Urban & Schwarzenberg, 1982).

Guski, R. (1987). *Lärm*. Wirkungen unerwünschter Geräusche. Bern: Huber.

Haber, R. N. & Hershenson, M. (1973). *The psychology of visual perception.* New York: Holt, Rinehart & Winston.

Michaels, C. F. & Carello, C. (1981). *Direct perception*. Englewood Cliffs, N. J.: Prentice-Hall.

Moore, B. C. J. (1982[2]): *An introduction to the psychology of hearing.* London: Academic Press.

Rock, I. (1984). *Perception.* New York: Scientific American Library. Deutsch: Wahrnehmung. Vom visuellen Reiz zum Sehen und Erkennen. Heidelberg: Spektrum der Wissenschaft 1985.

Allport, D. A. (1980). *Patterns and actions: cognitive mechanisms are content-specific.* In: Claxton, G. (Hrsg.): Cognitive psychology – new directions. London: Routledge & Kegan Paul, 26-64.
Attneave, F. (1959): *Applications of information theory to psychology.* New York: Holt, Rinehart & Winston.
Attneave, F. & Olson, R. K. (1971): *Pitch as a medium: a new approach to psychophysical scaling.* American Journal of Psychology 84, 147-166.
Blumstein, S. E. & Stevens, K. N. (1980): *Perceptual invariance and onset spectra for stop consonants in differnt vowel environments.* Journal of the Acoustical Society of America 67, 648–662.
Bolles, R. C. (1978²): *Learning theory.* New York: Holt, Rinehart & Winston.
Bregman, A. S. & Steiger, H. (1980): *Auditory streaming and vertical localization: Interdependence of »what« and »where« decisions in audition.* Perception & Psychophysics 28, 539–546.
Bruner, J. S. & Goodman, C. C. (1947): *Value and need as organizing factors in perception.* Journal of Abnormal and Social Psychology 42, 33-44.
Butterworth, G. (1981): *The origins of auditory-visual perception and visual proprioception in human development.* In: Walk, R. D. & Pick, H. L. Jr. (Hrsg.): Intersensory perception and sensory integration. New York: Plenum Press, 37-70.
Campbell, B. G. (1976²): *Human evolution, an introduction to man's adaptations.* Chicago: Aldine (Deutsch: Entwicklung zum Menschen. Stuttgart: G. Fischer, 1979². UTB 170).
Castillo, M. & Butterworth, G. E. (1980): *Neonatal localization of a sound in visual space.* Unpublished manuscript: University of Southampton.
Chapanis, A. & Mankin, D. A. (1967): *The vertical-horizontal illusion in a visually-rich environment.* Perception and Psychophysics 2, 249–255.
Colavita, F. B. (1974): *Human sensory dominance.* Perception & Psychophysics 16, 409-412.
Cowey, A. (1985): *Aspects of cortical organization related to selective attention and selective impairments of visual perception: a tutorial review.* In: Posner, M. I. & Marin, O. S. M. (Hrsg.): Attention and Performance XI, Hillsdale (NJ): Erlbaum, 41-62.
Cutting, J. E. & Proffitt, D. E. (1981): *Gait perception as an example of how we may perceive events.* In. Walk, R. D. & Pick, H. L. Jr. (Hrsg.): *Intersensory perception and sensory integration.* New York: Plenum, 249–273.
Ditfurth, H. v. (1976): *Der Geist fiel nicht vom Himmel. Die Evolution unseres Bewußtseins.* Hamburg. Hoffmann & Campe.
Fiandt, K. v. (1966): The world of perception. Homewood, Ill.: The Dorsey Press.
Fleischer, G. (1984): *Geschichte des Ohres – Geschichte der Erde.* HNO-Informationen 2, 7-25.
Gati, I. & Tversky, A. (1984): *Weighting common and disjunctive features in perceptual and conceptual judgments.* Cognitive Psychology 16, 341–370.
Gibson, E. J. & Spelke, E. S. (1983): *The development of perception.* In: Mussen, P. H. (Hrsg.): Handbook of development. Vol. 3: Cognition development. New York: Wiley, 1-76.

Gibson, E. J. & Walk, R. D. (1960): *The »visual cliff«*. Scientific American 202, 64-71.
Gibson, J. J. (1933): *Adaptation, after-effect and contrast in the perception of curved lines.* Journal of Experimental Psychology 16, 1-31.
Gibson, J. J. (1950): *The perception of the visual world.* Boston: Houghton Mifflin.
Gibson, J. J. (1966): *The senses considered as perceptual systems.* Boston: Houghton Mifflin Company. (Deutsch: Die Sinne und der Prozeß der Wahrnehmung. Bern: Huber).
Gibson, J. J. (1979): *The ecological approach to visual perception.* Boston: Houghton Mifflin (Deutsch: Wahrnehmung und Umwelt. Der ökologische Ansatz in der visuellen Wahrnehmung. München: Urban & Schwarzenberg, 1982).
Glass, D. & Singer, J. (1972): *Urban stress. Experiments on noise and social stressors.* New York: Academic Press.
Goldstein, E. B. (1984²): *Sensation and Perception.* Belmont, Calif: Wadsworth Publishing Company.
Goldstein, E. B. & Fink, S. I. (1981): *Selective attention in vision: recognition memory for superimposed line drawings.* Journal of Experimental Psychology: Human Perception and Performance 7, 954-967.
Hastie, R., Ostrom, T. M., Ebbesen, E. B., Wyer, R. S. Jr., Hamilton, D. L. & Carlston, D. E, (1980, eds.): *Person memory: The cognitive basis of social perception.* Hillsdale: Erlbaum.
Hörmann, H. (1977²): *Psychologie der Sprache.* Berlin: Springer.
Holzkamp, K. (1973): *Sinnliche Erkenntnis – Historischer Ursprung und gesellschaftliche Funktion der Wahrnehmung.* Frankfurt: Fischer Athenäum.
Holzkamp., K. & Perlwitz, E. (1966): *Absolute oder relative Größenakzentuierung?* Zeitschrift für experimentelle und angewandte Psychologie 13, 390-405.
Hornbostel, E. M. von. (1938): *The unity of the senses.* In: Ellis, W. D. (Hrsg.): A sourcebook of Gestalt psychology. New York: Harcourt Brace.
Johansson, G. (1973): *Visual perception of biological motion and a model for its analysis.* Perception & Psychophysics 14, 201-211.
Kaplan, St. & Kaplan, R. (1982): *Cognition and environment.* New York: Praeger.
Katz, D. (1961³): *Gestaltpsychologie*. Basel: Schwabe.
Katz, S. (1987): *Why there is no error in the direct theory of perception.* Perception 16, 537-542.
Kaufman, L. & Rock, I. (1962): *The moon illusion*. Scientific American 207, 120-130.
Koffka, K. (1935: *Principles of Gestalt Psychology*. New York: Harcourt.
Köhler, W. (1920): *Die physischen Gestalten in Ruhe und im stationären Zustand.* Erlangen: Weltkreis Verlag.
Köhler, W. (1940): *Dynamics in psychology.* New York. (Deutsch: Dynamische Zusammenhänge in der Psychologie. Bern: Huber 1958).
Kruger, L. & Stein, B. E. (1973): *Primordial sense organs and the evolution of sensory systems.* In: Carterette, E. C. & Friedman, M. P. (Hrsg.): Handbook of perception, Vol. 3: Biology of perceptual systems. N. Y.: Academic press, S. 63-87.
Kubovy, M. (1981): *Concurrent-pitch segregation and the theory of indispensable attributes.* In: Kubovy, M. & Pomerantz, J. R. (Hrsg.): Perceptual organization. Hillsdale. Erlbaum, 55-98.

Kubovy, M. (1988): *Should we resist the seductiveness of the space/time – vision/audition analogy?* Journal of Experimental Psychology: Human Perception and Performance 14, 318-320.
Künnapas, T. M. (1957): *The Vertical-Horizontal illusion and the visual field.* Journal of Experimental Psychology 53, 405-407.
Lewin, K. (1936): *Principles of topological psychology.* New York: McGraw-Hill.
Lindsay, P. H. & Norman, D. A. (1977²): *Human information processing.* New York: Academic Press. (Deutsch: Einführung in die Psychologie. Berlin: Springer 1981).
Mark, L. S. (1987): *Eyeheight-scaled information about affordances: a study of sitting and stair climbing.* Journal of Experimental Psychology: Human Perception and Performance 13, 361-370.
Marks, L. E. (1978): *The unity of the senses.* Interrelations among the modalities. New York: Academic Press.
McArthur, L. Z. & Baron, R. M. (1983): *Toward an ecological theory of social perception.* Psychological Review 90, 215-238.
McLeod, P. D. (1977): *A dual-task response modality effect: support for multiprocessor models of attention.* Quarterly Journal of Experimental Psychology 29, 651-667.
Metzger, W. (1930): *Optische Untersuchungen am Ganzfeld.* 2. Mitteilung: Zur Phänomenologie des homogenen Ganzfeldes. Psychologische Forschung 13, 6-29.
Neisser, U. (1976): *Cognition and reality. Principles and implications of cognitive Psychology.* San Francisco: Freeman. (Deutsch: Kognition und Wirklichkeit (1979), Stuttgart:; Klett-Cotta).
Paillard, J. (1980): *The multichanneling of visual cues and the organization of a visually guided response.* In: Stelmach, G. E. & Requin, J. (Hrsg.): Tutorials in motor behavior. Amsterdam: North-Holland, 259-279.
Pick, A. D. (Hrsg.) (1973): *Minnesota Symposia on child psychology VII. Minneapolis:* The University of Minnesota Press.
Posner, M. I., Nissen, M. J. & Klein, R. M. (1976): *Visual dominance: an information-processing account of its origin and significance.* Psychological Review 83, 157-171.
Pratt, C. C. (1930): *The spatial character of high and low tones.* Journal of Experimental Psychology 13, 278-285.
Reece, M. M. (1954): *The effect of shock on recognition thresholds.* Journal of Abnormal and Social Psychology 49, 165-172.
Runeson, S. (1974): *Constant velocity – not perceived as such.* Psychological Research 37, 3-23.
Runeson, S. (1977): *On the possibility of »smart« perceptual mechanisms.* Scandinavian Journal of Psychology 18, 172-179.
Runeson, S. & Frykholm, G. (1986): *Kinematic specification of gender and gender expression.* In: McCabe, V. & Balzano, G. J. (Hrsg.): Event cognition: an ecological perspective. Hillsdale, NJ: Erlbaum, 259-273.
Scharf, B. & Buus, S. (1986): *Audition I: stimulus, physiology, thresholds.* In: Boff, K. R., Kaufman, L. & Thomas, J. P. (Hrsg.) (1986): Handbook of perception and human performance. Vol. I, Kap. 14, 1-71. New York: Wiley.
Scharf, B. & Houtsman, A. J. M. (1986): *Audition II: loudness, pitch, localization, aural distortion, pathology.* In: Boff, K. R., Kaufman, L. & Thomas, J. P. (Hrsg.): Handbook of perception and human performance. Vol. I, Kap. 15, 1-60. New York: Wiley
Schiff, W. (1965): *Perception of impending collision.* A study of visually

directed avoidant behavior. Psychological Monographs 79, No. 604, 26 S.

Selfridge, O. (1959): *Pandemonium: A paradigm for learning.* In: Symposium in the mechanization of thought processes. London: HMSO.

Shaw, R. E. & McIntyre, M. (1974): *Algoristic foundations to cognitive psychology.* In: Weimer, W. & Palermo, D. (Hrsg.): Cognition and the symbolic processes. Vol. 1. Hillsdale, NJ: Erlbaum, 305-362.

Shaw, R. E. & Pittenger, J. (1977): *Perceiving the face of change in changing faces: Implications for a theory of object perception.* In: Shaw, R. E. & Bransford, J. (Hrsg.): Perceiving, acting, and knowing: Toward an ecological psychology. Hillsdale, NJ: Erlbaum.

Sherrington, C. S. (1906): *The integrative action of the nervous system.* Boston: Cambridge University Press.

Stevens, J. C. & Marks, L. E. (1965): *Cross-modality matching of brightness and loudness.* Proceedings of the National Academy of Sciences 54, 407-411.

Stevens; S. S. (1956): *The direct measurement of sensory magnitudes – loudness.* American Journal of Psychology 69, 1-25.

Stevens, S. S. (1975): *Psychophysics.* Introduction to its perceptual, neural, and social prospects. New York: Wiley.

Tajfel H. & Wilkes, A. L. (1963): *Classification and quantitative judgement.* British Journal of Psychology 54, 101-114.

Tembrock, G. (1959): *Beobachtungen zur Fuchsranz unter besonderer Berücksichtigung der Lautgebung.* Zeitschrift für Tierpsychologie 16, 351–368.

Turvey, M. T. & Carello, C. (1986): *The ecological approach to perceiving-acting: a pictorial essay.* Acta Psychologica 63, 133-155.

Turvey, M. T. & Kugler, P. N. (1984): *An ecological approach to perception and action.* In: Whiting, H. T. A. (Hrsg.): Human motor actions – Bernstein reassessed. Amsterdam: North-Holland, 373-412.

Verbrugge, R. R. (1985): *Language and event perception: steps toward a synthesis.* In: Warren, W. H. Jr. & Shaw, R. E. (Hrsg.): Persistence and Change. Proceedings of the 1. International Conference On Event Perception. Hillsdale, N.J.: Erlbaum, 157-194.

Warr, P. B. & Knapper, C. (1968): *The perception of people and events.* London: Wiley & Sons.

Warren, W. H. Jr. (1984): *Perceiving affordances: visual guidance of stair climbing.* Journal of Experimental Psychology: Human Perception and Performance 10, 683-703.

Warren, W. H. Jr. & Verbrugge, R. R. (1984): *Auditory perception of breaking and bouncing events: a case study in ecological acoustics.* Journal of Exp. Psychology: Human Perception & Performance 10, 704-712.

Warren, W. H. Jr., Young, D. S. & Lee, D. N. (1986): *Visual control of step length during running over irregular terrain.* Journal of Experimental Psychology: Human Perception & Performance 12, 259–266.

Warren, W. H. Jr. & Whang, S. (1987): *Visual guidance of walking through apertures: body-scaled information for affordances.* Journal of Experimental Psychology: Human Perception & Performance 13, 371-383.

Zwicker, E. (1985): *What is a meaningful value for quantifying noise reduction?* Proceedings of Inter-Noise 1985, 47-56.

Sachregister